本著作为国家社科基金"利益协调视域下区域生态环境治理的府际合作机制研究"（18CZZ018）的阶段性成果

城市群府际博弈的整体性治理研究

董树军 著

城市群
府际博弈
整体性治理
合作共赢

The Holistic Governance of
City Cluster Intergovernmental Game

中央编译出版社
Central Compilation & Translation Press

图书在版编目（CIP）数据

城市群府际博弈的整体性治理研究／董树军著．——
北京：中央编译出版社，2019.4
ISBN 978 – 7 – 5117 – 3691 – 8

Ⅰ．①城…
Ⅱ．①董…
Ⅲ．①城市管理 – 研究 – 中国
Ⅳ．①F299.23

中国版本图书馆 CIP 数据核字（2018）第 300344 号

城市群府际博弈的整体性治理研究

出 版 人：	葛海彦
出版统筹：	贾宇琰
责任编辑：	谭　伟
责任印制：	尹　珺
出版发行：	中央编译出版社
地　　址：	北京市西城区车公庄大街乙 5 号鸿儒大厦 B 座（100044）
电　　话：	（010）52612345（总编室）　　（010）52612341（编辑室） （010）52612316（发行部）　　（010）52612346（馆配部）
传　　真：	（010）66515838
经　　销：	全国新华书店
印　　刷：	天津顾彩印刷有限公司
开　　本：	710 毫米×1000 毫米　1/16
字　　数：	210 千字
印　　张：	16
版　　次：	2019 年 4 月第 1 版
印　　次：	2019 年 4 月第 1 次印刷
定　　价：	58.00 元
网　　址：	www.cctphome.com　邮　箱：cctp@cctphome.com
新浪微博：	@中央编译出版社　微　信：中央编译出版社（ID：cctphome）
淘宝店铺：	中央编译出版社直销店（http：//shop108367160.taobao.com） （010）55626985

本社常年法律顾问：北京市吴栾赵阎律师事务所律师　闫军　梁勤
凡有印装质量问题，本社负责调换。电话：（010）55626985

序

  随着经济全球化与区域经济一体化的进一步深入,城市群在我国经济和社会发展中的战略地位得到大幅提升。作为我国对外开放参与国际竞争的前沿阵地,同时也是推动我国欠发达地区经济发展的凭借与依托力量,城市群已成为我国区域一体化发展的核心增长点。然而,城市群在发展过程中仍存在诸多问题,其内部各个城市政府仍然呈现"诸侯经济"的特点,府际间博弈竞争的无序状态影响了一体化进程。城市群府际间的博弈无序竞争过程激烈,持续时间长,给城市群各个方面发展都带来了极大的负面效应。因此,在我国治理现代化改革背景下,实现城市群府际博弈的有效治理具有现实迫切性。

  规范城市群内部府际间的博弈不能以头痛医头、脚痛医脚的应付式思路来进行,需要从整体上进行战略规划,采取对城市群府际间博弈系统的、全面的、规范的治理措施。整体性治理倡导共赢性的竞争与合作理念,主张以信息技术为治理手段,以协调、整合、责任为治理机制,对多元主体的博弈关系进行有效协调与整合,促使其不断从分散走向集中、从部分走向整体、从破碎走向整合,这正是消解城市群府际博弈无序、促进合作协调发展的重要图式。

  董树军博士的专著《城市群府际博弈的整体性治理》一书,就是基于整体性治理理论的视角,深入分析了城市群府际博弈的机理、博弈无序的消极影响和产生原因,结合整体性治理理论和国外治理经验,从治理理念重塑、治理机构组建、内部考核机制创新、利益协调机制完善、信息共享平台搭建和博弈信任体系优化等方面来探讨城市群府际博弈整体性治理的路径构建，以更好的规范城市群府际间的博弈，促使城市群府际博弈由"囚徒困境"向"合作共赢"转化，这对于城市群府际博弈治理具有较高的实践参考价值。

　　董树军博士是我指导的第一个硕博连读学生，我见证了他硕士、博士和工作整整8年时间的成长历程，他具有典型山东人的豪爽热情和务实苦干。在学习生涯中，我要求他每天都坚持阅读文献，并做好读书笔记，这个习惯他一直坚持没有中断，这对于他写作功底的练就有着非常重要的作用。在工作过程中，我要求他认真负责，在科研、教学和行政工作中始终坚持高标准要求自己，得到了大家的高度认可，连续三年获得先进个人，教学效果连续几年测评都名列前茅。在学术研究方面，董树军博士继续沿着博士论文的方向，围绕区域府际关系协调这一主线，陆续发表了多篇学术论文，主持了国家社科基金项目1项、省部级课题5项，市厅级课题4项，并且入选湖南省青年骨干教师培养计划。他能够在毕业不到三年时间内取得较多成果，这与他的勤奋是分不开的。他在紧张的工作中，对博士研究内容进行了系统再思考和总结，形成了《城市群府际博弈的整体性治理》一书，这是非常难得的。

　　曾国藩说：士人读书，第一要有志，第二要有识，第三要有恒。有志，则断不甘为下流。有识，则知学问无尽，不敢以一得自足；如河伯之观海，如井蛙之观天，皆无见识也。有恒，则断无不成之事。此三者缺一不可。董树军博士在学习和工作之中，一直能够将三者一以贯之，时刻不曾懈怠。作为他的导师，看到他勤勉的学习状态和饱满的工作热情，我感到非常欣慰，同时祝愿他在以后的学术研究和事业发展中取得更加可喜的成绩。

龙献忠

湖南文理学院校长，二级教授，博士生导师

2019年4月3日

目录

前　言 ··· 1

第一章　绪　论 ·· 1

 第一节　研究背景和意义 ·· 1
  一、研究背景 ··· 1
  二、研究意义 ··· 5

 第二节　国内外研究文献梳理及评价 ································ 9
  一、整体性治理理论研究综述 ·· 9
  二、城市群府际关系研究综述 ······································ 26
  三、城市群府际博弈研究综述 ······································ 39

 第三节　研究思路和内容 ·· 47
  一、研究思路 ··· 47
  二、研究内容 ··· 49

 第四节　研究方法和创新 ·· 51
  一、研究方法 ··· 51
  二、研究创新 ··· 52

第二章　基本概念界定及理论基础 ····································· 53

 第一节　城市群概念界定 ·· 53

一、城市群内涵 ………………………………………………… 53
　　二、城市群基本特征 …………………………………………… 55
　　三、城市群发展阶段划分 ……………………………………… 58
第二节　博弈理论 …………………………………………………… 61
　　一、博弈论及其发展 …………………………………………… 61
　　二、博弈的构成要素 …………………………………………… 63
　　三、城市群府际博弈内涵 ……………………………………… 65
　　四、城市群府际博弈特征 ……………………………………… 68
第三节　共生理论 …………………………………………………… 72
　　一、共生系统的基本构成 ……………………………………… 73
　　二、共生系统的生成机制 ……………………………………… 74
　　三、共生理论的价值诉求 ……………………………………… 76
第四节　整体性治理理论 …………………………………………… 78
　　一、整体性治理的兴起背景 …………………………………… 78
　　二、整体性治理的核心要义 …………………………………… 81
　　三、整体性治理的构成要素 …………………………………… 84

第三章　城市群府际博弈的机理分析 ……………………………… 90
第一节　城市群府际博弈的基本假设 ……………………………… 90
　　一、环境容量有限性假设 ……………………………………… 91
　　二、政府"政治经济人"假设 ………………………………… 92
　　三、参与人有限理性假设 ……………………………………… 93
第二节　城市群府际博弈的具体领域 ……………………………… 94
　　一、政治市场的博弈 …………………………………………… 94
　　二、产品市场的博弈 …………………………………………… 95
　　三、要素市场的博弈 …………………………………………… 96
第三节　城市群府际博弈及模型分析 ……………………………… 97

一、官员晋升博弈模型分析 …………………………………… 98
　　二、市场策略博弈模型分析 …………………………………… 101
　　三、产业选择博弈模型分析 …………………………………… 105
　　四、环境治理博弈模型分析 …………………………………… 109

第四章　城市群府际博弈的现状及成因分析 …………………… 114
第一节　城市群府际博弈的发展轨迹与现状 …………………… 115
　　一、城市群府际博弈的发展轨迹 ……………………………… 115
　　二、城市群府际博弈的现状分析 ……………………………… 118
第二节　城市群府际博弈无序的表现及影响 …………………… 121
　　一、城市群内部统一市场分割 ………………………………… 121
　　二、产业结构雷同与重复建设 ………………………………… 124
　　三、区域环境污染及治理失序 ………………………………… 126
　　四、城市群内部公共政策偏差 ………………………………… 128
第三节　城市群内府际博弈无序的成因分析 …………………… 130
　　一、城市群府际合作博弈意识淡薄 …………………………… 130
　　二、城市群府际博弈协调组织滞后 …………………………… 131
　　三、城市群府际博弈协调机制低效 …………………………… 133
　　四、城市群府际博弈信用体系缺失 …………………………… 136
　　五、城市群府际博弈信息沟通不畅 …………………………… 137
　　六、城市群府际博弈规则仍不完善 …………………………… 139
第四节　城市群府际博弈的整体性治理契合性分析 …………… 141
　　一、价值取向耦合：合作与共赢 ……………………………… 141
　　二、治理结构耦合：复合与网络 ……………………………… 142
　　三、运行机制耦合：协调与整合 ……………………………… 144
　　四、信任体系耦合：监督与惩戒 ……………………………… 146
　　五、治理工具耦合：现代与高效 ……………………………… 148

六、制度规范耦合：法制与责任 ………………………… 150

第五章 国外城市群府际博弈的整体性治理经验与启示 ……… 153
  第一节 美国城市群府际博弈的整体性治理应用经验 ……… 153
    一、设立城市群府际博弈协调机构 ………………………… 154
    二、建设城市群府际共享信息平台 ………………………… 156
    三、签订城市群内府际合作性协议 ………………………… 157
    四、规范城市群内部利益补偿机制 ………………………… 159
  第二节 日本城市群府际博弈的整体性治理应用经验 ……… 161
    一、完善城市群府际协作法律 ……………………………… 162
    二、成立城市群府际协调机构 ……………………………… 163
    三、健全城市群府际信用体系 ……………………………… 165
    四、编制城市群整体发展规划 ……………………………… 166
  第三节 国外城市群府际博弈的整体性治理应用启示 ……… 168
    一、组织保障：设置威权性府际博弈协调机构 …………… 168
    二、合法基础：构建整体性府际协作法律体系 …………… 169
    三、制度支撑：推动现代性府际信用制度建设 …………… 171
    四、关键要素：搭建共享性府际信息沟通平台 …………… 172

第六章 城市群府际博弈整体性治理的路径选择 ……………… 175
  第一节 重塑城市群府际博弈治理理念 ……………………… 176
    一、整体性理念 ……………………………………………… 176
    二、协同性理念 ……………………………………………… 177
    三、法治性理念 ……………………………………………… 179
  第二节 组建城市群府际博弈治理机构 ……………………… 181
    一、中央政府的层面 ………………………………………… 182
    二、城市群政府层面 ………………………………………… 183

三、非政府组织层面 ·· 188

第三节 创新城市群内部政绩考核机制 ······················ 191
一、确定城市群政绩考核体系的价值理念 ················ 191
二、明晰城市群政绩考核体系的设计原则 ················ 193
三、改进城市群政绩考核体系的路向思考 ················ 194

第四节 完善城市群整体性府际利益协调机制 ············ 198
一、以利益共享为目标的动力机制 ·························· 199
二、以利益诉求为前提的传导机制 ·························· 201
三、以利益补偿为核心的运行机制 ·························· 204
四、以利益约束为重点的保障机制 ·························· 210

第五节 打造城市群整体性府际信息共享平台 ············ 214
一、健全城市群信息共享相关政策法规 ··················· 215
二、统一城市群府际信息共享技术标准 ··················· 216
三、提升城市群府际信息共享评估监督 ··················· 218
四、整合城市群府际信息共享保障机制 ··················· 220

第六节 优化城市群府际博弈信用体系 ······················ 223
一、加强城市群府际信用法律建设 ·························· 224
二、构建城市群府际信用评估体系 ·························· 226
三、严格城市群府际博弈信用奖惩 ·························· 228
四、培育城市群府际博弈信用文化 ·························· 230

结 语 ·· 233
后 记 ·· 239

前言

现代城市的形成与发展是生产力进步和社会财富积聚的必然结果。随着经济全球化和区域一体化的深入发展，以城市为核心的城市群逐渐成为世界各国提升自身竞争力和夺取国际话语权的主要载体。在某种程度上，国家之间的竞争已经演变成世界级城市群之间的竞争，重构和振兴城市群纷纷成为发达国家和发展中国家的重要战略。就我国而言，城市群各方面发展程度很高，是我国对外开放的前沿阵地和经济发展的龙头，对现代化的实现起着关键性的作用，因此成为我国未来的核心发展方向。

城市群作为多个城市的集合体，是一种功能性区域，同时也是一个主体博弈场域。城市群内部环境资源的有限性和稀缺性，导致城市群内部各个城市政府在政治市场、产品市场和要素市场等领域进行博弈。并且，这种博弈在政府"政治经济人"倾向和参与人有限理性的前提限制下，会衍生诸多博弈无序问题。除此之外，当前我国关于城市群府际博弈治理的理念及制度规范都还不健全，更是加剧了城市群府际博弈中的竞合无序行为，产生了一些负面影响。如城市群内部统一市场分割、产业结构雷同和重复建设、城市群整体环境污染及治理失序、城市群公共政策偏差等，给城市群的可持续发展带来阻碍。因此，寻求解决城市群府际博弈的优化路径，构建城市群内各个城市政府间合理、有序的竞合博弈关系，成为共同关注的焦点。

整体性治理理论作为新兴的第三种行政范式，是对新公共管理模式下政府治理碎片化和服务裂解性进行超越的结果，它以合作共赢价值理念为基础，以协调、整合机制为核心，注重治理问题的预防、治理过程的优化和治理结果的提升，借助现代化的信息网络技术，进行治理层级和治理功能之间的整合。同时，注重全局战略和整体思维，以信息技术的制度化设计为手段，通过构建信任体系、责任体系和利益协调体系，建立政府治理整合系统和协调系统，主张治理从分散走向集中，从部分走向整体，从破碎走向整合。整体性治理以协调与整合为核心的主张与城市群府际博弈的协调与治理具有较强的契合性，能够更好地协调各个城市政府之间的博弈，缓解相互之间的博弈冲突，实现政府博弈整体效果的最优和公共利益整体最佳。因此，整体性治理不仅是一种改革取向，也是一种理论分析框架，对指导治理转型期我国城市群府际竞合博弈的设计和安排，提供了一种解决方案、一种未来改革的思考方向，具有较强的借鉴和指导意义。

　　根据城市群府际博弈发展的历史轨迹，我们可知城市群府际博弈中竞争与合作从无序到有序、从松散的一般往来到有组织的社会经济联系、从不整合状态到整合发展，这是一个循序渐进的演变过程。当前我国城市群府际博弈中无序竞争博弈因子较多，而有序合作博弈因子较少，对城市群的经济、社会发展都造成了一定的负面影响。基于城市群府际博弈的机理，深入剖析城市群府际博弈无序产生的原因，可知博弈意识落后、行政区域障碍、考核机制不当、博弈协调机构滞后、信息沟通不畅、成本分摊不均、信任体系缺失以及博弈规则不完善，是当前城市群府际博弈无序产生的重要原因，是城市群府际博弈治理现代化的主要障碍。本书基于整体性治理理论视角，从重塑合作共赢理念、建立整体性博弈治理机构、创新城市群政绩考核体系、完善城市群府际利益协调机制、搭建城市群府际信息共享平台、优化城市群府际博弈信任体系等方面着手，探讨推进我国城市群府际博弈协调治理的策略选择。

第一章 绪 论

第一节 研究背景和意义

一、研究背景

自改革开放以来,我国在经济、政治、行政体制领域的改革不断推进,这不仅为各级政府参与经济活动提供了平台,而且在一定程度上改善了府际间的关系,使得政府间的关系在整体上朝着良性竞争方向发展,并逐步在此基础上形成了具有紧密联系的城市群。城市群的逐步形成和发展完善对我国国家政治稳定、经济健康持续发展以及治理现代化的实现都有重大意义。但是,随着改革的不断深入,城市群内部府际间的博弈出现许多问题,严重制约了城市群的健康发展和整体效用发挥。为此,本书依据"发现问题—分析问题—解决问题"的逻辑思路来阐述选题的依据和背景。

第一,城市群成为我国现代化建设的重点战略规划。当前城市群已经成为经济发展的最主要载体,其战略发展地位愈加受到重视,在各个国家发展战略中扮演着越来越重要的角色。城市群从字面上理解就是城市的集合体,它是社会工业化、城市化发展到一定阶段的产物。众所周知,从古至今城市就是各种资源汇集的中心,而城市群又是由多个相邻城市组成的整体区域，所以城市群往往是一个国家或者区域资源最为密集的地方，也是经济、政治、社会活动的中心。① 尤其是在国际竞争和区域竞争愈加激烈的今天，城市群更是扮演着"发展引擎"的重要角色，在各个方面的引领作用无可取代。就我国来讲，城市群的发展水平代表了我国整体的最高发展水准，是我国对外开放的龙头和对内改革的标杆，对我国现代化的实现起着关键性作用。基于城市群在我国现代化建设中的重要地位，2015年国家发改委从重点培育国家新型城镇化政策作用区的角度出发，确定打造20个城市群，包括5个国家级城市群、9个区域性城市群和6个地区性城市群。② 城市群将在我国发展战略中占据越来越重要的地位。在此背景下，针对城市群的研究具有了极为重要的理论和实践价值。

第二，府际关系成为城市群发展过程中的关键因素。城市群内各城市政府在城市群的形成和发展过程中发挥着重要的作用。虽然从城市群的形成发展过程来看，经济因素占据了主导地位，是其形成的根本推动力，但正如马克思政治经济学理论所阐释的：经济决定政治，政治反作用于经济，政治适应经济发展的要求就会促进经济的发展，反之，就会阻碍经济的发展。③ 所以，城市群内各城市政府是城市群发展的关键因素。具体来讲，在城市群发展过程中政府是政治的主导力量，而经济的发展离不开政府所提供的安全、秩序与制度等基本条件，并且要求这些条件随着城市群经济的发展而不断更新和变革，尤其是在现代市场经济条件下，经济的发展要求政府提供使资源得以高效利用的制度和服务，特别是城市群的发展要求区域一体化以获得资源利用的最佳效率，这就要求各个政府逐步打破传统的区域界线，进行一体化的制度设计。显然，如果没有各个政府的积极参与，

---

① 赵春雷：《论城市群内合作政府哲学的结构》，载《上海行政学院学报》，2008年第5期，第73—78页。

② 方烨：《我国城市群未来发展规划重点》，载《经济参考报》，2015年1月14日。

③ 《马克思恩格斯选集》第3卷，人民出版社2012年版，第66—67页。

不仅城市间的区域界线难以打破，甚至市场也会因缺乏宏观指导而迷失发展方向。由此可见，在对城市群进行研究时，府际关系应成为其中的重要环节，以更好地指导城市群一体化的发展。

第三，城市群内部府际博弈存在诸多亟待解决的问题。从我国城市群的发展历程来看，各个城市群内部府际博弈关系逐步改善，但其现状还不够理想，府际间的博弈失序导致碎片化等问题。具体来说，当前城市群内部府际之间因为主体众多、职能交叉、地域重叠、权责模糊，加之信息传输系统不完善而存在的信息不对称、信息失真等问题，容易出现体制分裂和权力分散，引发城市群内部各个政府主体的非良序博弈，进而导致部门主义、地方保护主义思想盛行，扭曲了城市群内部市场配置资源的功能，降低了城市群内部府际间合作的信任度，阻碍了有序竞合博弈局面的形成，造成各自为政、机构臃肿、效率低下等问题，增加了城市群府际治理的成本，制约着城市群内部府际行政效能的提升。[①] 城市群内部府际之间的"竞合无序"产生了许多严重问题，造成了城市群整体性治理的低效。因此如何做到城市群内部府际良性互动，实现城市群内部府际之间"积极合作，良性竞争"局面，成为当前急需解决的重要问题。基于此背景，本书将研究对象定为城市群内部府际间的博弈关系，以期通过对府际博弈机理进行详尽分析的基础上，提出优化府际博弈关系的有效路径，以更好地促进城市群内部府际之间的合作共赢，实现城市群整体的利益最大化。

第四，整体性治理切入城市群府际博弈治理的研究。20世纪90年代，整体性治理作为一种全新的政府治理理论开始兴起，发展至今已在指导世界多个国家的政府治理改革方面发挥着重要作用。整体性治理以追求整体利益最大化为核心原则，将政府作为推动治理改革的主要动力，强调政府

---

① 张芳：《地方政府间非合作博弈的机理及治理对策研究》，载《求索》，2010年第3期，第42—44页。

及部门间关系的协调与整合，以形成多元合作共赢的良好局面。[①] 针对整体性治理对于府际关系的协调与整合作用，学界已经有少数学者开始将其应用到城市群府际博弈治理方面。具体来讲，整体性治理理论适用我国城市群内部府际博弈协调与治理主要体现在以下几点：首先，整体性治理属于温和渐进式的改革理论。[②] 它仍以当前城市群内部政府治理大致的层级结构形态为现实治理基础，只是在此基础上针对府际博弈无序问题及其协调进行一定的结构调整；其次，整体性治理所强调的整合内涵和外延，是各个政府间关系形式的整合，更是价值理念上的整合，它对维系城市群内部府际合作的合法性权威、提高行动效能有重要意义。再次，整体性治理带有强烈的时代特征。在整体性治理理念的指导下，传统城市群内部府际关系被打破，府际间关系在纵向和横向上都出现了显著的变化趋势：纵向府际关系由原来的垂直分层结构开始向扁平辐射结构转变；横向府际关系由原来的各自为政向整合化的合作共赢方向发展。[③] 这两种趋势的出现和发展必然会改善城市群内部府际间的博弈无序状态，提升城市群内部各个政府的行政效率，降低其行政成本，使府际间的竞合博弈向着现代化的良序方向发展。

　　第五，现代网络信息技术迅猛发展进入大数据时代。从技术层面来看，网络信息技术的发展对城市群府际博弈的最大冲击就是打破了过去城市群内部府际官僚体制信息渠道的单一性和垄断性，促进了城市群内部府际信息传递和沟通的效率，进而有利于减少信息不对称带来的非合作博弈。信息是政府博弈中非常重要的资源，美国管理学大师西蒙指出：管理就是决

[①] 赵茜：《整体性治理理论与西方治理实践研究》，载《法制与社会》，2013年第8期，第176—177页。

[②] 朱玉知：《整体性治理与分散性治理：公共治理的两种范式》，载《行政论坛》，2011年第3期，第3—5页。

[③] 史云贵：《整体性治理：梳理、反思与趋势》，载《天津行政学院学报》，2014年第5期，第27—29页。

策，决策贯穿于管理过程的始终。① 而决策的基础是信息，只有依靠及时、全面的信息，才能够做出科学、有效的决策。在过去城市群内部府际官僚等级体制盛行的时代，每个单一政府为了自身利益而垄断了一些区域性信息，影响了城市群内部各种决策的科学性。而现在，网络信息技术的迅猛发展使各种信息的收集、整理和传播更为便利，信息资源得以公开。同时，以数字化为表征的信息技术降低了城市群内部府际之间横向协调与纵向整合的成本，是整体性治理理论赖以生存的技术条件。现代化、科学化的信息技术能够对城市群内部府际组织进行重新修正和整合设计，进而加强彼此之间的合作与协调，减少组织层级，使组织结构趋于扁平化，实现组织结构进一步优化的目标。② 除此之外，现代网络信息技术的发展还推动了治理技术的变革。治理技术的发展在城市群内部府际博弈治理中的渗透和运用，促进了政府各部门之间、各个政府之间的协调和整合，为跨越单一组织界限的整体性治理提供了可能。现代网络信息技术的发展使得我国开始迈入大数据时代，促进城市群内部府际关系从分散走向集中，从部分走向整体，从破碎走向整合。③

二、研究意义

当前我国正处于治理改革的关键时期，城市群的发展受到了前所未有的重视。依托国家的利好政策，城市群内部府际间逐步达成利益共识，扩大彼此之间的合作，塑造区域整体优势。因此，重视并加强城市群内部府

---

① ［美］赫伯特·西蒙：《管理行为》，詹正茂译，机械工业出版社2008年版，第112—114页。
② 尹文嘉：《整体治理的现实、困境与修正》，载《广东行政学院学报》，2009年第12期，第39页。
③ 寇丹：《整体性治理：政府治理的新趋向》，载《东北大学学报（社会科学版）》，2012年第3期，第230—233页。

际博弈协调与治理的研究，不仅有利于破解府际间的合作困境，丰富和发展当代中国的政府公共管理理论，而且对于推动我国政治体制改革，建设服务性政府，构建和谐社会，都有重大的理论指导意义和现实实践意义。

（一）理论意义

1. 有助于提升有关城市群府际博弈研究理论层次。近年来，随着城市群研究的逐步升温，城市群内部府际间博弈也逐渐引起许多公共行政学者的重视。但是，就总体而言，当前的理论研究格局还是以评介西方学界研究成果与借鉴西方典型国家的改革经验为主，系统理论的建构存在不足。事实上，经过多年城市群建设和改革经验积淀与研究积累，国内学界在城市群内部府际博弈治理研究上，建构系统理论，提升理论层次的条件已经开始逐渐成熟。本书尝试建立一个关于城市群内部府际博弈及治理的理论分析框架，力图从系统理论建构的角度为提升学界对该问题上的理论层次做些贡献。

2. 有助于整体性治理理论在我国深入应用和扩展。由希克斯提出的整体性治理理论是20世纪90年代末以来有关政府治理理论的又一重大创新。整体性治理作为一种指导性的改革治理理论，它所针对的是政府治理中所出现的碎片化问题，是对传统官僚层级理论和新公共管理理论的一种修正。① 这一理论的影响力在逐步增强，以至有人认为该理论可望成为21世纪有关政府治理的大理论。本书将整体性治理理论引入到城市群内部府际博弈的协调与治理，在一定程度上扩展了整体性治理在我国政府治理中的应用，为今后深入、全面的研究整体性治理理论，创新政府治理理论提供可供借鉴的合理成分。

---

① 费月：《整体性治理：一种新的治理机制》，载《中共浙江省委党校学报》，2010年第1期，第91—94页。

3. 有助于丰富我国相对薄弱的府际博弈理论研究。虽然我国较早引入现代博弈理论，但是其主要应用在市场经济领域的研究。而对府际博弈方面的研究应用却迟迟没有得到广泛展开。通过知网检索仅有21篇相关的研究，运用博弈模型分析府际间关系的研究较少，专门分析府际博弈生成机理及治理对策的还鲜有其人，关于府际博弈的定量化和模型化研究也不够深入。本书以城市群内部的府际博弈为切入点，对其博弈的机理进行分析，建构相关的博弈模型，在一定程度上促进了府际博弈研究视野、内容和方法的发展和创新，丰富了相对薄弱的府际博弈理论研究。

（二）实践意义

1. 有助于解决城市群内部府际博弈失序的诸多问题。在城市群发展过程中，由于城市群在结构状况、区位条件、基础设施、要素空间聚集等方面联系更为紧密，因而，城市群内府际之间更容易相互影响，产生广泛和激烈的竞合博弈。当前城市群府际博弈中因为多种内外因素的影响，存在着府际博弈失序的问题，主要表现在市场保护、产业结构雷同、环境治理搭便车和公共政策扭曲等方面。如何优化和重塑城市群府际博弈，促进区域协调、平衡发展，成为实践中令人关注的焦点问题。而整体性治理则为城市群内部府际博弈治理提供了较为完整的思路。整体性治理倡导共赢性的合作博弈理念，主张以信息技术为治理手段，以协调、整合、责任为治理机制，对多元主体的博弈关系进行有效协调与整合，促使其不断从分散走向集中，从部分走向整体，从破碎走向整合，这正是消解城市群府际博弈无序、促进合作协调发展的重要模式。①

2. 有助于实现城市群内部府际之间资源的优化配置。城市群内部府际

---

① 曾凡军：《整体性治理：一种压力型治理的超越与替代图式》，载《江汉论坛》，2013年第2期，第21—25页。

间的合作性博弈不仅可以减少地区间壁垒,而且可以为更大范围内的有效合作,创造条件。市场经济的发展要求生产要素可以大范围地快速流动,并且要求这些要素具有较高的配置效率。通过整体性治理对城市群内部府际博弈的协调与优化,能够促使府际之间进行合理的分工,使正当竞争和有序合作成为提升城市群内部经济利益的重要手段,为要素的大范围高速流动创造条件。增加城市群内部府际间的有效合作,不仅可以扩大资源的互补性,而且还可以提高资源的拥有量,通过资源在地区内部的良性循环实现最大限度地提高地区资源利用效率。① 可见,城市群内部府际之间通过互相开放市场,清除阻碍区域经济合作的藩篱,可以有效推动区域经济的快速发展,最终实现资源的优化配置和经济效益的最大化。

3. 有助于为城市群内部治理改革提供系统理论支撑。城市群内部府际博弈关系研究就是为了认识城市群治理改革的客观规律与发展趋势,总结经验教训,从而以科学理论更好地指导治理变革的实践,避免决策失误,提高治理改革的科学性与有效性。三十年来,虽然城市群内部治理改革过程有波折,成效也有反复,但是,从宏观大局来看,其改革的方向是正确的。这归功于长期以来公共管理学界在理论研究上的指导与贡献。当然,从另一个角度看,改革过程中的波折与反复也与理论研究不足,缺乏严谨、科学的理论指导相关。当前我国正处于治理现代化改革的关键时期,城市群作为治理改革的重要一环,面临着许多问题。本书以整体性治理为切入点,深化对城市群内部府际博弈治理研究能够对城市群内部治理改革提供有效的理论支撑,降低改革的风险成本,促进城市群内部治理效率的提高与府际职能的转变。

4. 为现阶段城市群内部府际博弈治理提供具体指导。最近几年,伴随

---

① 李明、宗帅:《多元主体下的城市群合作治理模式建构》,载《内蒙古农业大学学报(社会科学版)》,2013年第6期,第70—72页。

着国家一系列战略规划的陆续出台,城市群在我国呈现出良好发展态势,城市群数量、范围和领域不断延伸,规模也逐渐扩大。但是当前城市群内府际博弈治理实践还处于初级阶段,问题比较突出。因而,改革旧的府际博弈协调模式,运用新的理念、新的机制和新的方式,不断创新日益发展壮大的城市群内部的府际博弈协调与治理,具有很强的现实意义。本书通过深入分析城市群府际博弈机理、博弈无序的消极影响和产生原因,结合整体性治理理论和国外治理经验,提出从治理理念转变、治理结构变革、治理机制完善、治理工具革新等方面的策略选择,促使城市群府际博弈由"囚徒困境"向"双赢博弈"转化。这种策略选择具有一般性,因此可以为国内每个具体城市群府际博弈治理提供一定的借鉴参考。

第二节 国内外研究文献梳理及评价

一、整体性治理理论研究综述

(一)国外整体性治理研究

在众多治理理论中,西方目前备受学界推崇和政府运用的是整体性治理理论。整体性治理理论最早由英国学者佩里·希克思(Perry Hicks)于1997年在英国工党智库德莫斯出版的《整体政府》一书中提出,随后他在后续出版的《面面俱到的治理:建立整体性政府的战略》《迈向整体性治理:新的改革议程》两本书中逐步完善和发展了整体性治理理论。希克斯对整体性治理进行了定义,指出整体性治理是多元主体依托高效的信息沟通系统,相互间进行充分的沟通与协商,进而达成有效的协调与整合意向,使得彼此之间的目标能够一致,手段能够互补,效果能够强化,以实现彼此合作无间的最终目标。① 为了更好地将整体性治理与其他治理形态进行区别，希克斯运用目标与手段是否互相增强作为坐标，明确指出了贵族式治理、官僚层级式治理、协同式治理、渐进式治理与整体性治理的区别，并从治理理念、治理目标、治理机制、治理结构等多方面描述了一些整体性治理的具体特征和实施策略。希克斯是整体性治理理论的开创者，后续其他学者的研究大都是以他的研究为基础而进行。波利特（Polite）也是较早对整体性治理进行研究的学者，他在《联合性政府》中对整体性治理进行了深入阐述，认为整体性治理是通过纵横两个方向的协调来统一思想与行动，以更好地实现整体利益最大化的政府治理新范式，主要包含四大部分内容：消除相互抵触与腐蚀的政策与规定；制订统一资源使用与调度规划，以期更加有效地整合和利用资源；加强治理过程中多元主体的沟通与协调，以增强合作共识和动力；建立良好的利益协调与补偿机制，使得彼此间的合作共赢关系能够维系。② 波利特认为整体性治理的内涵较为丰富，意蕴较为深远，在过程中体现在决策和执行两个方面，在方向中体现在纵横两个维度。整体性治理的适用范围也比较广泛，可以是一个项目小组，也可以是单一政府部门，还可以是整体政府的改革。

萨拉蒙（Salamon）具体指出了"整体性治理"在公共服务中的四个作用和多项技术，四个作用域即四个"what"：同一政府层级中的"整合"服务发生的预期是什么？跨层级"整合"的地方政府和中央政府的相关责任是什么？跨流程等级"整合"政策与执行的含义是什么？连接政府与私人部门的纽带是什么？三项支持技术即交互的协作和一体化的技术。③ 约翰逊

---

① Hicks P. "Toward Holistic Governance: The New Reform Agenda." *Public Productivity & Management Review*, 2002, (04): 76-78.

② Pollitt. "The United Government." *Public Management Review*, 2003, (05): 641-658.

③ Salamon L. M. *The Application of Holistic Governance in the Public Service*. JHU Press, 2003, 69-70.

(Johnson)认为整体政府以元素服从集合、部分服从整体的系统论为核心理念,以业务协同和资源共享为特征,以目标、机构、资源、业务、服务及其提供途径等要素的整合为内容,以网络信息技术为支撑。① 帕金斯(Perkins)指出整体政府是当代行政改革的新理念,是变革分割管理模式、实现"跨域协作"的一场革命,它强调公民需求导向而非政府政绩导向,倡导整体主义思维而非管理主义思维,着眼于政府之间的整体性运作,主张管理从分散走向集中,从部分走向整体,从破碎走向整合,由竞争、碎片化走向合作、协调与整合,注重碎片化的责任机制、信任体系和信息技术的整合,建构整体性服务型政府治理框架,为公民提供无缝隙而非碎片化、间断性的公共服务,在价值取向、治理策略、政府运作和问责机制等诸多方面实现了对压力型治理图式的超越。② 斯蒂格利茨(Stiglitz)认为,整体性治理理论还是一种成长中的理论,因为整体性治理所需要的制度化还没有完成,整体性政府的组织结构基础还是韦伯式的官僚组织,从某种程度上说类似于网络结构,整体性治理只有借助信息技术才能够得以实现,而政府机构和人员的自利性的存在,将给强调公共价值的整体性运作的协调带来难度。③

帕特里克·登力维(Patrick Tengliwei)则是通过实证研究方法对一些发达国家的公共管理进行了系统分析,指出美国、英国等国家政府治理过程中出现的碎片化等一系列问题表明了新公共管理理论的结束,政府治理需要新的理论进行指导。登力维认为推动这种变革的重要因素是信息技术的发展,需要对政府治理中的多元主体进行重新整合与协调。而整体性治

---

① Johnson. "Study on Strategies of Institutionalizing Holistic Governance". *Public Administration and Law*, 2004, (02): 11 - 14.

② Perkins. "Holistic Governance: Logic of Modern Policing Reform." *Public Management Review*, 2005, (06): 56 - 59.

③ Stiglitz. "Holistic Governance: Governance of Service - oriented Government." *Social Policy and Society*, 2005, (01): 22 - 25.

理正是基于这种背景而产生的,旨在通过应用最新的信息技术,以公众的需要为导向,对各个主体进行协调和整合,建立一种信任的合作共赢关系。① 汤姆·克里斯滕森(Tom Christensen)通过对当时学界关于整体性治理理论的观点进行梳理和整合,在《后新公共管理改革——作为一种新趋势的整体政府》一文中较为深入地分析了整体性治理。他从结构的角度、文化的角度、迷思的角度细致地阐述了整体性治理在各国的实践途径,并提出:除非政府在责任体系、组织文化和结构安排上有根本的变化,以便政府可以制订跨部门的预算、计划和目标,否则整体性治理的实施仍将难以实现。② 曼纽尔·卡斯特(Manuel Custer)指出整体性治理旨在诊断与批判新公共管理运动深入所导致的"碎片化""空心化"缺陷,以整体主义和新公共服务为理论基础的治理模式,主张凭借有效的协调、整合,使多元相关主体彼此的目标连贯一致,政策执行的方式能够彼此强化,进而实现亲密合作目标的治理策略与模式。该理论的核心要点是以"协调、整合和责任"为主要内容,倡导不同主体之间的共赢性合作。③ 汤姆·林(Tom Lin)则创新性地指出整体性治理不应仅是一种协调整合的理念和方法,而应将其视为一个伞状概念,它旨在解决政府治理中日趋严重的碎片化问题,以政府为中心点,向四周扩散,形成一种伞状的协调、整合模式。他从实用主义类型出发,对西方各国的整体性治理改革与实践进行梳理与总结,绘制了一个综合各国所长的整体性政府模式。④

整体性治理在国外具体实践中得到广泛应用,如在国家健康服务、社

---

① Patrick Dunleavy. "New Public Management is Dead – long Live Digital – era Governance." *Journal of Public Administration Research and Theory*, 2006, (03): 467–494.

② Tom Christensen. "New Public Management: the Transformation of Ideas and Practice." *Ashgate Pub Limited*, 2006. 134–137.

③ Manuel Custer. "Alternative or Complement: Holistic Governance and Distributed Public Governance——A Response to the Transformation of Public Governance." *Minnesota Law Review*, 2007, (02): 71–72.

④ Tom Lin. "A Holistic Model of Corporate Governance: a New Research Framework. Corporate Governance" *The International Journal of Business in Society*, 2009, (01): 94–108.

会服务及公共管理中普遍适用。马丁·罗氏（Martin Roche）通过对无家可归者的调查指出，社会公共服务分配与供给需要政府多个部门的协调与整合，因此整体性治理可以为这种协调提供有效指导和借鉴。① 菲利普·罗素（Philip Russell）对英国残疾儿童及其家庭进行调查，指出在对其进行援助时需要跨部门的协调，否则会各自为政而造成援助不力，使得残疾儿童及其家庭面临被社会排斥的风险。因此，主张建立整体性的社会保障体系，以更高效、更及时地为弱势群体提供帮助。② 蒂姆·佛西（Tim Fossie）将整体性治理应用到区域水污染治理，主张建立一个多中心的跨界水污染治理体系，打破分割式的水污染治理模式，构建水污染治理环境共同体，以期能够有效解决跨界水污染问题，取得良好的治理效果。他还指出：要着重向自主、协商和信任转变观念，整合政府、市场和自治组织这三方的力量，构建一个立体三维治理模式，从而去有效治理跨界水污染问题。③ 杰瑞米·M. 威尔逊（Jeremy M. Wilson）指出整体性治理主张超越组织边界的整合行动适应了治理时代政府处理内外主体间关系的需求，是有效应对政府治理碎片化问题的方式，成为整体性治理区别其他治理方式的显著特征。这种政府治理形态彰显的是一种合作共赢理念，一种以整体利益最大化为目标的思维导向，一种超越组织边界和地理边界整合行动的理想。整体性治理打破了结构和边界的束缚，关注与其他组织的良性互动。在具体行动中也更致力于主动配合，而不是苛求和约束他人行为，更非狭隘地争夺资源。④ 埃尔维斯（Elvis）认为通过组建协调机构方式来整合跨区域政策、资

---

① Martin Roche. Managing Change and Innovation in Public Service Organizations. *Routledge*, 2010. 79 - 83.

② Philip Russell. "Distributed Public Governance in Britain." *Public Administration*, 2011, (04): 88 - 90.

③ Tim Fauci. "Improving Unsustainable Water Pollution Governance: the Case for Holistic Governance." *Potchefstroom Electronic Law Journal*, 2012, (01): 63 - 65.

④ Jeremy M. Wilson. "From New Public Management to Holistic Governance." *Public Administration*, 2013, (10): 52 - 58.

源，创立横向联络机制和合同预算制，有利于相对独立的机构和部门跨越组织功能边界，打破囚徒困境，促使不同主体间为共同目标而协调一致，从而实现整合。[①]

（二）国内整体性治理研究

我国关于整体性治理理论的研究始于21世纪初，开始主要是对整体性治理理论的兴起背景、理论渊源、内涵特征以及基本内容的诠释与解析，停留在引入和译介的层面上。近几年开始其研究重心转入实践应用，对我国政府治理现代化改革进行指导，下面我们主要将其分为两个部分进行综述。

1. 理论诠释与解析

陈铮是最早将整体性治理理论引入国内的学者，他通过对英国政府治理改革的历程研究，指出政府由"竞争政府"向"整体政府"的发展轨迹是当前的主要发展趋势，并认为整体性治理理论是取代新公共管理理论的最佳改革范式。[②] 竺乾威在《从新公共管理到整体性治理》一文中对整体性治理理论的来源、兴起、变革、功能要素、内容做了精要介绍，指出整体性治理是对传统官僚治理和新公共管理反思基础上提出的，主张治理应从分散走向集中，从部分走向整体，从破碎走向整合，并指出整体性治理的实现尤其依赖信息技术的发展。这是较为完整的对整体性治理理论进行阐释的文献，也是我国引介和研究整体性治理理论重要的参考依据。[③] 曾维和通过研究西方政府改革的案例指出，政府改革的核心在于组织创新，而组

[①] Elvis. "Towards a Holistic Model of Corporate Governance." *Journal of Applied Management Accounting Research*，2015，(01)：96-98.

[②] 叶璇：《整体性治理国内外研究综述》，载《当代经济》，2012年第6期，第110—112页。

[③] 竺乾威：《从新公共管理到整体性治理》，载《中国行政管理》，2006年第10期，第52—58页。

织创新的关键在于组织结构的调整。他认为西方国家政府改革中应用整体性治理进行政府组织改革创新的逻辑及方法对我国行政体制改革有三点启示：围绕特定目标协调和整合政府组织结构；重塑政府职能以消除职能重叠和交叉；应用现代信息技术创新政府沟通交流方式。①张立荣对整体政府的内涵、特征与运行模式进行了详细介绍，并指出这种模式具有公平正义的公共服务目标、联合的公共服务方法和协调的公共服务政策。在价值理念、运行机制、组织结构、治理工具等方面对我国当前所进行的政府治理改革具有重要的启示和借鉴意义。②周志忍指出整体性治理是当前政府治理改革的新范式，同时也是实践界和学术界共同研究的热点课题。他认为整体性治理并非否定专业化分工，而是将这种分工进行有效的协调和整合，以减少单一的分工而造成的碎片化问题。对目前我国正在进行的治理现代化改革来讲，整体性治理所倡导的理念和机制对实现现代化具有重要意义。③谭海波、蔡立辉从当前政府治理中最突出的碎片化问题角度入手，剖析了其负面效应及产生的原因，认为整体性治理能够从机构整合、信息沟通、业务流程重塑以及利益协调等方面对其进行针对性的改进和革新，所以主张建立整体政府，以更好地应对日新月异的治理环境。④

胡象明、唐波勇总结了整体性治理反思新公共管理"碎片化"的兴起背景、网络状的治理结构，认为整体性治理的实现有赖于协调机制、整合

---

① 曾维和：《当代西方"整体政府"改革：组织创新及方法》，载《上海交通大学学报（哲学社会科学版）》，2008年第5期，第20—27页。

② 张立荣：《整体性治理视角下县级政府社会管理创新研究》，载《管理世界》，2009年第11期，第178—179页。

③ 周志忍：《中国政府跨部门协同机制探析——一个叙事与诊断框架》，载《公共行政评论》，2009年第1期，第91—117页。

④ 谭海波、蔡立辉：《论"碎片化"政府管理模式及其改革路径——"整体型政府"的分析视角》，载《社会科学》，2010年第8期，第56—58页。

机制和信任机制的培养和落实。①李渊、李文军指出整体性治理是对官僚制与新公共管理实践中机构碎裂化和公共服务分割化的反思中发展起来的。从"复杂性—棘手问题—碎裂化—协调—整合"入手，着眼于政府内部机构和部门的协调与整合，实与涂尔干理论之整合观有相似之处。通过建构一套完善的制度、分立或权变的作法、建立交易及相互依赖的方式，妥协或混合，达到政府整合与服务的无缝隙供给目的。②赵昊宇认为整体性治理秉承协同合作的理念，博采众长，通力营造出政府和社会之间公开透明的语境，实现了政府间的良性互动，倡导政府间的多方向的竞争与合作，有效弥合府际争议。整体性治理将政府的服务理念整合成铁板一块，面临危急关头迅速有效回应，向政府、社会、公民提供所需的信息，保证纵向和横向之间沟通的顺畅与稳定，从而为政府在社会民众中树立良好的形象，同时也使得政府的整体优势得到最大的发挥，整合有效的社会资源作为工具，多层面协调发展而服务民众，这正是消解府际争议、促进协调发展之道。③汪军良从整体政府的载体、动力、逻辑及实践特色来阐述整体性治理理论，指出整体政府以再造官僚制为组织载体，信息技术是整体政府的第一推动力，整体政府继承新公共管理的逻辑，整体政府具有各国家的实践特色。整体政府就是针对分割和"碎片化"问题产生的一种新型政府管理模式和运作机制。④曾凡军研究了整体性治理的深层内核，认为整体性治理理论包含工具理性和价值理性两大逻辑：通过借助现代信息技术来提升治理效率体现了其工具理性逻辑，对公民需求的积极回应则体现了其价值理

---

① 胡象明、唐波勇：《整体性治理：公共管理的新范式》，载《华中师范大学学报（人文社会科学版）》，2010年第1期，第11—15页。

② 李渊、李文军：《碎裂化到无缝隙——整体性治理的协调机制研究》，载《襄樊职业技术学院学报》，2010年第4期，第52—55页。

③ 赵昊宇：《当代西方"政体政府"公共服务模式及其借鉴》，载《中国行政管理》，2010年第7期，第108—111页。

④ 汪军良：《论整体政府的载体，动力，逻辑及实践特色》，载《天中学刊》，2011年第6期，第5—8页。

性逻辑。①

　　曾令发将整体性治理应用到中央与地方的关系协调中,倡导两者的合作共赢理念,以解决公共需求为总目标,采取网络化的组织模式,并强调中央合理授权与地方严格守责,实现政府治理的公共价值导向、工具现代化趋势以及治理效果的高度整合。②唐颖指出整体性治理意味着一种全新的治理模式,它的理论基础是风险社会理论,是针对新公共管理模式导致的服务裂解性与功能碎片化现象提出来的,以满足公民需求为主导治理策略,倡导各种治理主体之间相互协调,整合不仅针对治理层级、功能及公私部门,还包括整合责任机制的碎片化以及信息系统的碎片化,将整体型政府组织包容性和整合性的运作模式尽显无遗。③翁士洪对国内外学界关于整体性治理的研究进行了系统整合,介绍了其产生的理论背景、基本内涵、显著特征和实际应用现状,并通过深入分析指出该理论的应用前景和主要缺陷。他认为整体性治理所强调的协调和整合理念、网络化的治理机构、以结果为导向的治理目标等都非常契合当前的政府治理改革,能够更好的应对治理碎片化问题。④万明成指出整体性治理改革主要是针对部门主义、视野狭隘和各自为政等问题提出的,它强调的是一种协调、整合型的政府治理模式,即政府在行政决策和执行过程中,采取协调的、彼此沟通的和一体化的管理方法和技术,促使公共治理中的各类主体(中央政府、地方各级政府、政府各个部门、第三部门和私人组织等),在共同治理活动中协调一致,实现功能的整合和整体利益的最大化。⑤崔慧敏则对整体性治理的兴

---

　　① 曾凡军:《从竞争治理迈向整体治理》,载《学术论坛》,2011年第9期,第82—86页。
　　② 曾令发:《整体型治理的行动逻辑》,载《中国行政管理》,2012年第1期,第110—114页。
　　③ 唐颖:《任务型组织的发展:从新公共管理到整体型治理》,载《学海》,2012年第4期,第129—134页。
　　④ 翁士洪:《整体性治理模式的兴起——整体性治理在英国政府治理中的理论与实践》,载《上海行政学院学报》,2013年第2期,第51—58页。
　　⑤ 万明成:《整体性治理模式的组织创新》,载《四川行政学院学报》,2013年第2期,第51—56页。

起背景、基本理念和主要内容进行了阐述，指出整体性治理以公众利益最大化为主要目标，改进了以往治理理论的价值导向；以网络化的治理组织为载体，变革了传统官僚组织的治理模式；以协调和整合为主的治理机制，修正了过度分权带来的碎片化弊端。[1] 蔡英辉、曹文宏、刘晶认为整体性治理理论为解决政府行政的碎片化问题、实现各个政府及部门间关系的整合提供了多种方案，包括在政府间建立信息系统，实现信息的共享；改组组织机构，实现大部化；建立协调、沟通和信任机制；培训跨边界工作的人员；建立承诺和责任机制等。这些方法都为实现我国地方政府间的协作提供了参考建议。[2]

在对整体性治理理论进行引介和阐释时，很多学者也将整体性治理与网络治理、分散治理、协同治理和新公共管理理论进行了比较分析，以更好地对整体性治理有全面的理解。彭锦鹏从治理理念、运作机制及组织结构三个维度，将整体性治理与传统官僚制、新公共管理之间的异同进行了归纳比较分析，认为现代化的治理工具、灵活性的治理结构和主动型文官体系是整体性治理相对于其他治理模式的显著特征。[3] 刘波、王力立、姚引良主要对整体性治理与网络治理进行了区分，从两者的理论渊源、核心内容和研究层次等方面，指出整体性治理侧重于政府自身内修，而网络治理则强调政府、市场和社会的外联。但两者的共同点都是重视对现代信息技术的应用。[4] 赵石强认为无缝隙政府理论和整体性治理理论都以公共利益最大化为行动导向，都以协调、整合为主要手段，都依赖现代信息技术，但

---

[1] 崔慧敏：《整体政府：政府改革的新谋划》，载《北京城市学院学报》，2014年第4期，第12页。

[2] 蔡英辉、曹文宏、刘晶：《总体性治理——多元政府间关系的趋向》，载《成都行政学院学报》，2015年第1期，第4—8页。

[3] 彭锦鹏：《全观型治理理论与制度化策略》，载《政治科学论丛》（台湾），2004年第3期，第61—100页。

[4] 刘波、王力立、姚引良：《整体性治理与网络治理的比较研究》，载《经济社会体制比较》，2010年第5期，第134—140页。

是两者却有着不同的理论范式、支撑文化和整合角度。①朱玉知深度剖析了分散治理与整体性治理两种模式,将"整合与分立""合作与竞争"作为两组区分变量,指出整体性治理主张建立整合性的治理机构,以更好地强化合作,解决治理改革中所引发的空心化和碎片化问题。分散治理则强调专业化的分工,认为只有较小的专业化机构才能够更加有效率地实现治理优化,才能够在日益多样化的政府组织形式下实现公共利益最大化。②王甲分别将整体性治理与无缝隙政府治理、新公共管理进行了比较分析,更加明晰了三种治理范式的异同。他指出无缝隙政府倡导流程再造的关键在于部门整合和资源协调,而整体性治理也要求政府部门在网络化和电子化支撑下进行人、财、物的整合与协调。因此,无缝隙政府和整体性政府从技术上讲是相通的,两者不是简单的替代关系,能够在一定的条件下实现互补。而新公共管理和整体性治理在时代背景和技术手段上有很大不同,但是整体性治理被视为对新公共管理不良效果的修正,它们在实现善治目标上并行不悖,都是在寻求改进公共服务质量和效率的方法,因此,新公共管理和整体性治理从目标上讲是一致的。③

2. 实践应用

随着理论研究的逐步成熟,国内一些学者开始将整体性治理理论应用到实践领域,探索政府治理改革的新模式。丁生忠将整体性治理应用到生态治理领域。他认为传统体制下的生态治理模式呈现出治理主体价值观念分歧、组织结构松散和权力资源内耗等碎片化状况,使得正式规则不能完全重塑系统力量,其结果是生态治理的效能低下,生态结构修复的预期目

---

① 赵石强:《西方整体政府理论与无缝隙政府理论之比较》,载《长春工程学院学报(社会科学版)》,2011年第2期,第54—55页。

② 朱玉知:《替代还是互补:整体性治理与分散性治理——对公共治理转型的一种回应》,载《甘肃行政学院学报》,2012年第2期,第20—27页。

③ 王甲:《新公共管理,无缝隙政府和整体性治理三种范式下整合功能的异同分析》,载《理论界》,2013年第1期,第164—165页。

标难以实现。随着新型政府管理理念的兴起,在生态治理的系统结构中,通过国家权威运作的整合性思维,基于整体性的政府治理理念,构建以国家为主导,在宏观、中观和微观三个层次上将行动主体、行动机构及行动策略协同整合,这是生态治理机制转向的有益探索。[①] 刘超指出当前我国公共危机治理系统存在严重的协调滞后问题,他认为通过应用整体性治理理论,建立整体性公共危机治理体系,制订统一战略规划,设立大危机治理协调机构,运用现代化信息技术成立危机治理信息中心等措施,可以有效的提升公共危机协调效率。[②] 陈刚认为整体性治理的主旨是协调与整合,以实现治理目标、治理过程和治理结果等从分散走向集中、从部分走向整体,从破碎走向整合。他将整体性治理理论运用到碎片化的食品安全监管中,主张在不消除各个组织边界的前提下,以合作共赢理念为指导,逐步实现治理目标的统一,运用现代化的信息技术手段实现多元监督主体的跨界协作,以最终实现功能的整合,为社会公众提供高效、优质的食品安全监管。[③] 刘大伟指出校车安全管理的缺失是造成乘车学生交通安全事故频发的主要原因。合理构建校车管理支持网络、保障校车安全应成为整体性政府的一项重要职责。他通过对校车管理现状的审视发现,政府管理的碎片化是校车管理中存在的主要问题。为此,他认为借鉴整体性政府治理模式可以为校车的治理提供政策制订的标准机制,政策执行的协调机制、信任机制、承诺机制和监控机制。[④]

曾凡军、欧阳昌永、韦彬将整体性治理理论应用于公共服务财政方面,

---

① 丁生忠:《从"碎片化"到"整体性":生态治理的机制转向》,载《青海师范大学学报(哲学社会科学版)》,2005年第6期,第55—59页。
② 刘超:《地方公共危机治理碎片化的整理——"整体性治理"的视角》,载《吉首大学学报(社会科学版)》,2006年第2期,第78—81页。
③ 陈刚:《食品安全中政府监管职能及其整体性治理——基于整体政府理论视角》,载《云南财经大学学报》,2007年第5期,第91—93页。
④ 刘大伟:《碎片化与整体性:校车管理的失范与治理——基于整体性政府治理模式的分析》,载《教育科学研究》,2007年第5期,第17—18页。

深入剖析当前我国公共服务预算存在的问题，探讨整体性治理应用的逻辑合理性，并针对性提出整体性治理的路径选择。① 高建华认为整体性治理是区域政府治理改革的新范式，其所倡导的协作共赢理念对于区域跨界合作具有重要的指导作用。他指出要按照整体性治理理论的要求，加强整体性区域政府建设，完善区域整体性协调机制、信任机制、信息传递机制。② 范逢春指出整体性治理源于新公共管理的式微与信息技术的勃兴，该理论遵循由"重新整合"到"整体性治理"的逻辑进路，主要关注治理目标、完整性过程、基于责任感的整合、制度化与信息共享。整体性治理通过组织建构层面的层级整合、从结果到结果的过程探求、责任感与制度化的工具契合、信息技术的深层应用，诠释了"逆碎片化"的整体性主张，为解决我国农村公共服务供给模式单一、治理主体各自为政与治理机制碎片化的现实困囿提供了理论参考，藉此构建了农村公共服务整体性治理框架，促使政府、市场与社会治理主体形成合力，加快健全农村基本公共服务体系。③ 董礼胜认为智慧城市与整体性治理具有较强的契合性，两者产生时代背景都是现代信息技术快速发展，基本价值导向均为满足公众需求，两者之间的契合性为整体性治理应用到智慧城市建设奠定了基础。他指出智慧城市建设中存在的智慧鸿沟、信息孤岛、服务碎片化以及职责模糊等问题需要引入整体性治理，其所倡导治理理念、组织结构、运行机制和服务方式等方面的整体性策略，能更好协调多元主体，形成智慧城市建设合力，提升城市建设品质。④

---

① 曾凡军、欧阳昌永、韦彬：《后公共治理理论：作为一种新趋向的整体性治理》，载《天津行政学院学报》，2008年第2期，第59—64页。

② 高建华：《区域公共管理视域下的整体性治理：跨界治理的一个分析框架》，载《中国行政管理》，2008年第11期，第77—81页。

③ 范逢春：《农村公共服务整体性治理框架研究》，载《求索》，2009年第12期，第22—23页。

④ 董礼胜、崔群：《整体性治理：一种研究智慧城市的新视角》，载《福建行政学院学报》，2009年第3期，第1—8页。

黄韬指出当前在我国转增长、调结构进行经济发展方式的根本性变革时期，发展循环经济成为了地方政府治理中的重要任务。如何运用整体性治理思想来对地方循环经济进行有效治理变革，是一个十分具有理论价值和现实意义的课题。他从深入分析整体性治理理论优势和长沙市循环经济面临的治理现状入手，以治理变革为逻辑起点，运用典型样本案例为解剖"麻雀"，全面归纳阐释了整体性治理的主要内涵，剖析了长沙市循环经济治理问题与整体性治理的契合性，提出了长沙市循环经济实现整体性治理的具体策略途径，为整体性治理理论实践运用于我国具体公共实践的研究做了大胆尝试与摸索。[1] 宋亚娟指出我国基本养老保险的碎片化问题及其造成的弊端已成为改革和完善基本养老保险制度要解决的关键问题。因此，如何实现基本养老保险整合的研究目标具有重大的现实意义和理论价值。她深入剖析了当前我国养老保险管理的碎片化问题，指出整体性治理对于破除这种碎片化，实现有效整合具有重要作用。在治理过程中，应建立政府—市场—社会之间的合作伙伴关系，在目标、功能、信息等方面进行整合，弥补政府养老保险管理的"碎片化"状态。[2] 蒋俊杰指出随着信息和人口等要素流动性日益增强，各种跨界社会问题不断涌现，并开始突破原有行政管理体系中的组织边界，科层体制中分割、僵化、碎片化的管理愈发显得僵化和难以适应。整体性治理对城市社会问题的跨界性与政府管理碎片化之间的紧张关系进行了有力地回应，并提供了新的治理模式和思维，具有重要的理论意义和应用价值。他以上海市长宁区社会管理联动中心为例，运用整体性治理理论，分析长宁区的跨界社会问题治理模式和实现路

---

[1] 黄韬：《循环经济的发展模式与政府导入策略》，载《经济研究导刊》，2010 年第 5 期，第 142—143 页。

[2] 宋亚娟：《我国养老保险制度的碎片化治理——基于"整体性治理"的视角》，载《郑州航空工业管理学院学报（社会科学版）》，2010 年第 5 期，第 134—137 页。

径，并对这一模式进行评价和展望。① 万长松认为环境问题越来越成为制约区域发展的关键性因素，因此针对当前区域环境治理中的碎片化以及跨界化环境污染治理问题要提出新的治理模式。他探讨了整体性治理对于区域环境治理的必要性和可行性，并以京津冀城市群为特定案例，提出建立跨区域环境治理协调机构，完善整体性协调运转机制，打造迅捷化的区域信息资源共享系统，通过环境治理信息的共享来实现动态化、高效化的环境治理。②

崔晶通过分析我国基本公共服务的现状指出，政府治理的分散化和碎片化是导致区域及城乡公共服务非均等化的根本原因。他认为整体性治理理论对于克服这种非均等现状具有较强的适用性，能够按照公众需求的不同分类提供公共服务，打造政府主导、市场运作和社会协同的服务体系，建立灵活性、协同性的服务网络，营造良好跨区域合作文化，促进我国基本公共服务的均等化。③ 蔡常青对内蒙古社会矛盾化解机制进行了实证研究，指出由于各个盟市社会矛盾化解机制建设水平不一，并且调解机构和部门之间缺乏有效的沟通，存在严重的碎片化现象，影响了化解机制整体效能的发挥。而整体性治理强调整合与协调，而且整体性治理理论与内蒙古地区社会矛盾化解机制的碎片化倾向相契合。据此，他认为应在整体性治理理论的指导下，完善利益整合和风险防范机制，建立社会矛盾综合调解机制，建立社会矛盾协调化解机制，加强边境地区社会治安防范机制。④ 赵宇、傅琼指出"西三角"的区域公共治理体系正在探索之中，行政区域

---

① 蒋俊杰：《我国城市跨界社会问题的整体性治理模式探析——以上海市长宁区社会管理联动中心为例》，载《中国行政管理》，2011年第3期，第15—17页。

② 万长松：《京津冀地区环境整体性治理研究》，载《河北科技师范学院学报（社会科学版）》，2011年第3期，第6—8页。

③ 崔晶：《区域地方政府跨界公共事务整体性治理模式研究：以京津冀都市圈为例》，载《政治学研究》，2012年第2期，第91—97页。

④ 蔡常青：《构建和谐内蒙古面临的社会矛盾与化解对策》，载《内蒙古财经学院学报（综合版）》，2013年第1期，第43—47页。

与经济区域之争以及陕川渝省市政府间摩擦性的治理关系成为"西三角"经济区建设所面临的重要问题。他们从整体性治理的视角出发，分析"西三角"经济区府际治理存在的问题，通过建立"西三角"整体性治理机制来推进"西三角"经济区的府际合作，为西部地区区域公共治理改革提供一些启示和借鉴。① 韩兆柱指出整体性治理理论以协调、整合和网络化的治理思路，较好地回应了传统官僚制和新公共管理理论带来的政府治理碎片化，对公共管理的跨界治理和府际关系协调和整合有着重大的借鉴意义，其所强调构建一个合作、共赢的府际关系协调模式也是构建城市群合作长效机制的重要步骤。他基于整体性治理理论，从组织架构、制度建设、技术支撑三个角度提出构建京津冀整体性府际协调模式的策略。②

（三）研究述评

整体性治理理论兴起于对新公共管理所造成治理碎片化问题的反思，以合作共赢为核心价值理念，强调多元主体的协调与整合，借助高效的信息沟通系统，打造一体化的治理体系，使彼此的治理目标一致、治理手段相互强化，进而实现治理结果的优化。③ 自希克斯介绍和引入整体性治理理论后，国内外许多学者纷纷开展对整体性治理的研究，研究内容涉及整体性治理的含义、内容、特征、实践应用等多个方面，拓展和完善了整体性治理理论。研究过程注重吸收相关学科的已有成果。整体性治理理论在发展的过程中，注重吸收多中心理论、网络治理理论、协同治理理论等主要流派的治理理念和措施，同时还注意接收制度经济学、管理学和自组织理

---

① 赵宇、傅琼：《整体性治理：建立"西三角"经济区府际治理的新视角》，载《中国行政管理学会2014年会暨"政府管理创新"研讨会论文集》，2014年，第76—79页。

② 韩兆柱、杨洋：《新公共管理，无缝隙政府和整体性治理的范式比较》，载《学习论坛》，2013年第12期，第57—60页。

③ 方芳、于水：《整体性治理的理论与实践研究》，载《法制与社会》，2014年第12期，第183—185页。

论等相关学科的研究成果。① 随着整体性治理应用范围的不断扩大，众多学者从不同视角对其进行了阐释和分析，关于整体性治理理论和实践也形成了丰硕的成果，特别是国外关于整体性治理的理论和实践研究也逐步成熟，形成了较为完整的整体性治理研究体系，能够更加有效地指导和应用治理改革。但是，相对于国外而言我国对于整体性治理的研究多侧重于对该理论的介绍、评述和引进，而将该理论应用于实践的研究相对较少。并且国内学者对整体性治理理论的研究多为概括性研究，并没有全面、系统、深入地对整体性治理理论做出透彻、具体的分析，理论基础的研究不够深入，肤浅地借用理论必然会导致在实践中不恰当的运用。除此之外，国内已有研究关于整体性治理制度构建的也较少，导致实践中不能够提出有效遏制治理碎片化问题的对策，研究成果难免缺乏一定的现实意义。本书在对已有的理论思想进行概括和创新的同时，着重提出了对整体性治理理论的制度构建，从而使整个理论有了一个完整的理论体系。整体性治理理论制度构建的提出不仅完善了整体性治理理论体系，也为整体性治理在实践中对我国治理改革起到一定的指导作用。同时，还把整体性治理理论已有的研究成果与城市群府际博弈治理的实践进行综合分析。一方面运用相关理论对整体性治理理论予以评析，将其有益成果应用到城市群府际博弈治理的实践中；另一方面运用相关理论对整体性治理理论的利弊予以分析，总结经验，在整体性治理理论研究和实践中加以克服，进而对整体性治理理论有一个客观公正的评价。整体性治理理论目前尚处于发展和完善阶段，相信随着研究的深入进行，整体性治理理论在我国治理改革和实践方面，将会发挥越来越明显的作用。

---

① 胡佳：《迈向整体性治理：政府改革的整体性策略及在中国的适用性》，载《南京社会科学》，2010年第5期，第46—51页。

二、城市群府际关系研究综述

(一) 国外研究综述

美国学者斯奈德（Snyder）最早提出了"府际关系"这个名词，从此之后府际关系这一研究主题，开始逐步受到西方学术界的关注。[1] 到80年代以后，政府治理改革浪潮在全球范围内方兴未艾，府际关系的调整和变革成为世界性发展趋势。在这一潮流驱动下，国外对府际关系的研究成为一个重点议题，其研究理论成果对府际关系变革发挥了重要的指导作用。罗伯特·阿格拉诺夫（Robert Agranov）是美国最早提出府际管理概念的学者，他认为应该将美国体制研究的重点倾向于政府日常管理中，并指出美国政府间关系发展到新的阶段，即"府际管理"时代，应该重视并深入研究政府间的关系，以提升政府的管理效率和质量。[2] 赖特（Wright）通过研究美国政府管理体制，认为美国已经步入府际管理时代，其主要表现为三个方面：各个州政府与联邦政府之间相互进行取舍博弈；政府之间开始重视彼此之间的协调、合作；通过信息技术等手段建立协调机制。[3] 曼德尔（Mandel）认为府际管理是一种新型的治理模式，它以解决共同面临的问题为取向，通过协商、谈判等方式协调各个政府间的关系，以更好地实现治理目标和任务。[4] 查尔斯（Charles）认为府际关系是各级政府间为了执行政

---

[1] Snyder. "Perforated Sovereignties and International Relations: Trans – sovereign Contacts of Subnational Governments." *Greenwood Pub Group*, 1988: 103 – 107.

[2] Agranoff. *New Governance for Rural America: Creating Intergovernmental Partnerships.* University of Kansas Press, 1986: 145 – 147.

[3] Deil S. Wright. "Revisiting Administrative Reform in The American States: The Status of Reinventing Government During the 1980s." *Public Administration Review*, 1987, (03): 353 – 361.

[4] Mandell M. P. "Intergovernmental Management in Interorganizational Networks: A Revised Perspective." *International Journal of Public Administration*, 1988, (04): 393 – 416.

策或提供服务所形成相互关系的互动和机制。府际关系产生原因，一方面是为了发展及执行公共计划所包含的政府各层级间复杂而相互依赖的关系；另一方面，府际关系也是不同层级政府为共同地区提供服务与管理中所形成的交互关系。① 迈克尔·麦金尼斯（Michael Meginnis）指出，府际关系作为一个学术术语源于美国20世纪30年代"新政"的实施和联邦政府为了克服大萧条时期经济社会恐慌所做的全面努力，这一术语与当时美国政治学研究中行为主义方法的兴起有内在联系。政治学研究中行为主义方法的兴起，对具体政治过程与政治行为的研究日渐重视，府际关系的研究越来越受到学术界的重视。②

在城市群内部府际合作方式方面，克里斯滕森（Christensen）认为城市群内部府际间合作的方式主要有下列几种：信息交换、共同学习、相互审查与评论、联合规划、共同筹措财源、联合行动、联合开发、合并经营。③爱丽丝·沃克（Alice Walker）等人列举出25种区域府际合作方式，主要包括正式的府际间协议、跨部门合作、成立区域政府、边界外管辖权、成立府际服务特区、成立联盟型都会政府等。④ 罗森布鲁姆（Rosen Bloom）等在《公共行政学：管理、政治和法律的途径》中指出通过创建公共机构、形成公共权威、制订管理规则，以维持区域秩序，满足和增进地区共同利益所开展的活动和过程，它是地区内各种行为体共同管理地区各种事务的诸种

---

① Charles. "A Behavioral Approach to the Study of Intergovernmental Relations." *The Annals of the American Academy of Political and Social Science*, 1996, (01): 137-146.

② Michael Mcginnis. "Toward a Theory of Press—State Relations in the United States." *Journal of Communication*, 1998, (02): 103-127.

③ Christensen. "Collaborative Mechanisms in Interlocal Cooperation A Longitudinal Examination." *State and Local Government Review*, 1999, (08): 25-28.

④ Alice Walker. *Intergovernmental Cooperation, Metropolitan Equity, and The New Regionalism*. Wash. L. Rev, 2000, (09): 93.

方式之和。① 尼古拉斯·亨利（Nicholas Henry）在其所著的《公共行政与公共事务》一书中指出，美国各个州之间主要通过州际合约方式来协调彼此间的关系，州际合约中明确规定了各个州政府享有的权利和应该履行的责任。在州际合约之下还有类似的政府间协议、地方政府协会、城区议会协会等合作机制。② 戴维·卡梅伦（David Cameron）在《政府间关系的几种结构》中指出在区域管理过程中，公共事务出现多方交叉的态势，政府间的管辖权也逐步模糊。因此，理顺各个政府间关系，通过彼此讨论、磋商与交流，更好促进协调与合作，以实现公共事物高效治理。③ 文森特·奥斯特罗姆等（Vincent Ostrom）在《美国地方政府》中分析了美国大都市内部各个地方政府在管理过程中的冲突，指出可以利用较高层次的政府来协调地方政府间的冲突。上级政府通过整体性规划和政策协调手段实现地方政府信息同享和治理协同，最终达到资源互补、利益共享、优势叠加的协调发展效果。④ 菲利普·J. 库泊（Philip J. Cooper）在《二十一世纪的公共行政挑战与改革》中指出府际与部门关系日益复杂是 21 世纪公共行政的特点之一。面对复杂多变的治理环境，各个政府开始重视与其他政府合作，通过州政府委员会、州际协议等来发展政府间关系，形成多元主体合作的治理架构，并建立畅通的信息传递系统，来助力政府间的合作治理。⑤

在城市群内部府际合作困境形成原因方面，唐纳德（Donald）与米尔沃德（Milwaukee）将动物领域保护行为的推演逻辑应用到城市群内部区域主义形成的原因分析。他认为城市群内部各个城市政府都是各个区域的霸主，

---

① Rosenbloom D H. *Public Administration: Understanding Management, Politics, and Law in the Public Sector*. New York: McGraw-Hill, 2002: 231-233.

② Henry N. *Public Administration and Public Affairs*. Routledge, 2003: 163-167.

③ Cameron D. "The Structures of Intergovernmental Relations." *International Social Science Journal*, 2005, (06): 121-127.

④ Ostrom V. *Local Government in The United States*. Ics Press, 2008: 68-72.

⑤ Cooper P. J. *The Transformation of Governance: Public Administration for The Twenty-first Century*. JHU Press, 2015: 84-86.

为了维护自身的地位与利益而对其他主体采取敌对或者不合作方式,正是这种领域的霸主本位主义造成了城市群内部府际间的合作困境。① 保罗·多梅尔(Paul Doormell)指出城市群内部各行政单元无视区域生态联系,仅仅重视自身区域内部的生态建设,而忽略其对相邻城市的影响,导致各个城市各自为政缺乏协同,极易引发府际生态污染及治理矛盾。这种情况在各个城市的交界地带或者涉及跨区域的污染问题时尤为显著,多元主体往往会因法规政策、治理制度、治理标准、经济实力等差异,更容易形成生态分割和跨界污染治理碎片化,使得城市群整体生态环境污染日趋严重及治理效率低下。② 威廉·安德森(William Anderson)运用场域理论对城市群内部府际关系进行分析。他指出任何一个进入场域的行动者,都会运用其掌握的各种资本进行比较、交换和竞争,是行动者相互维持或改变自身所具有的资本,并进行资本再分配的场所。每个城市参与到某一特殊领域的竞争博弈后,就会利用自身的历史地位和积累,通过特殊的方式和手段,依据场域特定的关系网络,同其他城市进行多种形式的策略选择,以更好、更多地实现自身利益。③ 奥图尔(O'Toole)认为由于资源的有限性和制度的限制性,各级政府与各部门间应该更好协调个别组织理性与集体组织理性间的关系,以降低政策过程中的交易成本,使社会资源的配置更具效率,由此区域管理制度便应运而生,其可以降低公共部门中冲突与合作的成本,成为改进政府、推动方案与资源管理效率的重要推手,并形成区域部门合作、地方政府间合作、中央政府与地方政府的合作、公共部门与私人部门

---

① Donald, Milwaukee. "A Public Management for All Seasons?" *Public Administration*, 2006, (01): 3-19.

② Paul Domeier. *Environmental Management and Governance: Intergovernmental Approaches to Hazards and Sustainability*. Psychology Press, 2008: 67-69.

③ William Anderson. *Progress in International Relations Theory: Appraising the Field*. MIT Press, 2009: 114-118.

的合作等，这些复杂形式的合作关系已变成公共管理中相当重要的议题及焦点。① 汉斯约·阿希姆（Hansa Achim）指出产业和基础设施竞争容易引起城市群内各政府间的紧张关系，各个城市政府基于经济和政治利益考量，不愿放弃前期产业建设的投资，这种产业发展惯性导致产业同构现象严重，彼此间的协调和合作举措也就仅仅停留在文件上，同时产业同构又引发对人才、资金、技术以及原材料等需求的恶性竞争，这些更严重阻碍城市群府际关系的协调。②

在城市群内部府际关系协调方面，诺特（Knott）指出府际合作中问题有三个方面：相互依赖、信息不对称和利益冲突。为避免上级政府对区域性问题立法规范的干预，许多地方政府间都构建起协调合作的模式，以更好地促进城市群内部府际之间的合作。③ 史蒂芬森（Stevenson）和波克森（Pockson）提出部分府际关系与跨域管理论者主张对原有政府形式进行重构，强调政府联合治理，要求同一区域内政府共同解决空间的失衡现象，致力于去疆域化工作，发展经济、民营化与竞争政策，区域内各机关间彼此建立协调与咨议机制，主张开放各种既有的机关形式与合作方式，藉以改善机关能力。此外，强调创新机关关系，为了区域的共同发展，应致力于建构企业导向的政府与区域发展过程。④ 克里斯·泰勒（Chris Taylor）认为城市群内部府际关系协调应经过三个阶段：（1）行政区划调整阶段。将过于分散和细化的行政区进行调整和合并，以避免主体过多而协调不利的情况；（2）功能整合阶段。通过有效的府际间行政协议、行政契约，明确各个主体

---

① Peter O'Toole. *Intergovernmental Cooperation. Rational Choices in Federal Systems and Beyond*. Oxford University Press, 2010: 57 - 58.

② Hans Joachim. "Cultural Clusters and the Post – industrial City: towards the Remapping of Urban Cultural Policy". *Urban Studies*, 2013, (03): 507 - 532.

③ Nott. *Intergovernmental Cooperation, Metropolitan Equity, and The New Regionalism*. Wash. L. Rev., 2006, (07): 93 - 95.

④ Stephenson, Poxon. "Varieties of City Regionalism and The Quest for Political Cooperation: a Comparative Perspective." *Urban Research & Practice*, 2007, (02): 111 - 129.

的权责，使各个主体高效合作，满足公众日益多元化的需求；（3）伙伴关系建立阶段。地方政府间以政策议题为导向，建立各种合作伙伴关系，整合资源发挥协同作用，解决区域公共问题，进而提升整个区域的竞争力。① 理查德森（Richardson）指出城市群内部府际间的有效合作仅仅依靠协商和备忘录是远远不够的，因为在城市群发展过程中趋利倾向会导致府际间的博弈冲突时常发生。所以，面对这种现状需要制订城市群整体规划来确保府际间的战略协作。各个城市政府在城市群整体发展规划宏观指导下来制订本区域的发展政策，就可以有效避免府际间的政策冲突，进而促进城市群的协调发展。② 埃里斯·克鲁格（Ellis Kruger）从交易成本的视角构建了城市群内部府际合作的选择模型，该模型表明：城市群府际间合作的可能性和深度与交易成本的函数关系，受制度安排和相互间的竞争程度影响，交易成本与参与合作的可能性及合作的程度成反比。③ 马努基·什雷斯塔（Manucci Shresta）通过研究美国城市群府际间合作目的和条件，指出府际间政府会因考虑交易成本而选择网络化合作方式。④ 菲利浦·沃克（Philip Walker）根据研究发现：阻碍府际间跨区域合作的主要因素是交易成本，交易成本高低取决于合作项目性质、合作区域状况以及政策制度等。⑤ 此外，海伦·沙利文（Helen Sullivan）和克里斯·斯凯尔（Chris Skyler）对城市群府际合作关系做了系统、全面的研究，既涉及府际合作的主体，又研究

---

① Chris Taylor. "Intergovernmental Cooperation: An Analysis of Cities and Counties in Georgia." *Public Administration Quarterly*, 2009: 119-141.

② Richardson. "Achieving Cooperation under Anarchy: Strategies and Institutions." *World Politics*, 2010, (01): 226-254.

③ Alice Krueger. "Overcoming the Barriers to Cooperation: Intergovernmental Service Agreements." *Public Administration Review*, 2011, (06): 87-88.

④ Manuky Shrestha. "Scope and Patterns of Metropolitan Governance in Urban America Probing the Complexities in the Kansas City Region." *The American Review of Public Administration*, 2012, (03): 33-35.

⑤ Philip Walker. "Intergovernmental Cooperation Mechanisms: Factors for Change?" *The Romanow Papers*, 2013, (03): 63-65.

了合作的内容、形式，以及合作过程实现等各方面内容。①

（二）国内研究综述

近几年来，伴随着我国城市化进程的加快，我国公共管理领域的专家学者加强了对城市群府际关系领域关注的力度和研究的深度，在城市群府际合作中存在的问题、原因分析以及解决路径等方面取得了许多新的研究成果，并进行了一些针对府际关系的实证研究，具体来说所取得的成果主要体现在以下几个方面。

政府间关系的研究。刘君德是我国较早开始研究府际关系的学者，他重点剖析了国外大都市区行政组织管理理论，并从多中心和网络化视角切入，提出建立新型大都市区域行政组织管理模式。② 林尚立在《国内政府间关系》一文中指出，国内政府间关系以作用方向来划分可以分为纵向府际关系和横向府际关系，纵向府际关系主要是指上下级关系，代表的是一种政治权力关系，而横向府际关系则是同级政府间关系，相互之间主要是一种经济利益关系。③ 薄贵利通过对欧美发达国家中央与地方关系的梳理和分析，指出中央政府主要是维护国家整体利益，是国家利益的代表，而地方政府则是区域利益的代表，其治理目标是实现区域利益最大化。所以，中央与地方政府间的关系实质是国家利益与地方利益的关系。④ 谢庆奎在其著作《中国政府的府际关系研究》中认为府际关系就是政府间的关系，它涵盖了中央与地方、地方与地方、政府各个部门间的关系，并且他指出府际关系还是权力关系、经济关系和行政关系，但从府际关系本质来讲是一种

---

① Helen Sullivan, Chris Gaskell. *Understanding urban government: Metropolitan reform reconsidered*. American Enterprise Institute Press, 2014: 135 – 137.

② 刘君德：《中外行政区划比较研究》，华东师范大学出版社 1995 年版，第 156—158 页。

③ 林尚立：《国内政府间关系》，浙江人民出版社 1998 年版，第 58—61 页。

④ 薄贵利：《中央与地方权限划分的理论误区》，载《政治学研究》，2000 年第 2 期，第 23—29 页。

利益关系，利益关系决定着其他一切关系。因此，如何理顺和协调好府际利益关系成为当前研究的重点课题。① 陈瑞莲将府际关系关注的焦点集中于区域，首先提出了"区域行政"的概念，并从起源、内涵、特征、基本内容、作用方式、未来研究重点等方面进行了分析和阐释。同时她还指出区域行政是公共行政的重要分支，区域政府间应该摒弃各自为政的理念，打破行政区划的刚性桎梏，促进区域政府间的合作共赢。② 陈振明通过对国内外府际关系研究的总结指出，政府纵横两个维度关系的核心问题在于协调，只有更新合作理念，建立良好的合作机制，运用有效的治理工具，搭建完善的合作平台，才能够促使府际关系走上合作共赢的轨道。③

汪伟全则重点研究和阐释了国内地方政府管理的现状，指出当前我国地方政府间的竞争正从有型的产品、市场等要素向无形的制度环境、创新机制等要素转变，认为制约地方政府间合作的因素是整体性协调机构、利益共享分配机制以及合作规则的缺失，提出通过建立合作协议等方式来建立利益共享分配机制，对各个地方政府行为进行约束和规范。④ 辛向阳基于历史发展的视角，对我国长期以来中央与地方政府间的集权与分权博弈进行了详细的分析与阐释，并提出了有效变革府际博弈关系的对策。⑤ 李军鹏在《新制度经济学的政区竞争理论研究》中探讨了政区竞争理论，阐释了

---

① 谢庆奎：《中国政府的府际关系研究》，载《北京大学学报（哲学社会科学版）》，2001年第1期，第26—34页。

② 陈瑞莲：《试论我国区域行政研究》，载《广州大学学报（社会科学版）》，2002年第4期，第1—11页。

③ 陈振明：《走向一种"新公共管理"的实践模式》，载《厦门大学学报》，2003年第2期，第75—77页。

④ 汪伟全：《地方政府合作的现存问题及对策研究》，载《社会科学战线》，2004年第5期，第294—296页。

⑤ 辛向阳：《百年博弈：中国中央与地方关系100年》，山东人民出版社2006年版，第56—58页。

该理论的基本内涵、主要内容、典型特征以及政区竞争的原则和模型等。①冯兴元在《论辖区政府间的制度竞争》中具体分析了当前我国府际之间通过制订区域性保护制度来进行竞争博弈，以最大化地实现自身管辖区域利益最大化。所以，他认为实现区域府际良性竞争博弈要围绕制度建设为重点。②刘亚平在《当代中国地方政府间竞争》中基于退出选择理论对地方政府间的竞争进行了剖析，阐释了府际间政治、产品和要素市场三个领域的竞争博弈，并指出每个政府都是基于自身利益最大化而不愿放弃既得利益，而导致彼此间的非合作竞争博弈。③李寿初则将研究的视角集中于纵向的府际关系，他指出纵向府际关系就是中央与地方、国家整体与区域局部、普遍利益与特殊利益的关系，如何处理好这种关系，实质就是在利益格局的基础上确定一种权力分割制度。④

  城市群府际合作机制研究。高新才认为在城市群府际合作过程中有两种作用力：一种是正向推动力即合作的激励；另一种是反向约束力即非合作的惩戒。只有围绕着这两个维度的制度设计才能够更好地促进府际间的合作。他提出通过建立城市群利益分享与补偿机制、高效的评价激励机制、畅通的信息沟通传递机制以及严格的行为约束机制来更好地促进城市群府际间的合作。⑤陈剩勇、马斌通过对我国城市群府际合作的现状研究指出，当前我国城市群府际合作中存在的主要问题是：合作制度规范化程度较低，缺乏正式的区域合作组织，信息交流沟通不畅等。虽然城市群内各个政府

---

  ① 李军鹏：《论新制度经济学的政区竞争理论》，载《中国行政管理》，2007 年第 5 期，第 52—58 页。
  ② 冯兴元：《论辖区政府间的制度竞争》，载《国家行政学院学报》，2009 年第 6 期，第 27—32 页。
  ③ 刘亚平：《当代中国地方政府间竞争》，社会科学文献出版社 2011 年版，第 17—19 页。
  ④ 李寿初：《我国社会转型时期中央与地方关系探析》，载《中国社会科学院研究生院学报》，2013 年第 3 期，第 12—21 页。
  ⑤ 高新才：《论区域经济合作与区域政策创新》，载《学习论坛》，2005 年第 7 期，第 37—40 页。

都具备明确的合作共识，但是以上问题导致府际合作的效率较低，不能适应快速发展的城市群。基于上述问题有针对性地提出有效的合作策略。① 李文星认为城市群内部府际间合作的主要障碍是中央政府宏观协调的缺位、府际合作规章制度不健全以及治理结构不合理等，这就需要通过合理定位中央政府角色、调整区域治理结构、完善合作法律法规、健全利益分配协调机制等策略来促进城市群府际高效合作。② 王健对区域公共治理进行了深入的研究，创新性地提出了"复合行政"理念，他认为针对当前区域府际合作存在的问题，只有通过多中心、交叠嵌套式的复合治理，才能够促使区域府际关系由冲突向合作转变。③ 张紧跟在《当代中国地方政府间横向关系协调研究》中将交易费用理论与城市群府际关系协调相结合，指出府际关系的本质在于交易互利，只有通过交易实现双方利益最大化才能够调动彼此合作的积极性。并提出通过有效的制度建设和网络化的治理结构来减少交易费用。④ 张可云将博弈论的分析方法应用到区域经济合作，指出利益是府际间冲突与合作的根本性因素。他认为区域经济经历了一个由互不联系到相互竞争合作的过程，而在这个过程中每个政府都会以实现自身利益为目标而采取合作与非合作的策略，如何促进区域经济合作共赢发展，构建一个整体协调架构成为研究的重点。⑤ 林水吉认为随着治理环境的变化，跨区域治理成为重要的方式，他深入剖析了跨区域治理的本质与特征，并提出了跨区域治理的策略途径：以催化型领导凸显跨域问题的重要性，建

---

① 陈剩勇、马斌：《区域间政府合作：区域经济一体化的路径选择》，载《政治学研究》，2007 年第 1 期，第 24—34 页。

② 李文星：《简论我国地方政府间的跨区域合作治理》，载《西南民族大学学报（人文社会科学版）》，2008 年第 1 期，第 259—262 页。

③ 王健、鲍静：《"复合行政"的提出》，载《中国行政管理》，2009 年第 3 期，第 47—48 页。

④ 张紧跟：《当代中国地方政府间横向关系协调研究》，中国社会科学出版社 2010 年版，第 36—39 页。

⑤ 张可云：《区域经济一体化：追求理想的共赢格局》，载《区域经济评论》，2012 年第 6 期，第 5—7 页。

立区域网络治理结构,打造共享性的信息平台,完善利益协调补偿机制等。①丁煌在《论跨域治理多元主体间伙伴关系的构建》中指出有效的问责机制可以更好的促进合作,他从政治问责、法律问责、行政问责和专业问责四个角度探讨跨区域治理问责机制的建设,以期通过有效的问责来促进府际间的合作。②

  城市群府际合作治理的实证研究。现阶段我国有关城市群府际合作治理的实证研究相对于理论研究来说较少。王乐夫是国内较早关注实证研究的学者,他以珠三角为研究对象,分析了珠三角城市群府际合作治理存在的问题,并针对性地提出了治理策略,是国内城市群府际合作治理实证分析的典范。③陈瑞莲和蔡立辉合著的《珠江三角洲公共管理模式研究》也是一部城市群府际合作治理实证研究的力作。在研究特征方面,他们以珠三角城市群内部各级政府区域公共合作治理为视角;在研究内容方面,通过理论与实践相结合的模式剖析了府际合作治理的基本方式及珠三角城市群府际合作的现状。在现状分析方面,首先对其合作形成的前提和背景进行了研究,并以此为基础深入剖析了珠三角城市群府际合作治理的特色及未来发展趋势,指出只有通过制度完善、信任培育、利益共享等方式才能够更好地促进珠三角城市群府际合作的可持续进行。④顾朝林则以长三角城市群为实证研究对象,指出当前其内部存在产业同构、市场分割、环境污染以及重复建设等问题,并从博弈论的角度分析其内部府际合作困境的成因,指出刚性行政区域分割使得城市群内部各个政府更加重视本地利益,另外

---

① 林水吉:《跨域治理:理论与个案研析》,(台北)五南出版社2012年版,第78—81页。
② 丁煌:《论跨域治理多元主体间伙伴关系的构建》,载《南京社会科学》,2014年第1期,第63—70页。
③ 王乐夫:《经济发展与地方政府:对珠江三角洲地区的一项研究》,中山大学出版社2008年版,第63—67页。
④ 陈瑞莲、蔡立辉:《珠江三角洲公共管理模式研究》,中国社会科学出版社2011年版,第45—48页。

城市群内部沟通协调机制不畅，更加促进了各政府的非理性竞争博弈选择，不利于城市群内部府际间的合作共赢。① 徐鹏对关中城市群进行了深入分析，指出关中城市群不协调性主要体现在结构、产业、基础设施、生态环境、政策等方面，发现存在等级规模结构不合理、产业同构、基础设施建设重复等诸多问题，这些问题的存在严重制约着城市群的协调发展。针对关中城市群的内部差异及在各方面存在的不协调性，提出了相应的措施和政策建议。② 刘冬华、李琴在《区域经济发展与地方政府间关系：以长三角为例》一文中，通过实地调研指出了长三角城市群经济发展与府际合作现状，认为应在正和博弈理念指导下，制订统一性的府际合作规则，重视府际间的协调与沟通，构建高效的评价问责机制，以更好地促进府际关系的良性发展。③

（三）研究述评

城市群是城市化发展到一定程度而呈现的高级形态，不同于传统行政管理体制下的行政区行政，特别是随着跨域公共事务的愈加多元与复杂，区域政府之间竞争与合作成为区域有效治理的前提，由此作为区域治理主要形式的城市群府际关系成为学界研究的重点课题。就国外的研究文献来看，现代意义上的城市群府际关系研究始于20世纪80年代，是西方国家城市群体化现象大规模出现，城市化进程迅速发展的时期。三十多年来关于城市群府际关系的研究不断深化、研究队伍不断壮大、研究成果不断涌现、研究范式不断丰富，呈现多视角、多层次、多尺度，理论与实证相结合的

---

① 顾朝林：《长江三角洲城市群发展研究》，载《长江流域资源与环境》，2012年第6期，第71—75页。

② 徐鹏：《关中城市群内部差异及协调发展研究》，西北大学博士学位论文2013年，第55—59页。

③ 刘冬华、李琴：《区域经济发展与地方政府间关系：以长三角为例》，载《上海理工大学学报（社会科学版）》，2013年第3期，第76—80页。

研究体系，其研究内容的重点主要集中于城市群府际关系的重要性、合作方式、合作困境以及府际关系的协调等方面。可以说，国外学者对城市群府际关系的研究已经比较成熟。这个漫长的研究过程既伴随着城市群地域空间不断扩展的过程，又伴随着城市化水平由低级向高级不断发展的过程，符合城市群发展的一般规律，对我国城市群府际关系研究有一定借鉴作用。但由于国情、区情以及所处发展阶段不同，也应看到这些理论并不完全符合中国实际。结合中国实际研究，探讨我国城市群府际关系仍是我国学者急需探索的重要课题。

国内对城市群府际关系的研究起步较晚，但随着我国城市化进程的快速推进，有关城市群府际关系的研究也空前繁盛起来。综观国内对城市群的已有研究，主要是从城市群府际竞争、府际合作机制以及府际合作实证三个维度进行的研究，对城市群内部府际关系的概念、合作模式、合作机制、合作对策以及城市群府际关系模型等都有了较为详细的论述，但是国内关于城市群府际关系的研究一般是对城市群府际关系的概述，缺乏较为系统的体系，并且没有提出一个鲜明的理论背景，而是根据国外已有的研究总结得出的较为空泛的层次概括，理论支持不足，使得城市群府际关系协调缺乏更具体鲜明的理论参考依据，因而也就不能构建较为具体实用的协调模式。同时，关于城市群府际关系的实证研究较少，其具体实践指导性意义较为欠缺。因此，未来城市群府际关系的研究重点应在契合我国本土实际的理论依据基础上，运用行政学、经济学、社会学、运筹学等领域的分析工具及研究成果，从多个层面对其进行全面性、综合性、系统性的分析，特别是加强对城市群府际关系的实证研究，使之更加符合我国当前区域治理现状，从而为城市群府际关系研究的深化，以及政策的有效制订提供理论支持。

三、城市群府际博弈研究综述

（一）国外研究综述

博弈论又称对策论，是 20 世纪 20 年代由著名的数学家冯·诺伊曼（Von Neumann）提出，1944 年他和摩根斯坦（Morgan Stan）在著作《博弈论与经济行为》中首次提出了博弈模型。博弈论对人的基本假设是：人是理性的或者是自私的，在具体策略选择时的目的是使个体利益最大化，博弈论研究的就是理性人之间如何进行策略选择。博弈中包含参与者（双方或多方）、行动、支付函数、结果等要素。其中参与者、行动和结果构成了"博弈规则"。博弈论的提出主要是分析参与双方或多方之间的利益冲突问题，通过分析采取行动使各利益主体在采取"最优策略"基础上，最终实现力量的均衡。[①] 首先将博弈论应用到城市群府际关系研究的是波克森·珍妮（Polkson Jenny），她通过对博弈理论以及城市群内部府际博弈负面影响的分析，指出区域府际关系由过度竞争走向竞合博弈的必然性和必要性，并进一步指出目前区域政府博弈过程遇到的诸多障碍及产生原因，提出城市群内部府际合作博弈的思想和经济基础薄弱、博弈过程中的制度环境脆弱使得区域政府博弈产生诸多障碍的观点。因此，树立合作博弈新理念、加强区域政府有效制度建设、平衡府际博弈中的利益成为协调区域政府博弈关系的关键。[②] 安德烈亚斯·瓦格纳（Andreas Wagner）在《双重税收竞争：地方政府为中间人的财政博弈》中则是从税收的角度来对区域地方政

[①] 张维迎：《博弈论与信息经济学》，上海人民出版社 2004 年版，第 7—9 页。
[②] Jeanne poxon. "Are Regional Asymmetries Detrimental to Tax Coordination in a Repeated Game Setting?" *Journal of Public Economics*, 2001, (12): 24-27.

府间的竞争博弈关系进行研究。① 弗林德斯（Flinders）认为城市政府之间的关系取决于相互之间的利益博弈，尤其是同级城市政府之间，利益是影响府际关系最直接的因素，并通过列举地方保护主义和跨流域环境污染治理两个常见的例子进行了深入的分析，透彻地指出利益博弈是如何影响城市政府之间的合作或对立。他还进一步指出打破应有平衡的对立和过度竞争导致区域内府际博弈无序，从而会给区域发展带来重大的消极因素，甚至导致城市之间的"双败"局面，他认为应当通过主观行政手段和客观合理分配来有效遏制这种恶化局面。② 斯蒂尔曼（Steeleman）利用博弈论来分析生态风险治理中的府际合作，目的主要是通过理论和实证分析找到区域府际合作中的矛盾所在，通过解决矛盾使府际政府之间能够采取"最优策略"，即合作型博弈而达到纳什均衡，同时通过具有约束力的协议，使这种均衡保持稳定性，从而避免由于人们自利动机而造成的生态失衡、环境退化的后果。③

（二）国内研究综述

孙大为、刘人境基于合作博弈论的视角对城市群府际经济合作进行了深入剖析，他指出城市群府际经济合作中必须计算好引致成功的效用转移量，也就是经济合作中的收益分配，只有公平、公正的收益分享才能够调动各个主体合作的积极性。④ 蒋天文把城市群内部各个城市政府视为博弈的参与主体，各个博弈主体由于外界诸多因素制约具有不同的行为理性程度。

---

① Andreas Wagner. "Double Tax Competition: The Local Government Finance Game." *National tax journal*, 2007: 269 – 304.

② Flinders. "A Differential Game Between Government and Firms: a Non – cooperative approach." *Journal of Economics*, 2011, (03): 36 – 39.

③ Stillman. *Environmental Management and Governance: Intergovernmental Approaches to Hazards and Sustainability*. Psychology Press, 2013: 147 – 149.

④ 孙大为、刘人境：《区域经济合作的博弈论分析》，载《系统工程理论与实践》，1998 年第 1 期，第 32—37 页。

当城市群内部协调规则和机制健全时，各个博弈主体能够按照规则来进行策略选择，能够实现多个博弈主体间的帕累托最优。但是如果城市群内部各项博弈规则和机制缺失时，每个博弈主体将会产生机会主义行为，不利于整体协作而陷入"囚徒困境"。[①]龙朝双对合作博弈理论进行了深入的分析，指出其基本特征是强调团体理性、效率与公正，本质也就是一种"双赢"或"多赢"的策略选择。城市群府际博弈过程中遵循合作博弈的原则可以获得较高的整体效益，每个城市相互间能够保持良好的协作关系，进而提高合作效率以获得帕累托改进。所以，他认为合作博弈理论对于现阶段的城市群府际协调具有较强的指导意义。[②]

谢晓波以博弈论为原理分析了区域内府际竞争对该特定区域的刺激或阻碍作用，并提出地方政府可以通过统一协定的税费补贴、管理方式来加强区域内的府际合作，促进城市群的整体发展。[③]张紧跟仔细分析了经济布局雷同导致的恶性竞争、重复建设、非理性投资等现象，从而导致切块型经济的形成，城市之间缺少必要的经济良性互动，并一针见血地指出，我国现行的政绩观、考核体制以及行政体制存在的局限性，导致各城市政府保守狭隘的利益本位，只注重短期的既得利益，再加上缺少科学府际合作机制和有力的行政约束与协调，从而导致诸多博弈恶果。[④]刘祖云在《政府间关系：合作博弈与府际治理》中指出城市群内部府际关系并非简单的纵、横关系，而是一种纵横交错的"十字型"关系结构。在这种十字型博弈框架中，有着关键性的博弈节点，也就是城市群府际关系的中心点，它具有

---

① 蒋天文：《从"公共资源"到"公地悲剧"演变的内在机理分析》，载《长江流域资源与环境》，2002年第3期，第35—39页。

② 龙朝双：《基于武汉城市圈的政府合作协调机制研究》，载《湖北社会科学》，2003年第1期，第59—62页。

③ 谢晓波：《地方政府竞争与区域经济协调发展的博弈分析》，载《社会科学战线》，2005年第4期，第100—104页。

④ 张紧跟：《试论区域经济发展中政府间关系的协调》，载《中国行政管理》，2006年第12期，第65—68页。

重要的承接作用，应围绕着这个节点建设整合中心，以更好地协调府际博弈关系。他还强调城市群府际博弈中信任的重要性，指出只有具有良好的信任，城市群内部各个城市政府才能够进行高效的合作。①

秦广虎在《招商引资过程中地方政府间博弈分析——以苏州与上海两地为例》中运用博弈论理论的动态竞合博弈模型来探讨苏州与上海两地的经济行为关系，分析博弈关系中两地间可能存在的博弈结果及共同面临的问题，并由此构建一种新型的招商模式和协调两者博弈关系的路径。② 岳宏博在《全球战略思想下的府际间利益关系协调研究——基于博弈论的视角》中联系当前国内经济形势和国际经济环境，分析了府际博弈陷入囚徒困境的不良影响，指出要保证中央和地方的双赢结果，就应该转变以往的零和博弈思想，树立正和博弈理念，并认为引入第三方的惩罚机制是协调府际博弈关系、确立双赢互动范式的前提保障。③ 黄溶冰在《府际治理、合作博弈与制度创新》中指出在当前城市群内部各个城市转型过程中，仅靠自身的力量往往会存在转型成本过高和转型不彻底等问题，因此需要将转型融入城市群一体化中进行整体规划和协调。他从协调互补的角度提出了促进城市转型的若干建议：制订城市群整体发展规划纲要、建立畅通信息交流共享中心、公平公正利益补偿机制等。④

闫建、陈建先在《博弈论视角下的府际关系》中指出博弈论视角下的府际关系，既包括中央政府与地方政府之间的关系，也包括地方政府之间的关系。在府际博弈过程中，如果每个主体仅从自身利益角度考虑问题，

---

① 刘祖云：《政府间关系：合作博弈与府际治理》，载《学海》，2007年第1期，第79—87页。

② 秦广虎：《招商引资过程中地方政府间博弈分析——以苏州与上海两地为例》，南京理工大学博士学位论文2008年，第51—54页。

③ 岳宏博：《全球战略思想下的府际间利益关系协调研究——基于博弈论的视角》，载《经营管理者》，2008年第11期，第64—65页。

④ 黄溶冰：《府际治理，合作博弈与制度创新》，载《经济学动态》，2009年第1期，第76—80页。

就会导致合作失败而陷入囚徒困境。他们提出高效的整合府际关系应首先让各个主体认识到合作博弈的重要性，进而树立正和博弈意识，建立起相互间的信任关系，并通过公正、严格的奖惩、监督机制来约束各个主体的行为。① 匡亚林在《府际利益博弈的均衡解》中认为城市群内部府际利益格局的现状是各个博弈主体利益博弈的结果，只有当每个博弈主体摒弃无原则的追求自身利益最大化，而转向在整体利益最大化原则指导下进行利益博弈均衡，才能够塑造高效、低耗的城市群。他指出在协调城市群内部不同层级政府或者不同政府部门时，一定要以利益均衡为基础导向，否则协调行为就会显得无的放矢而毫无作用。城市群内部府际之间的利益分配应基于合作共赢的导向，各个城市政府不因短期利益冲突而进行恶性竞争，彼此间树立长期合作博弈意识，那么城市群内部各个城市政府就能在适度竞争中实现博弈均衡，最终实现合作双赢。②

宋林霖、彭丰民在《横向府际间公共政策执行博弈的困境——以集体行动的逻辑为视角》中指出城市群内部公共政策执行分为纵向和横向两种，纵向是上下级关系，而横向则是竞争合作关系。在横向府际间公共政策执行过程中，各个城市政府基于自主理性的微观博弈策略而导致非理性的"囚徒困境"，主要表现在政治层面过度追求政策倾斜以及愈演愈烈的晋升锦标赛；在经济层面大力推行地方保护主义而造成市场分割；在制度层面大搞竞争性优惠政策而破坏整体性竞争规则。他认为这种非合作博弈给城市群的发展带来了极大障碍，要克服这种困境走向集体行动和整体最优，可以借鉴奥尔森所倡导的建立重复性博弈、完善考核监督机制、强化社会

---

① 闫建、陈建先：《博弈论视角下的府际关系》，载《理论探索》，2010年第2期，第115—117页。

② 匡亚林：《府际利益博弈的均衡解》，载《中国行政管理学会2010年会暨"政府管理创新"研讨会论文集》2010年版，45—48页。

资本以及构建高效信息传递中心等思路。① 王蕾在《地方政府利益博弈样态分析——基于府际合作与竞争的视角》中指出地方政府间的博弈其本质是利益分配问题，各个政府通过合作与竞争两种博弈策略进行着利益的分配，这个博弈过程是动态、长期的，并最终趋于一种协调稳定的状态，而这个状态的前提是各个主体都能够得到公平、公正的利益划分和补偿。他认为只有建立双赢的利益共享与分配机制，才能够促使地方政府间走向良性竞争和稳定发展的道路。②

陈强在《地方政府间合作的博弈论视角："囚徒困境"之破解——以广西北部湾经济区为例》中基于博弈论的视角对城市群内部府际关系进行了研究，他认为城市群内部各个城市政府盲目追求自身利益最大化，而不顾城市群整体利益，往往会造成府际间的恶性竞争，进而陷入"囚徒困境"，无法实现帕累托最优。他指出要破解这种困境实现合作共赢，只有建立良好的利益协调机制，做到自利与利他均衡。③ 涂少云在《跨区域流域生态补偿中府际间博弈关系研究》中运用博弈论分析工具对我国各级政府在水资源利用和保护中的行为选择进行了深入研究，建立了各个政府间的博弈模型，推导了府际间支出与收益公式，并从经济学角度指出只有建立流域生态补偿机制才能够更好地优化跨区域水资源保护和利用。④ 罗玲妹在《浅析国内府际博弈模式的缺陷与重构》中通过研究美国府际博弈协调的经验，指出府际博弈实现"达优解"的必备要素，即博弈主体地位平等、博弈规则明确具有效力、博弈信息传递通畅、博弈中主体机会均等、博弈中利益

---

① 宋林霖、彭丰民：《横向府际间公共政策执行博弈的困境——以集体行动的逻辑为视角》，载《国家行政学院学报》，2011年第4期，第60—65页。

② 王蕾：《地方政府利益博弈样态分析——基于府际合作与竞争的视角》，载《企业研究》，2011年第18期。

③ 陈强：《地方政府间合作的博弈论视角："囚徒困境"之破解——以广西北部湾经济区为例》，载《开发研究》，2012年第1期，第52—56页。

④ 涂少云：《跨区域流域生态补偿中府际间博弈关系研究》，大连理工大学博士学位论文，2013年。

分配公正等，她认为造成当前我国府际博弈现状与"达优解"状态相差较远的主要原因有传统行政等级影响、相互间信任缺失、信息沟通平台滞后以及利益分配与补偿机制不完善等，并针对性地提出了治理对策。①

（三）研究述评

通观上述，进入 21 世纪以来，随着国内外学术界对城市群府际博弈研究的日益重视和深化，相关研究成果层出不穷，为城市群府际博弈治理研究的开展提供了理论指导。通过前期对国内外资料的收集、整理，笔者认为，目前学界关于城市群府际博弈及协调治理的研究现状主要表现在以下几个方面：第一，关于城市群府际博弈的相关基本概念和作用机理已经基本厘清；第二，关于城市群府际博弈治理的研究不断深化。随着学界对城市群府际博弈的不同领域进行多角度探索，也相应提出了一些具体领域的应对策略，为城市群府际博弈治理实践提供了指导。第三，跨学科的研究逐步增多。从已有的成果来看，关于城市群府际博弈和协调治理的研究开始有不同学科介入，诸如环境学、经济学、法学等学科的不同视角研究为本书提供了充实的研究基础。值得强调的是，技术性手段使用应基于管理体制和机制的变革，因此应该建立怎样的城市群府际博弈治理体制和机制成为核心议题，现有研究仍有以下空缺或不完善之处：

第一，学界已经有一些对城市群府际博弈机理及治理策略的研究，给人颇多启发。但是，对策研究的前提是学理研究，需要我们首先厘清学理层面的认知，了解学理研究已有的思路，方可建立一个对策研究的理论参照，进而才能为现实实践的对策设计提供学理上的支撑与参照。现有研究中鲜见在统一理论框架指导下，对城市群府际博弈无序产生原因及治理对

---

① 罗玲妹：《浅析国内府际博弈模式的缺陷与重构》，载《天水行政学院学报》，2014 年第 3 期，第 96—100 页。

策的系统研究；第二，现有研究将城市群府际博弈关系简单化或者线性化，把一切问题简单归为区域利益使然，但对于府际间博弈失序、缺乏协作背后区域利益产生的深层诱因解析较少，且对于深层原因剖析时并没有体现侧重点或逻辑关系，即没有在问题中区分哪些问题是根本性问题会导致其他问题的发生；第三，国内外学者从多个层面为城市群府际博弈协调与治理提出对策建议，有着相当的解释力。但这些对策建议偏重描述性而非解释性，对城市群府际之间如何具体展开博弈治理的策略、为何采取某种策略的探讨还不深入。同时，已有的对策和建议都是宏观性的普适性策略，缺少结合某项具体问题针对性策略的研究。因此，这些对策建议给人隔靴搔痒之感，不能够具体地指导实践；第四，在引介国外城市群府际博弈治理经验时，我国学者大量介绍了西方国家城市群府际博弈的理论和经验，这些理论和经验的产生背景与我国政治体制背景有很大差别，尚需对已有的西方理论模型进行中国经验的验证和修正，并能够结合中国实践，进一步提出符合中国体制特色和社会需求的城市群府际博弈治理模式。

当前国内外学界关于城市群府际博弈及治理的研究取得了一定成果，研究日趋成熟，但也存在一些有待改进之处。这就为本书的研究提供了思路和方向，本书将针对理论研究的不足和实践的需要，借鉴相关理论成果，尝试从整体性治理的视角切入，在城市群府际博弈基本原理、博弈现状分析以及博弈治理策略等方面展开深入研究，将整体性治理理论所倡导的合作共赢理念，以协调、整合为核心的治理机制，以信息技术和网络技术为工具的治理手段，以及完善的利益分配、共享与补偿机制，运用到转型期我国城市群内部府际博弈治理的设计和安排，以期为未来城市群战略发展和改革提供一定的借鉴和指导。

第三节 研究思路和内容

一、研究思路

现阶段，城市群已经成为经济发展的最主要载体，是我国未来的重要战略发展方向。2015年初，国家发改委向国务院提交了《城市群战略发展规划》，建议我国重点打造20个城市群，以更好地带动整体经济发展。在此背景下，城市群内部府际博弈及治理成为实践界和学术界共同关注的热点。城市群是一种功能性区域，同时也是一个主体博弈场域。[①] 具体来讲，城市群府际博弈主要发生在政治市场、产品市场和要素市场三个领域。城市群府际博弈在资源环境容量有限性、政府"政治经济人"倾向和参与人有限理性的前提限制下，会衍生诸多博弈无序问题，主要表现在城市群内部统一市场分割、产业结构雷同与重复建设、城市群整体环境污染及治理失序、城市群内部公共政策扭曲等方面。深入剖析城市群府际博弈无序现状产生的原因，主要是因为博弈意识落后、行政区域障碍、考核机制不当、博弈协调机构滞后、信息沟通不畅、成本分摊不均、信任体系缺失以及博弈规则不完善等，成为城市群府际博弈治理现代化的主要障碍。基于此，本书引入整体性治理理论对城市群府际博弈进行协调与治理，认为整体性治理所倡导共赢性的合作博弈理念，以协调、整合、责任为核心的治理机制，以及现代化的治理方式和工具，能够对城市群府际博弈关系进行有效协调与整合，促使其不断从分散走向集中，从部分走向整体，从破碎走向

---

① 吴永功：《城市群内政府间合作困境研究》，山东大学博士学位论文，2009年，第25—27页。

整合，这正是消解城市群府际博弈无序、促进合作协调发展的重要模式。所以，整体性治理对指导行政体制转型期我国城市群府际博弈治理的设计和安排，提供了一种解决方案、一种未来改革的思考方向，具有一定的借鉴和指导意义。总体来说，本书的研究思路遵循了"理论阐释—机理分析—现实境遇—路径设计"的逻辑范式，研究的具体技术路线如下图所示：

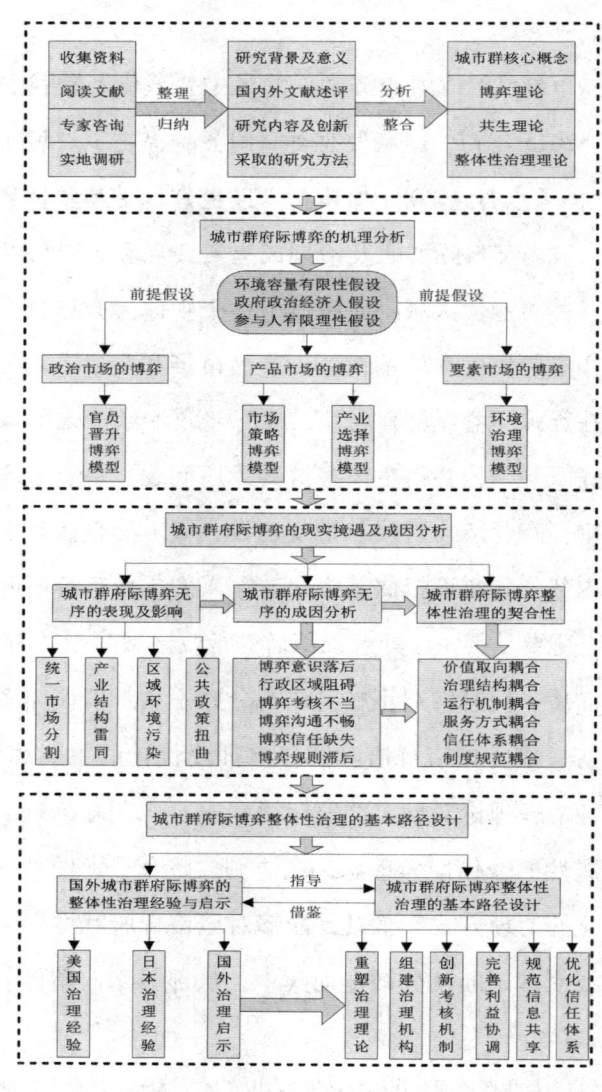

图1.1　研究技术路线图

二、研究内容

本书的具体研究内容主要包括以下几个部分：

第一部分是绪论。主要阐述本研究的背景和意义、文献综述、研究的主要内容与方法等。主要解决"是否值得去做"的问题，介绍国内外相关研究状况，描述本研究的研究方法、研究视角、技术路线等，并指出一些可能的创新点。

第二部分是基本概念界定及理论基础。本章是城市群府际博弈整体性治理研究相关的基本理论，既是本研究的理论基石，也是后续研究的理论依据。本章对文中所涉及的城市群、府际博弈以及整体性治理等几组基本概念、特征以及发展历程进行了界定和梳理。同时对博弈理论、共生理论以及整体性治理理论进行了详细介绍和阐述，并指出其对城市群府际博弈治理的适用意义，力图为后文的论述提供基本的理论保障。

第三部分是城市群内部府际博弈机理分析。城市群府际博弈治理首先要理清城市群府际博弈的机理，即城市群这一复杂系统为各个城市政府如何选择博弈策略和如何做出行动决定。环境容量有限性、政府"政治经济人"以及参与人有限理性是城市群内部府际博弈的基本前提假设。然后从城市群府际博弈的政治市场、产品市场和要素市场三大领域中选取比较具有代表性的政治晋升博弈、市场策略博弈、产业选择博弈和环境治理博弈来进行具体分析，详细剖析其博弈过程，并建构相关的博弈模型，以希冀更好地揭示城市群府际博弈的机理。

第四部分是城市群府际博弈的现实境遇及成因分析。对城市群府际博弈的发展轨迹和现状进行分析，然后论述了城市群府际博弈无序的表现和影响。通过审视城市群府际博弈的机理和影响因素，深入剖析府际博弈无序产生的主要原因。最后结合上文对整体性治理理论的研究，指出整体性治理理论对城市群府际博弈治理具有高度的契合性，在价值取向、治理结构、运行机制、信任体系以及治理工具方面对城市群府际博弈治理具有较强的指导意义。

第五部分是国外城市群府际博弈的整体性治理经验与启示。国外城市群发展起步较早，形成了较为完善的城市群府际博弈治理体系，并且在整体性治理应用方面也较为成熟。本章选取了国外城市群府际博弈治理比较成功的美国、日本两个国家作为参照系，对其城市群府际博弈治理中整体性治理应用经验进行了研究和介绍，并借鉴性地提出成立威权性府际博弈协调机构、构建整体性府际协作法律体系、完善城市群内部信用制度建设、建立府际内部共享性信息平台等措施来更好地对我国城市群府际博弈进行治理。

第六部分是城市群府际博弈整体性治理的路径选择。在我国治理现代化改革背景下，实现城市群府际博弈的有效治理具有现实迫切性。通过对城市群府际博弈以及整体性治理理论的阐释，可知整体性治理是实现城市群府际博弈有效治理的图式。本书认为城市群府际博弈的整体性治理主要从以下几个方面着手：树立整体博弈治理理念、建立整体性博弈治理机构、创新城市群政绩考核体系、完善城市群府际利益协调机制、建立城市群府际信息共享机制、重构城市群府际博弈信任体系。

结论与展望部分，对前文的论述做出总结。我们应当将整体性治理理论更好地改造与完善，建立适应中国具体实际的理论模式，以更好地指导我国城市群内部府际博弈的治理。文章的总体架构中，第一、二、三、四、五部分是本研究的核心与基础所在，第六部分是本研究的落脚点。各章的主要内容既相互关联，又各有侧重。

第四节　研究方法和创新

一、研究方法

1. 文献研究法。本书在分析城市群府际博弈的整体性治理过程中,力图充分了解和掌握前人的研究成果,这是本论文基础所在。因此,文献分析法是本论文的主要研究方法,笔者尽可能地广泛搜集国内外城市群府际博弈及治理、整体性治理理论实践运用等相关领域的文献资料,以使本书的分析论述更为详实和有据。

2. 多学科研究法。城市群内部府际博弈及治理研究涉及诸多学科,本研究采用多学科的分析方法,在论证中综合运用公共管理学、法学、社会学、经济学、计量学等学科的相关知识与方法,对各阶段性研究成果进行综合归纳,并逐步整理成文。

3. 调查研究法。根据研究内容对我国城市群发展状况以及内部府际博弈现状进行调查,了解当前我国城市群内部府际博弈中存在的问题及其对这些问题的看法和处理方式,认真分析和研究,并从整体性治理的视角对其城市群府际博弈治理进行适用性研究。

4. 系统研究法。从基本理论入手,系统分析城市群内部府际博弈的机理,指出当前城市群内部府际博弈无序的问题和负面效应,从整体性治理视阈进行切入性研究,借鉴国外较为成熟的应用经验,提出切合我国实际的城市群府际博弈整体性治理的基本路径。遵循了"理论阐释—机理分析—现实境遇—路径设计"的系统逻辑研究范式。

二、研究创新

1. 借鉴国内外学者对城市群发展阶段的划分方法，参照生物有机体的生命成长规律，把城市群发展划分为四个阶段：雏形发育阶段、快速发育阶段、趋于成熟阶段和成熟发展阶段，系统梳理总结了城市群不同发展阶段具备的共性特征和个性特征。并基于城市群的四个发展阶段，对城市群府际博弈的发展轨迹也进行了划分：弱竞争弱合作阶段、强竞争弱合作阶段、强竞争强合作阶段和弱竞争强合作阶段。对四个阶段城市群府际博弈特征及出现的问题进行了分析。

2. 对城市群府际博弈的机理进行了分析和模型建构。从城市群府际博弈的政治市场、产品市场和要素市场三大领域中选取比较有代表性的官员晋升博弈、市场策略博弈、产业选择博弈和环境治理博弈进行分析，指出城市群内部各个城市政府在博弈中的具体策略选择。在此过程中，不是基于以往的定性和理论分析，而是主要采取了定量化和模型化的数理分析。

3. 剖析了整体性治理理论应用到城市群府际博弈治理的契合性。首先对整体性治理理论的产生背景、核心要义和构成要素进行了总结和阐释，然后针对城市群府际博弈无序产生的主要原因，指出整体性治理在价值取向、治理结构、运行机制、信任体系以及治理工具等方面对城市群府际博弈无序治理具有较强的指导意义，最后基于整体性治理理论的视角提出了城市群府际博弈治理的策略选择。

第二章 基本概念界定及理论基础

科学研究的最基本载体是概念或概念系统，深刻认识与系统阐释研究所涉及的相关概念与特征将为更准确地界定研究对象与后续研究的展开奠定坚实基础。基于此，本章对书中所涉及的城市群、府际博弈以及整体性治理等几组基本概念和特征进行了界定和梳理。另外，在城市群府际博弈治理过程中，选择适用的基础理论是有效协调府际博弈关系，破除府际博弈无序竞争问题，实现城市群中各城市政府合作共赢局面的重要前提。有关城市群府际博弈治理的基础理论有多种，本书主要就与城市群府际博弈治理密切相关的博弈理论、共生理论、整体性治理理论这三种相关理论进行阐述，并指出这几种理论对城市群府际博弈治理的主要指导作用。总体来讲，本章主要通过对概念梳理和理论阐释两个方面的工作为后文写作奠定演绎基础与分析逻辑。

第一节 城市群概念界定

一、城市群内涵

19世纪末，西方开始了"城市郊区化"的浪潮，这推动了城市区域一体化的进程。城市中心与近郊形成具有紧密联系的功能性区域城市集群，这是城市群最早的缘起。20世纪初,美国学者库恩(Kuhn)提出了都市区的概念,他认为都市区主要由城市中心地、内城和边缘区三个部分组成,这是对城市群较为初始的理解。① 1915年英国学者格迪斯(Geddes)进一步提出了"城镇密集区"和"组合城市"的概念,成为现代城市群概念的雏形。② 后来,随着城市群进程的不断发展,不同学者从不同角度对其进行了界定。现阶段,学术界较为认同的概念是法国学者戈特曼(Gottman)关于城市群的定义:以若干城市区域空间组合的多级城市形式出现的特殊城市化空间概念,一般指几个大都市区连成一片的地带,它具有高度连续性和较强内部相互作用,并具有门户位置、发展的枢纽、高密度的聚落等特征。③

改革开放后,我国城市群开始快速发展,国内学者也开始关注与城市群相关的研究。1983年,于洪俊在《城市地理概念》中开始介绍戈德曼关于城市群的相关论著,是我国学界对城市群研究的开端。④ 随后,不同学科领域的学者从不同视角对城市群进行了众多研究。在三十多年的发展过程中,因为研究角度和重点的不同,关于城市群的概念在国内学界还没有形成统一认识。董黎明将城市群等同于城市密集区,认为它是在商品经济较为发达、城镇化水平发展较高的区域内,形成的若干不同等级、不同类型的城市集合体;⑤ 吴启焰指出城市群是在特定地域范围内,各个城市通过彼此之间的紧密联系而构成的一种地域共同体;肖枫等则认为,所谓城市群是由若干中心城市和附属城市在经济合作、环境保护、基础设施共享等领域所形成的一种具有紧密联系的有机网络群体;⑥ 方创琳则基于国内外有关

---

① 顾朝林:《城市群研究进展与展望》,载《地理研究》,2011年第5期,第71—74页。
② 黄征学:《城市群的概念及特征分析》,载《区域经济评论》,2014年第4期,第141—146页。
③ 刘玉亭、王勇、吴丽娟:《城市群概念、形成机制及其未来研究方向评述》,载《人文地理》,2013年第1期,第62—68页。
④ 于洪俊、宁越敏:《城市地理概念》,安徽科学技术出版社1983年版,第59—63页。
⑤ 董黎明:《中国城市发展问题报告》,中国社会科学出版社2003年版,第37—38页。
⑥ 吴启焰:《城市密集区空间结构特征及演变机制》,载《人文地理》,1999年第1期,第11—16页。

城市群内涵的综合认识，指出城市群是由一个中心城市和若干卫星城市、依托现代化交通通讯等基础设施网络形成的空间相对集中、经济联系紧密、政府相互合作的一体化的城市联合体。①

虽然当前不同学者对于城市群的定义并不相同，但是主要共识却渐趋一致。目前国内学界关于城市群定义采用较多的是姚士谋、刘盛和的界定，他认为城市群是在地理位置较为临近的区域内，由多个不同性质、类型和等级规模的城市，依托相似的资源环境条件，以一个或者多个城市作为区域发展的核心，借助于发达的交通工具、运输网络以及现代化的信息技术，彼此间发生着紧密的联系，共同构成一个相对完整的城市集合体。② 姚士谋等关于城市群的界定更多强调城市群的地域性和城市群内城市的层级性，相对来说较为合理，但是缺少了对政治、历史、文化等因素的考量，而这些因素在城市群的形成、发展以及协调稳定等方面都有着重要的作用。因此，本书基于学界以往城市群定义的基础和研究重点将其定义为：城市群是基于相似的历史文化背景、一定的自然条件和紧密的政治经济联系，由若干不同等级和规模的城市，围绕一个或者多个城市，依托现代化的交通、通信条件而构成的城市集体。城市群是区域城市集聚的现象，其发展历程具有空间动态演化特征，可以划分为不同的发展阶段和结构形态，其中心城市对区域内其他城市有较强的辐射和向心作用。

二、城市群基本特征

国内外学者已对城市群特征归纳较多，本书在已有研究的基础上，结合城市群的概念，重点突出城市群以下六个方面的特征，即多中心性、强

---

① 方创琳：《中国城市群形成发育的新格局及新趋向》，载《地理科学》，2011年第9期，第84—86页。

② 姚士谋、刘盛和：《2010中国城市群发展报告》，科学出版社2011年版，第47—51页。

集聚性、群集性、网络性、创新性和开放性，以更好地对城市群进行深刻的认识。

1. 多中心。在城市群内部，中心城市是城市群经济、政治、文化和社会活动的集聚中心和扩散源，对整个城市群的发展起着带动和引领作用。成熟的城市群一般包括两个及以上的中心城市，不同的中心城市分别承载不同的功能，这样城市群的发展才更具多点互动、彼此增强的效果。现阶段，我国大部分城市群正处于成长阶段，单核带动的特质极其明显。但是，随着城市群不断的发展成熟，在集聚与扩散作用影响下，这些城市群将逐步由单核向双核、多核演进嬗变，呈现多中心的结构特征。

2. 集聚性。城市经济的本质是集聚经济，城市群表现为更大规模、更强作用力度的集聚经济。城市群一般都是区域经济中心，能够实现规模经济和社会分工，促进资金、人才、技术等资源的高效快速流动从而以更经济的方式提供社会化大生产所必须的基础设施、交通网络和信息通讯等配套服务；同时，城市群的集聚性增强了其经济势能，能够更加高效地发展经济，从而对其他地区产生经济吸引和辐射作用，也就是说它能够为辐射地区提供更加完善的服务，提升其经济效益，进而带动整体区域的发展。

3. 集成性。城市群是由多个不同层级和类型城市组成的集合体，在发展过程中不是多个城市在临近区域上的简单罗列，而是要通过系统整合使其成为运转有序、互补协调的有机体，也就是城市群的集成性特征。如果城市群内部只有集聚而没有集成，则会使得其呈现"群而不集"或"群散"的状态，不利于城市群的整体协同发展。城市群的集成性是其自我净化和完善的重要手段，也是城市群理想的发展趋向。我国城市群在发展中存在严重的低效集成问题，其根源就在于城市群政府之间的无序博弈造成整合不利。从本质上讲，本书研究城市群府际博弈的整体性治理也就是如何实现城市群内部的高效集成。

4. 网络性。城镇体系是城市群发展的最初起点，其表现出树枝状的等级关系，而城市群在经济一体化、现代信息化等新因素的影响下，呈现出复杂的网络化关系。城市群网络性主要表现在以下几个方面：一方面是指城市群内部形成了形式多样的网络，如产业网络、市场网络、交通网络、信息网络、公共服务网络、城市网络等；另一方面，网络之间具有紧密联系，形成更为复杂的嵌套网络关系，如产业网络、市场网络以及基础设施网络的发展最终促进城市网络的发展和形成。除此之外，城市群的空间结构也具有网络性，主要体现在城市群内部各个城市在组合形式、产业分布和功能定位等方面，各个城市相互补充和促进，形成多层次动态化的网络系统。

5. 创新性。城市群的创新性就是戈特曼所谓的"孵化功能"，国内学者称为"内在有机性"特征。城市群的外在表现是城市的集群发展，在功能上绝不仅仅是单个城市的简单加总，尤其是城市群内部各种要素（人才、信息、知识、技术）和不同行为方式在空间上的高度聚集和相互作用，会产生各种新思想、新方法、新技术和新产品，为城市群的发展提供充足创新动力。城市群的孵化器功能为创新提供现实基础和条件，并且其内部创新将导致城市群内部结构和外部形态变化，能够有效地提升城市群整体效益，成为城市群发展的重要动力源。

6. 开放性。城市的形成和发展离不开与其他城市和地区的联系，城市群集聚、扩散效应也必须在开放的环境下才能进行。因此，城市群是一个动态开放的系统，而不是封闭和孤立的区域单元，其对为对外都保持着密切的联系。城市群在发展演进中，不仅要考虑城市群内部系统的整合与发展，又要重视与濒临区域的多维协调与合作。在此过程中城市群范围、功能、结构以及其他要素的变化，都会导致城市群内外相立的连锁反应，给区域的发展带来重大影响。城市群开放性特征决定了城市群发展过程中必须树立整体性治理理念，以更好地协调城市群内外发展。

三、城市群发展阶段划分

城市群作为由多个跨区域城市组成的特殊地域单元，其发展过程是一个由量变到质变的过程，量的积累到质的飞跃不断推动着城市群由低级发展阶段向高级发展阶段演进，这种发展演变是一个持续长久、动态变化的过程。[①] 在城市群发展过程中，其内部的经济、政治、社会、文化发展都呈现出明显的阶段性特征，根据这种特征可以将城市群发展划分为不同的阶段。处于不同发展阶段的城市群，其面临的经济实力、技术水平、基础设施条件、经济腹地的整体发展水平等区域发展基础条件也不同。因此，明晰城市群的发展阶段是研究城市群及其相关问题的重要前提，只有对研究的城市群所处发展阶段有着准确定位，才能根据其具体发展阶段和现实状态提出针对性的策略选择。

国外城市群发展起步较早，并且发展历程较为长久，理论界关于城市群发展阶段划分的研究也比较丰富。戈特曼是较早开始研究城市群及发展阶段的学者，他通过分析城市群中生产要素对区域人口、产业、空间以及生活方式等方面的作用，把城市群的发展划分为四个阶段：孤立分散发展阶段、弱联系发展阶段、快速发展阶段和成熟阶段。前两个阶段是城市群发展的雏形阶段，彼此间联系较为松散，而后两个阶段则是现代化的城市群发育成熟阶段，彼此间的联系较为紧密。比尔·斯科特（Bill Scott）从城市群的空间演化角度出发，将城市群的发展划分为三个阶段：单中心阶段、多中心阶段和网络化阶段。在单中心阶段城市群仅有一个中心，整个城市群的发展依靠单核带动；在多中心阶段，城市群内部开始出现多个能与核

---

① 陈群元、喻定权：《我国城市群发展的阶段划分、特征与开发模式》，载《现代城市研究》，2009年第2期，第77—82页。

心城市相提并论的城市，城市群的发展开始出现多点带动的趋势；网络化阶段是城市群最终成熟的阶段，内部多个核心城市分工合理，彼此之间形成优势互补，通过网络化的合理布局而带动城市群发展。弗里德曼（Friedman）则以工业化时间维度标准对城市群发展阶段进行了划分，认为主要包括工业化以前阶段、工业化初期阶段、工业化成熟阶段以及工业化后期阶段。[1]

国内城市群发展起步较晚，总体历程较短，因此学界对于城市群发展阶段的划分大都是借鉴了国外的研究成果，然后结合我国具体实际而进行的。刘荣增将城市群发展阶段划分为起步阶段、初级阶段、过渡阶段和成熟阶段；[2] 姚世谋、朱英明通过研究国外城市群发展阶段划分，并结合我国城市群发展的历程，将城市群发展划分为初始分散阶段、过渡发展阶段、相对成熟阶段和最终完善阶段；[3] 方创琳、刘晓丽则针对我国的城市群进行了划分，按照我国城市群的发育程度将我国城市群分为发育雏形阶段城市群，如关中城市群；快速成长城市群，如长株潭城市群；发展较为成熟阶段城市群，如长江三角洲城市群；成熟阶段城市群，在我国当前还不存在。[4] 张京祥、邹军从空间形成与扩张维度对城市群发展阶段进行划分，指出城市群发展经历了单中心孤立分散阶段、以中心城为空间核心的蔓生阶段、城市间的向心与扩张阶段和空间规划分布均衡的成熟阶段；[5] 官卫华则根据城市群的规模进行了划分，认为城市群的发展演化经历了城镇密集区

---

[1] 薛东前、孙建平：《城市群体结构及其演进》，载《人文地理》，2003年第4期，第64—68页。

[2] 刘荣增：《基于城乡统筹的城市群发展阶段划分与判定》，载《统计与决策》，2008年第13期，第38—40页。

[3] 姚世谋、朱英明：《中国城市群》，中国科学技术大学出版社2001年版，第172—175页。

[4] 方创琳、刘晓丽：《中国城市化发展阶段的修正及规律性分析》，载《干旱区地理》，2008年第4期，第51—53页。

[5] 张京祥、邹军：《论都市圈地域空间的组织》，载《城市规划》，2001年第5期，第19—23页。

阶段、城市群阶段、城市群组阶段和大都市带四个阶段。[①]

通过上文分析可知，虽然当前国内外学界基于不同的划分视角，对于城市群发展阶段的划分存在一些差异，但是诸多划分方式却内含几个方面的共同点：第一，城市群的发展是一个由低级到高级的演进过程；第二，城市群内部各个城市之间的联系由松散向紧密转变；第三，城市群内部各个城市之间的分工合作由不合理向合理转变，并最终形成合作有序的地域分工体系；第四，城市群的规模和结构由小而散向大而密转变，通过合理的城市规划而不断完善；第五，城市群中心城市由少变多，职能定位也越来越合理。综合国内外学界对于城市群发展阶段的划分，借鉴生物学中有机体成长规律，本书将城市群发展划分为四个阶段：雏形发育阶段、快速成长阶段、逐步成熟阶段和成熟发展阶段。当然根据生物学的理论视角还应该包括城市群胚胎阶段，但是由于这个阶段各个城市处于相互封闭阶段，还不能称之为城市群，因此不予讨论。具体来讲，城市群各个发展阶段的主要特点如下。

第一，雏形发育阶段：这个阶段是城市群发展的初始时期，已经开始出现城市群的雏形，但是城市群规模较小，发展速度缓慢，整体城市化水平偏低，城市之间的联系也较为松散，区域分工体系和基础设施等仍相当不完善，中心城市的集聚效应也不明显。第二，快速发展阶段：城市群在这个阶段发展势头较猛，城市群规模开始快速扩张，城市化水平快速提升，中心城市的集聚效应开始显现，合理的分工体系也开始形成，城市群基础设施处于快速建设时期，城市群的整体经济获得内涵式增长。与此同时，城市群发展过程中也出现了一些问题，如环境污染、资源要素争夺等。第三，逐步成熟阶段：这个阶段是城市群发展的较高阶段，城市群规模较大，城市化水平较高，城市群中心城市的集聚效应显著增强，分工体系也逐步

---

① 官卫华：《关于城市群规划的思考》，载《地理学与国土研究》，2002年第1期，第54—58页。

健全，区域基础设施趋于完善，城市群的发展方式实现了以内涵式发展为主。第四，成熟发展阶段：这个阶段是城市群发展的高级状态，城市群空间结构优化，城市化水平很高，形成了系统的城市群分工体系，中心城市职责定位明确合理，区域基础设施相当完善。通过对城市群发展阶段划分的研究，可以为后文研究城市群府际博弈的发展轨迹及阶段划分提供有效的思路指导。

第二节　博弈理论

一、博弈论及其发展

博弈论又被称为对策论，其起源和应用于分析数学领域。基于博弈论分析方法的方便性及巧妙性，其在工商管理、国际关系、组织行为及军事战略等学科领域都有着较为广泛的应用。特别是博弈论在分析主体间冲突与合作方面的应用性，使其成为当前社会科学领域研究的热门工具。关于博弈论的定义，张维迎将其界定为：研究多个主体间行为发生直接相互作用时的策略选择以及如何平衡主体间策略选择的理论；谢识予认为博弈论是对各种博弈问题的系统研究，包括博弈的前提、博弈的策略选择以及均衡策略选择的对策三个主要方面。[①] 博弈的前提是分为完全理性和有限理性两种；博弈的策略选择包含合作与非合作，分析其策略选择的博弈结果，并指出这些博弈结果的经济、效率等方面的意义；博弈优化的对策，针对博弈无法实现帕累托最优的原因提出博弈改进策略。总而言之，博弈论可

---

① 谢识予：《经济博弈论》，复旦大学出版社2002年版，第11—13页。

以被理解为研究主体间博弈行为及策略,并寻求均衡结果的理论。①

博弈论的应用及思想渊源可以追溯到19世纪初甚至更早,如中国春秋战国时期著名的"田忌赛马"是较早将博弈论用于实践中的典型案例。1838年古诺(Cournot)提出的关于寡头之间产量决策竞争模型、1883年伯特兰德(Bertrand)和1925年艾奇沃奇(Aichwoki)提出的价格博弈寡头竞争模型等,都属于早期博弈论的萌芽。但是,这些研究很不系统,带有很大的偶然性。1944年,著名的数学家冯·诺依曼(Von Neumann)与摩根斯坦恩(Morgan Stan)编写的《博弈论与经济行为》一书出版,正式奠定了现代博弈论的基础,是现代系统博弈理论初步形成的标志。该书较为系统和清晰地阐释了博弈论,对其基本内涵和特征进行了界定和总结。书中关于博弈模型的设定和零和博弈的分析成为经典范式,所建立的非零和博弈效用函数公理体系更是为以后研究博弈策略选择奠定了坚实的基础。因此,《博弈论与经济行为》一书的出版使博弈论作为一门学科获得了应有的地位。②

20世纪50年代,博弈论大师纳什(Nash)在其关于非合作博弈的两篇著名论文中提出了博弈论中最为重要的概念——纳什均衡。纳什均衡实际上指的是一种策略组合,在这个组合中,对任何一个局中人来讲,他的策略都是在给定对手策略前提条件下经选择得到自己的最优策略,没有人会放弃最优选择而偏离博弈均衡局面。将纳什均衡与传统零和博弈中极限值求解相比,前者应用更为广泛,不仅适用于零和博弈,而且还适用于正和博弈和负和博弈等模型。纳什均衡为研究博弈论开辟了一条新道路,特别是在分析各个博弈主体行为选择方面具有开创性的研究,为后续研究合作

---

① 宋玉靖、韩国涛:《博弈论中某些概念的辨析》,载《辽宁师范大学学报》,2013年第4期,第45—46页。

② 张培刚、方齐云:《博弈论的应用及其展望》,载《经济评论》,2008年第2期,第14—15页。

博弈策略选择提供了思路。① 20 世纪 60 年代,泽尔腾(Zelton)对纳什均衡进行了深入反思,认为并非所有的纳什均衡都是合理的,因为在博弈过程中存在着诸多不确定应因素,他提出了用"子博弈完美纳什均衡"对纳什均衡进行精炼的思想。海萨尼(Haisani)把不完全信息引入博弈论的研究,海萨尼的主要贡献有:发展和应用贝叶斯决策理论、建立了不完全信息博弈的一般解法、用不完全信息重新解释了混合策略纳什均衡,等等。② 20 世纪 70 年代至今,博弈论在众多研究领域都得到重大突破。博弈论也开始对其他学科的研究产生强有力的影响,计算机技术的飞速发展使得研究复杂与涉及大规模计算的博弈模型发展起来。③ 大约从 80 年代开始,博弈论亦逐渐成为主流经济学其中的一个部分。从理论发展的角度来看,博弈论从基本概念到理论推演均形成了一个完整而又内容丰富的体系。从应用的角度来看,博弈论在政治与经济领域都有了深入研究,非合作博弈理论应用到大批特殊的经济模型。同时博弈论也应用于生物学、计算机科学、道德哲学等其他一些领域,博弈论从基本概念到理论推演逐渐形成了一个完整且内容丰富的体系。④

二、博弈的构成要素

对于博弈问题,要完整地描述它,需要对局中人、行动、信息、策略、支付函数、结果、均衡等做出解释。其中最基本的是要明确以下几方面

---

① 郭鹏、杨晓琴:《博弈论与纳什均衡》,载《哈尔滨师范大学自然科学学报》,2006 年第 4 期,第 25—28 页。

② 孙庆文、陆柳:《不完全信息条件下演化博弈均衡的稳定性分析》 载《系统工程理论与实践》,2003 年第 7 期,第 11—16 页。

③ 蒋殿春:《博弈论如何改写了微观经济学》,载《经济学家》,2007 年第 6 期,第 86—95 页。

④ 张建英:《博弈论的发展及其在现实中的应用》,载《理论探索》,2005 年第 2 期,第 36—37 页。

因素。①

第一，参加博弈的局中人。所谓"局中人"是指参加博弈的直接当事人。在进行博弈问题研究时首先要确定参与博弈的主体，也就是明确在博弈中哪些人参与决策，并承担决策的责任。博弈参与的主体可以是人，也可以是企业、政府、国家等具有决策权的组织或团体，同时也涵盖市场、环境等不具有决策权的虚拟主体。在博弈过程中，每个局中人都是平等的，并且是理性的，都以实现自身效用最大化或者收益最大化为基本准则。

第二，博弈主体全部可能的策略集。博弈中的策略集是指各个博弈主体所有可能的行动方案集合。完整的描述一个博弈过程，必须明确知道各个博弈主体在面临不同环境时可以选择的方法、做法。在不同的博弈中，每个博弈主体可以选择的策略集是不同的，在相同博弈中，不同博弈主体的策略集也是不相同的。总之，博弈主体的策略集是"相机行动方案集"，有时这种策略集只有少数几种，有时有可能会有很多种，这主要取决于不同的博弈环境。

第三，进行博弈的次序。现实生活中的各种博弈都存在着多个博弈主体，这些博弈主体不同的博弈次序会导致不同的博弈结果。当博弈主体同时做出策略选择时，能够在一定程度上保证博弈的公平合理。但是很多时候博弈主体会面临决策的先后情况。并且在一些博弈中，每个博弈主体还要进行多次的决策选择，这使得博弈次序的重要性更加凸显。事实上，静态博弈与动态博弈之间的区分正是根据博弈次序来进行划分的。所以，不同的博弈次序就对应不同的博弈类型，也会造成不同的博弈结果。

第四，博弈主体的收益。对应于博弈主体的每一种博弈策略选择，博弈最终都会有不同的博弈结果来表示其在该策略选择下的成本和收入。我们把博弈中各种可能的结果进行量化，将收入、利润、损失、量化的效用、

---

① 王金炳：《博弈论的发展历史和基本内容》，载《时代经贸》，2007年第6期，第51—53页。

社会效用和经济福利等因素通过数量化的计算,得出博弈主体的最终收益。博弈收益是各个博弈主体获得的效用,是影响博弈选择最核心的要素,它既可以是正值,也可以是负值。总之,要想改善博弈主体间的关系,最重要的是对其收益进行调整。

第五,博弈均衡。所谓博弈均衡是指博弈主体间实现各自认为的最大效用,即实现各个博弈主体对博弈结果的满意。在博弈过程中,由于博弈环境的不断变化,因此各个博弈主体的博弈选择也不可能处于相对静止状态,只能根据环境的变化而不断改变自身的策略选择。在这个过程中逐步形成了多个博弈主体的均衡状态,博弈均衡不具有唯一性。纳什均衡是博弈均衡的一种特殊情况,它指的是博弈主体都别无选择,做出的博弈策略都是最优策略,进而实现博弈主体间最优均衡的策略组合。

三、城市群府际博弈内涵

府际博弈,府即政府;际,在地理学意义上指交界或靠边的地方;府际,即指政府间关系,府际博弈就是说政府间的博弈关系。[①] 概括来说,城市群府际博弈是指,城市群内部各个政府(博弈者)根据自己所掌握的信息,通过多种形式的博弈策略选择,做出有利于自身利益的行动策略行为。各个政府(博弈者)在博弈过程中,充分利用自身优势与分析对方博弈策略,然后制订行为策略,进而达到预期目标。可以说,城市群府际博弈的结果是各个政府通过研究、行动的互动而形成的结果。每个政府都出于对内外环境的理性共识,通过对其他博弈者的分析与研究自身的局势,而采取的相应战略。城市群府际博弈根据不同的划分方式,可以分为多种类型,

---

① 李胜、陈晓春:《基于府际博弈的跨行政区流域水污染治理困境分析》,载《中国人口资源与环境》,2011年第12期,第104—109页。

具体来说主要包括以下几种形式：

第一，从府际博弈的方向来看，可以将其区分为纵向府际博弈、横向府际博弈、十字型府际博弈以及网状府际博弈。纵向府际博弈是指垂直的上下级政府之间的博弈，带有强烈的政治利益色彩和模式化趋势；横向府际博弈是水平的同级政府之间的博弈，由于彼此之间利益交集较为明显，且地位平等，因此博弈更为激烈，恶性竞争与缺乏合作现象普遍；而十字型府际博弈是指一种纵横交错的政府间博弈关系，政府间权力与利益的博弈呈现出比较复杂的十字博弈的交叉态势；网状府际博弈是十字型府际博弈的延伸，由多个十字型博弈单元共同组成，处于网状博弈中的政府无时无刻、无时无地不在与其他府际博弈主体发生着联系，参与博弈的主体较多，涉及的博弈策略也更加复杂，成为现今府际博弈的主要形态。

第二，从府际博弈冲突的性质，可以将府际博弈分为对抗性博弈和非对抗性博弈。在某一博弈过程中，如果局中人的收益或效用完全对立，一方的所得即为另一方的所失，一方利益的增加就是另一方利益的减少，则将该博弈称为对抗性博弈；如果局中人之间的收益既冲突又一致，具备了达成某种均衡的可能，则将这种博弈称为是非对抗性博弈。[①] 对抗性博弈常常出现在一些比赛当中，城市群内部府际之间政府官员的政治锦标赛属于对抗性博弈，是由于城市群内部政绩考核机制不合理造成的。而城市群府际博弈的其他方面，各个政府彼此之间的效用并不是完全对立的，所以，城市群内部大多数博弈是一种非对抗性博弈，具备可调和性。

第三，从府际博弈决策时间先后，可以将府际博弈分为静态博弈和动态博弈。此处所提的"时间的先后次序"同一般意义上的"时间先后"有所不同。在博弈过程中，如果局中人同时进行决策选择，或者虽非同时但后行动者并不知道先行动者采取了什么具体行动，则将这种博弈称为是静

---

① 夏南凯、王耀武：《城市开发中的博弈类型》，载《经济师》，2012年第11期，第78—79页。

态博弈，而如果局中人决策有先后次序，后行动者能观察到先行动者所选择的策略，则称之为动态博弈。城市群府际之间的博弈不是一次性的过程，它随着城市群的不断发展而始终存在。在此过程中，城市群内部各政府可以观察到其他政府已经采取的行动，其决策受到其他政府决策的影响，并且自身的决策也必然会影响到其他政府的下一次决策。因此，城市群内部府际之间的博弈行为大多是一种动态博弈。

第四，从府际博弈决策信息方面，可以将府际博弈分为完全信息博弈和不完全信息博弈。在博弈过程中，如果每一个局中人都拥有其他所有局中人的特征、策略集合及支付函数方面的准确信息，则将该博弈称为完全信息博弈；如果局中人只了解上述信息的一部分，那么该博弈为不完全信息博弈。城市群内部府际博弈过程汇总，每个政府对其他政府的决策或支付函数等往往不太可能有完全准确的认识，因此城市群内部府际之间的博弈大多是一种不完全信息博弈。

第五，从府际之间博弈的状态，也可以把府际博弈区分为府际非合作博弈与府际合作博弈。府际非合作博弈是指每个政府都是独立地从个人理性出发，选择那些使自己利益最大化的行动或者对策的博弈类型，也就是说在竞争中政府各自追求自身利益最大化，因而达不成联盟的一种竞争方式，主要是研究政府在利益相互影响的格局中如何选择使自己的收益最大的决策。[①] 非合作博弈强调个人理性和个人最优决策，其结果可能是有效率的，也可能是无效率的。府际合作博弈是指各方政府意识到了双方合作能提高彼此的利益，从而专注于区域内资源、知识、技术的积累与整合，通过讨论、磋商以及交流等方式，解决单一政府无法解决的问题，或者以合作的方式来实现更加有效率的发展，表现为一种多层面的立体博弈。合作博弈强调团体理性、（个体及整体的）效率、（权利和利益分配的）公正和

---

① 王家辉：《博弈论中的"囚徒困境"模型》，载《统计与决策》，2013年第8期，第19—20页。

公平,主要研究参与人相互合作时的利益分配、合作稳定性及合作方式等问题。现阶段,城市群内部缺乏有效的博弈协调机构、高效的信息沟通传递平台以及博弈主体间信任等方面的缺失,使得城市群内部府际博弈仍缺乏合作理念,以非合作府际博弈为主。本书研究城市群府际博弈的整体性治理,其本质是通过引入整体性治理中的理念和机制,促成城市群府际博弈由非合作向合作转变。

本书所研究的重点是城市群内部府际博弈。由于城市群在结构状况、区位条件、基础设施、要素的空间聚集方面联系更为紧密,城市群内政府之间更容易相互影响,彼此之间的博弈更为广泛和激烈。城市群内部各政府基于政治、经济、人的出发点,为了获取本区域的利益,利用已掌握的信息,在充分比较各种可能情况下的自身支付后,采取相应行动以获得效用最大化。在此过程中,受到多种内外因素的影响,城市群府际间的博弈偏离正确的轨道,在诸多领域陷入博弈无序的困境,给城市群的可持续发展带来不利影响。然而,唯物主义辩证法指出事物具有一体两面性,城市群府际之间的博弈虽然相比其他政府之间的博弈更加激烈,也更容易产生博弈冲突,但是城市群是一个共生系统,彼此之间具有较多的共同利益,也就决定了其府际之间的博弈具有可协调性。因此,通过介绍、借鉴和引入整体性治理的理念、制度、机制和方式来对城市群府际博弈进治理具有可行性和必然性。

四、城市群府际博弈特征

城市群由于地理、资源、历史等原因,内部各个城市间存在着密切的联系。这种联系体现在政治、经济、社会、文化等各个方面,它们彼此之间存在典型博弈特征的竞争与合作关系。影响城市群内部府际博弈关系的因素很多,包括内部各政府自身的利益诉求、官员对于政绩的强烈追求、资源互补性、各自为政下的政策制订、信息沟通是否畅通以及相互间是否信任等。① 因此,城市群内部各个城市政府在进行博弈的过程中,一方面会因为对方环境或者政策的变化不断修正自身的策略,而对方的策略变化,反过来又会刺激另一方的行为,影响下一步的策略。正是因为城市群内各个城市政府关系具有典型的博弈特征,使得我们可以运用博弈论的相关知识,从博弈的角度来对城市群内部政府间关系进行描述和分析。从总体上来看,城市群府际博弈是一种比较特殊的博弈模式,相较于经济市场中私人性质的博弈,城市群府际间博弈具有不同的特征,具体来说,我国城市群府际博弈主要具有以下特征:

第一,城市群府际博弈以追求辖区利益为主要目标。城市群府际博弈的主要目的是为了实现行政区利益最大化,这是由城市群内政府自身性质决定的。行政区的利益主要包括本区域的经济发展、社会发展以及在政治中获得优势,等等。城市群内府际博弈本质上是为了实现区域利益的最大化,各城市在政府领导下努力获得其他城市也试图获得的资源。所以,如果站在本城市公民的角度来看,城市群内府际间博弈争取的是区域性的公共利益最大化,但是如果站在城市群整体发展角度来看,城市群内各政府争取的是辖区性利益。这种辖区性利益甚至可能是和城市群整体利益相冲突的,是小范围内的公共利益。② 需要特别指出的是,由于政府及其官员都具有"政治经济人"的性质,城市群内各政府也可能为了官员的利益或是政府部门利益的实现而展开博弈,甚至不惜以牺牲本城市利益为代价。我们接下来要介绍的城市群内府际间博弈失范,就是很多政府从官员个人利益的立场上出发,为了实现个人政绩而引发的恶果。

---

① 李金龙、王敏:《城市群内府际关系协调:理论阐释,现实困境及路径选择》,载《天津社会科学》,2010年第1期,第83—87页。

② 吴永功:《城市群内政府间合作困境研究——基于布迪厄场域理论的分析》,山东大学博士学位论文2014年,第34—36页。

第二，城市群府际博弈涉及范围较广且内容多样。由于政府职能体系庞大，几乎涵盖了经济发展、社会管理、政治控制等各个角落，所以城市群内府际博弈的范围领域较广，涉及了城市群发展的各个方面。[①] 具体来讲，城市群内部府际间博弈可以用"全方位、多层次"来形容，其表现形式多种多样、不一而足，当前城市群府际间博弈的基本内容涉及政治市场、产品市场和要素市场等多个领域，主要表现为：政治市场的官员晋升博弈和政策博弈，产品市场的市场策略博弈、产业定位博弈以及税收补贴博弈等，要素市场的人才、技术、知识产权、专利、基础设施、环境保护、公共物品以及制度创新等方面的博弈。另外，在城市群发展的不同阶段，各个城市政府在每个领域中的博弈重点也是不同的。比如在要素市场领域，从最初的自然资源等有形要素博弈向制度创新等无形要素博弈转变。基于城市群府际博弈涉及的领域及内容，可知城市群府际有序博弈的重要性。所以，要强化对城市群府际博弈的引导，以更好地促进城市群健康发展。

第三，城市群府际博弈需要法律和制度的规范。博弈主体进行博弈时实际上是在一定博弈规则下进行的。这种规则可以是明文规定的，也可以是习惯、惯例等潜规则，这些规则基本上就是评判博弈主体行为的标准，也是引导博弈主体行为的杠杆。[②] 城市群内各政府在其管辖范围内有相对独立的行政权，如果城市群府际间的博弈不受到法律和制度等规则的约束，就会导致各个城市政府为了实现自身利益最大化而滥用职权，使得城市群府际间博弈冲突不断，进而陷入博弈无序的囚徒困境。当前我国城市群还处于治理改革的转轨时期，一方面旧的制度规范渐趋瓦解；另一方面新的制度规范尚未完全建立，由此导致制度规范真空的出现。制度规范的缺失

[①] 许培源、高伟生：《地方政府间竞争行为的博弈分析》，载《中南财经政法大学学报》，2011年第2期，第27—33页。

[②] 王云儿：《地方政府博弈行为与长三角一体化的制度设计研究》，载《特区经济》，2013年第10期，第8—9页。

使得城市群内部府际博弈缺少有效的规制和约束,博弈中机会主义倾向严重,造成城市群府际间在多个领域的博弈无序现象。因此,通过完善城市群府际博弈相关的法规制度,协调多元主体之间的博弈,缓解多元主体之间的博弈冲突,成为当前城市群治理的重要任务。

第四,城市群府际博弈经历从无序到有序的发展过程。秩序是事物存在和健康发展的基本条件。秩序的一般含义是按次序、守规划,主要是指整齐有序、次序井然、有条不紊。事物的发展总是一个从无序到有序的过程,在这个过程中需要规则的正确引导,以更好地促进其健康发展。在城市群发展的初期阶段,城市群府际间的博弈由于缺少完善的制度规制,因此存在着许多博弈无序现象,如公共基础设施及产业布局趋同;市场保护主义盛行,市场分割严重;过度投资导致的资源浪费等。[①] 随着城市群的不断发展进步,城市群府际间在经历了一段时间的恶性竞争、两败俱伤的博弈惨局后,都认识到博弈无序的负面效用,就会倾向一种新的、有序的合作博弈态势。随着城市群府际间合作博弈意识的强化,制度规范的不断完善,城市群府际间的博弈会逐步向有序、高效的方向发展。总体来讲,城市群内部府际博弈从无序到有序、从不整合状态到整合发展,这是一个循序渐进的演变过程,并且在这个过程中博弈无序阶段持续时间更长。

第五,城市群府际博弈的结果对城市群发展影响深远。不同于私人和企业的行为,政府因为握有大量的社会资源,并有强制人服从的权力而能对整个社会和个人产生巨大的影响。城市群府际间博弈的主体虽然是各个城市政府,但是由于其波及范围广,投入资源多,同样会对辖区内的其他主体产生作用,进而会对整个城市群的发展产生影响。城市群府际间有序博弈可以改善城市群公共物品供给和区域整体环境,优化资源配置和加速

---

① 李广斌、王勇:《基于地方政府博弈的区域合作困境分析》,载《华东经济管理》,2009年第12期,第116—119页。

制度创新,促进城市群持续快速发展,表现出显著的正效应。但如果城市群府际间博弈无序则会产生明显的负效应,如市场分割、环境污染、重复建设、区域差距拉大以及增加整体经济运行风险等诸多与城市群健康发展要求相背离的现象。为减少和消除城市群府际博弈的负面效应以扩大正效应,应结合城市群府际博弈无序产生的制度根源及负效应的形成机理和表现,相应提出规范城市群府际博弈的具体策略,实现城市群府际博弈由无序向有序转变,进而实现城市群整体利益的最大化。

第三节 共生理论

"共生"又称"相利共生",源于希腊语,作为现代生态学的专用名词始自德国真菌学家德贝里(Debberry)。1879年他指出不同种属按照某种物质联系生活在一起,种属之间的相互关系称为"共生"。[①] 继德贝里之后,很多领域的学者对共生概念进行了探讨,指出共生由共生单元、共生模式和共生环境三个要素构成,共生单元之间按照一定的共生模式在一定的共生环境中形成的关系就是共生。共生的本质是协商与合作,但并不排除竞争,而是通过竞争性合作实现共生单元之间的相互合作和相互促进。[②] 城市群系统是典型的共生系统,由空间上的各个城市共生单元和功能上的经济、社会、资源等共生单元以及两个层次共生单元缀合而成的复合共生系统。在城市群共生系统内部,各个城市作为共生单元,同时也是博弈单元,存在着竞争与合作的博弈关系。共生理论中的相互协同、互惠互利、共同激发以及共同发展对于城市群府际博弈由无序竞争向有序合作发展提供了有

[①] 马远军、张小林:《城市群竞争与共生的时空机理分析》,载《长江流域资源与环境》,2010年第1期,第10—15页。

[②] 史莉洁:《"共生"理论及其当代意义》,华中科技大学博士学位论文2006年,第45—48页。

益指导和借鉴。①

一、共生系统的基本构成

共生单元、共生模式和共生环境构成了共生三要素。共生单元是构成共生关系、共生系统的基本能量生产和交换单位。② 根据城市群府际博弈的研究范畴，城市群共生系统的共生单元是参与城市群内部博弈的各个城市及政府。共生模式也称共生关系，是指共生单元之间相互作用或结合的形式，主要反映共生单元之间作用的方式、强度以及物质、能量交换和信息交流的关系。共生模式可以分为行为模式和组织模式；行为模式包括共生单元之间相互为寄生关系、偏利共生关系、对称互惠共生关系和非对称互惠共生关系；组织模式则可以分为点共生、间歇共生、连续共生和一体化共生。共生模式呈现出从前到后的进化发展趋势。城市群内部各个博弈单元间的发展也呈现共生的行为和组织模式，体现出城市群共生能量分配的对称性提高和组织化程度的逐步提升。共生环境是指共生单元之外所有影响因素的总和，其对于一组特定的共生关系来说是外生的，但共生单元与共生环境之间存在相互作用，并通过物质、能量和信息的交流来实现。共生单元组成的共生体在演化过程中可能对共生环境产生正向作用、中性作用或反向作用，而共生环境也可能对共生体有正向、中性和反向的影响。共生体与共生环境的相互作用性质两两组合，共有 9 种结果（如表 2.1）。其中对称性的组合类型比非对称性的组合具有更好的稳定性，即双向激励、激励中性和双向反抗具有较强的稳定性。在共生关系三要素中，共生模式

---

① 朱俊成：《基于共生理论的区域合作研究——以武汉城市圈为例》，载《华中科技大学学报（社会科学版）》，2010 年第 3 期，第 92—97 页。

② 李强、魏巍：《共生理论在城市群研究中的应用研究综述》，载《榆林学院学报》，2011 年第 1 期，第 51—54 页。

是关键、共生单元是基础，共生环境则是最重要的外部条件。

表 2.1 共生体与共生环境组合类型表

共生体 \ 共生环境	正向环境	中性环境	反向环境
正向共生体	双向激励	共生激励	环境反抗正向激励
中性共生体	环境激励	激励中性	环境反抗
反向共生体	共生反抗正向激励	共生反抗	双向反抗

二、共生系统的生成机制

第一，生成共生系统的条件之一是潜在的共生单元之间必须具有某种时间和空间上的联系，相互联系和界面或通道称作"共生界面"。共生界面是共生单元相互接触、传达信息以及达成共生关系的窗口，也是彼此交流资源、能量和信息的通道。共生界面多、接触面大、介质好则共生单元之间交流的阻力就小，反之则阻力增大。[①] 可以将其特征值记作"λ"，当 $\lambda = 0$ 时表示共生界面任何交流都畅通无阻，当 $\lambda = +\infty$ 时则表示共生界面无法进行任何交流。共生界面要求建立信息畅通的沟通交流机制，以更好地加强共生单元之间的联系，及时解决存在的问题和困难。

第二，共生单元之间通过共生界面不断进行物质、能量和信息的交流。这种联系可以促进共生单元之间形成某种结构和功能上的分工，相互补充、相互促进、激励相容，共同进化。这种交流和功能上互补可以提高共生单元的能量，从而整体上提高系统的能量和发展效率。在一个 n 维共生系统中，若把第 i（i=1, 2…n）个共生单元在非共生环境下的能量记为 Ei，在共生条件下新增的能量记作 ΔEi，则共生体的总能量为：$E = \sum_{i=1}^{n} Ei + \sum_{i=1}^{n} \Delta Ei$，

[①] 冷志明、张合平：《基于共生理论的区域经济合作机理》，载《经济纵横》，2007 年第 4 期，第 32—33 页。

其中$\sum_{i=1}^{n}\Delta E_i \geq 0$表示共生系统增加的总能量。也就是说，共生系统内各共生单元主要通过合作、协调、谈判、建立伙伴关系，确立共生单元之间的结构和功能分工，为实现共同目标对共生系统实施联合治理，从而达到任何单方治理所无法达到的水平。

第三，共生单元之间建立共生关系常常具有多重性、网络性和立体性，共生系统的演化因此具有复杂性和多样性的特征，共生关系可以使共生单元通过相互促进、相互激励以实现共同进化，但这种作用不一定是对称的。有序、协同的共同进化将加速共生系统的生成和进化。为实现这种正方向的有序进化，要求共生系统内部具有为共生单元所共同遵守的规则，以规范和约束共生单元的行为。[①]

第四，共生系统的生成和演化是一个不可逆的过程。这表现在共生单元进入共生系统中，其发展变化便与系统紧密相连，即使退出共生系统也不可能还原到原有状态。共生系统从一种均衡态向另一种均衡态的演化同样是不可逆转的。共生系统的不可逆性对研究城市群府际博弈有重要的启发和指导价值，城市群内部府际博弈造成的共生系统内一切不协调、不可持续的状态（资源消耗、生态退化等）都很难恢复共生系统原有状态，因此在府际博弈中应通过整体性协调来预防不可持续状态的持续。

第五，共生系统的生成和发展还依靠系统自身的自主增容性，即系统通过自主控制的增容特性。这包括维度（异类共生单元）增容和密度（同类共生单元）增容。正的增容表示系统能量的增长、系统的扩张或共生单元的繁衍，负的增容则意味着系统走向衰退。为了实现共生系统的正向增容，应努力探索协调多方利益的博弈均衡和激发一体化、激励相容的机制和制度安排，推动共生系统整体的协调发展。

[①] 张旭：《基于共生理论的城市可持续发展研究》，东北农业大学博士学位论文，2013年，第52—57页。

三、共生理论的价值诉求

共生理论为共生单元提供了一条理想的进化路径,强调通过共生单元的协同与合作,在彼此间的激励中进化到更高层次的状态。在我国城市群府际博弈协调中运用共生理论,对促进城市群府际博弈治理具有极为重要的现实意义。我们可将整个城市群视为一个共生系统,城市群内部各个城市则为共生系统中的共生单元,根据共生原则,发挥各自的比较优势,平等合作,互惠互利,从而共同激活,共同发展。当然,在共生过程中,各共生单元必然要通过协商与合作等形式来做出一定的制度安排,走一条共存互进、共享互赢的联合发展道路,从而实现整个城市群社会经济的均衡协调发展。

(1) **共生理念的引导**。城市群在发展过程中府际之间必然存在各方面的博弈,由于缺乏统筹规划和协调,每个博弈单元将自身利益最大化作为行动准则,彼此之间的博弈竞争呈现出无序状态,导致城市群内部发展失衡,影响区域整体实力的提升。而在共生理念指引下的城市群府际博弈则立足于区域整体利益、合作者的角度考虑问题,以互惠互利为宗旨,从而形成"多元共生,共赢共存"的发展格局。[①]

(2) **共生环境的优化**。共生单元之间的共生关系不是在真空中发生的,而是在一定的环境中产生和发展的。共生单元以外所有因素的总和构成共生环境。共生单元与共生环境之间是相互影响和相互作用的,良好的共生环境能对共生关系起激励和积极作用。因此,应采取措施优化共生环境,

---

[①] 陈晓春、谭娟、胡扬名:《基于共生理论的区域行政发展研究》,载《财经理论与实践》,2007年第6期,第115—118页。

促进共生系统的良性发展。① 城市群内共生环境的优化应主要包括两个方面：第一，打造城市群交流平台，促进博弈各方达成共生共识。如各城市群之间行政首长联席会议、城市群合作与发展论坛及非政府的专家论坛、理论研讨会等，通过这些平台对城市群共生进行广泛而充分的讨论和交流以达成共识。第二，制订相关法规政策，为城市群博弈提供良好规范。共生理论指出共生系统的良性运行离不开完善的制度规范，城市群府际博弈也需要制订强制性的博弈规范，以更好地约束各博弈单元的行为。

（3）共生机制的完善。共生理论指出要建立共生奖惩监督机制，以更好地监督和规范共生单元的行为，促进共生系统内部互惠互利、平等合作。对于城市群府际博弈来说，也需要探索建立严格的奖惩监督机制，对于采取合作行为的博弈单元给予奖励，对采取不合作行为的博弈单元给予惩罚，这样才能够实现博弈的纳什均衡。第二，建立共生利益补偿机制。要建立稳定的共生关系，使共生系统内各共生单元之间的合作持续推行下去，关键在于要确保各共生单元能够通过共生过程得到实实在在的共生效益，使区域共生成为各方的自身需要。为此，在城市群府际博弈治理中，必然要求建立相应的利益补偿机制，用经济手段确保各共生单元自觉融入城市群共生系统之中。特别是对那些因为优化区域资源配置、提升区域整体利益而导致自身利益暂时受到影响的共生单元，更是需要利用区域补偿机制来进行合理的补偿。只有建立区域补偿机制，才能够调动共生单元合作意愿，推动区内各方共同发展、共同繁荣，进而确保区域合作能够长期持续推进，最终实现区域均衡协调发展。②

---

① 肖东生、石青：《基于共生理论的湖南"3+5"城市群区域合作研究》，载《湖南社会科学》，2011年第5期，第118—121页。

② 张小峰、孙启贵：《区域创新系统的共生机制与合作创新模式研究》，载《科技管理研究》，2013年第5期，第172—177页。

第四节 整体性治理理论

一、整体性治理的兴起背景

整体性治理最早提出于20世纪90年代后期,它的产生背景主要包括四个方面:全球化时代的到来是直接动因,对新公共管理运动的继承、反思与超越是思想根源,新信息网络技术的发展是技术保障,而政府服务品质化的诉求是其实践基础。[①]

(1)直接动因:经济全球化的影响推动。随着经济全球化趋势的进一步凸显,政府治理面临许多新的挑战,具体表现为:第一,跨界生产要素流动性加快,要求提升政府治理的迅捷性。现阶段,全球化使得资源、人才、资金等要素流动性明显提升,加之复杂的治理环境,要求政府必须转变治理模式和提升治理效率,以更好地对区域治理问题做出快速反应。第二,公共问题的复杂性提升,要求增强政府治理的协同性。全球化时代的到来,使得跨界跨域公共问题频发,由于这些问题涉及较多的利益关系,因此其复杂性大幅度提升,仅靠单个政府无法有效解决,这就需要组织跨界、跨功能的联合行动,整合不同区域政府和其他主体的力量,通过协同性的整体战略合作,来高效处理复杂性的公共问题。整体性治理理论正是基于全球化背景下,单个政府应对跨边界、复杂化公共治理问题时,由于资源、政策、信息等条件限制,而表现出的治理低效提出的。因此,全球化时代的来临是整体性治理理论产生的助推器。

(2)思想动因:新公共管理的批判反思。新公共管理倡导公共服务外

[①] 曾凡军:《论整体性治理的深层内核与碎片化问题的解决之道》,载《学术论坛》,2010年第10期,第32—36页。

包、私有化等改革理念，追求治理效率和绩效，旨在根据顾客需求为导向调整组织结构和职能，打造以市场化和竞争化为手段的"竞争性政府"模式。然而，新公共管理过分强调市场取向、分散化取向、竞争化取向和过度机制，导致政府之间、部门之间缺乏合作与协调，形成了各自为政的碎片化制度结构，增加了治理难度，难以解决日趋复杂的社会问题，使得盛极一时的新公共管理开始走向衰落。整体性治理理论正是起源于对新公共管理产生问题的反思，继而寻求有效的解决对策。[①] 整体性治理理论针对新公共管理中出现的协同不力、治理碎片化等问题，提出整体性的治理战略，通过建立有效的协调机构，促进不同政府和部门之间的整合，减少政府之间的政策冲突，提升整体治理效率。因此，整体性治理理论是对新公共管理理论的超越，是对其管理理念和方式的辩证否定。换句话说，对新公共管理的批判反思是整体性治理理论形成的理论渊源。

（3）技术动因：新信息网络技术的成熟。新信息网络技术具有多样性、时效性、便利性等特征，它的发展极大程度地改变了我们的生活方式，同时对政府治理也产生了重大影响。第一，传播途径的多元化。传统的政府内部信息传播依托上下级关系，实施单向度的线性传播，信息传递迟缓、失真度高。新信息网络技术的发展则实现了传播途径的多样化，使得政府之间信息传递更加便利。网络互访、视频会议等现代化的信息交流方式，取代了传统以人位移为主的交流方式，打破层级与地域的局限，使得政府间的沟通交流更加便利、迅捷和高效。第二，新信息网络技术的发展降低了政府之间、部门之间沟通与协调的成本。新信息网络技术在很大程度上改变了政府组织模式，使得政府机构扁平化程度提升，减少了信息传递层级，使得政府信息的传递更加便利、精确，降低了彼此之间沟通交流的成本。新信息网络技术的成熟，简化、便捷了政府之间沟通交流，促使政府

---

① 王建平：《整体性治理，利益协调实现区域经济一体化》，载《现代经济探讨》，2011年第12期，第39—42页。

治理更加协调、高效，能迅速适应治理环境的变化，是整体性治理理论产生的重要外因之一。

（4）实践动因：政府服务品质化的诉求。在新公共管理运动中，市场化、民营化、分散化等手段虽然极大地提升了公共服务效率，但是公共服务品质却没有得到全面提高，没有完全满足社会公众对政府服务品质化的要求。在投入成本限定前提下，由于竞争引起的各个政府及部门之间各自为政的碎片化弊端，导致政府在处理许多关于社会公众的棘手问题如公共物品供给、危机事件管理、区域环境污染等问题时过于迟缓，整体效率和公平正义价值缺失，社会公共问题得不到有效解决。政府面临来自社会公众的批评和质疑，迫于压力必须采取有效措施予以应对，以增强社会公众对政府的信任。因此，为满足社会公众公共服务品质化的诉求，以公民导向、结果导向和协同导向、责任导向为目标的整体性治理应运而生，结合最新的网络信息技术，引入公民监督、整体协同、一站式服务的治理方式，以期为社会公众提供高品质的公共服务。所以，社会公众日益增长的服务品质诉求是推动整体性治理产生的重要实践动因。①

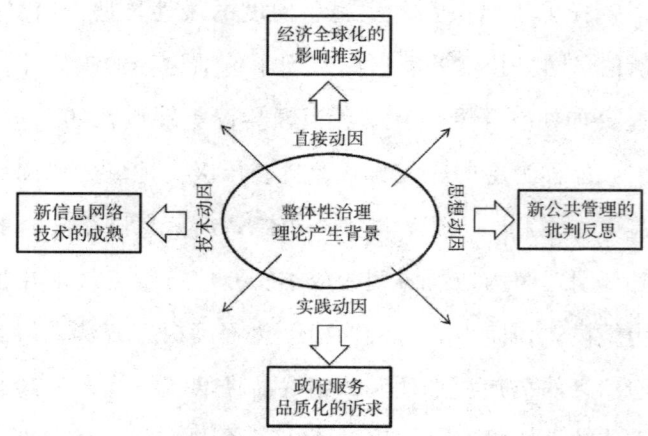

图 2.1　整体性治理理论产生背景图

---

① 曾凡军：《从竞争治理迈向整体治理》，载《学术论坛》，2009 年第 9 期，第 82—86 页。

二、整体性治理的核心要义

伴随整体性治理的实践,不同学者从不同视角对整体性治理的内涵进行了界定和分析。汤姆·克里斯滕森等从结构、文化和迷思三个角度对整体政府进行阐释。从结构的角度,整体政府被看作是有意识的组织设计或结构重构,目标是促进各政府组织更好地团结协作。从文化和制度视角来看,组织的演进过程是对内对外压力的双向适应过程,形成独特的、制度化的或非正式的规范和价值。从迷思的角度,从迷思、象征、时尚等方面来看待改革及其主要概念。[①] 希克斯认为,整体性治理是对新公共管理模式下政府管理碎片化和服务裂解性进行超越的结果,它以风险社会理论为基础,以回应公民的公共服务需要为核心,注重治理问题的预防、公民需求的满足和治理结果的提升,以信息技术和网络技术为治理手段,进行治理层级、治理功能和部门之间的整合。同时,注重全局战略和整体思维,以信息技术的制度化设计为基础,通过构建信任、责任感、预算和制度机制,建立政府业务整合系统和协调系统,主张管理从分散走向集中,从部分走向整体,从破碎走向整合,从而为公民提供无缝隙而非分离的服务。汤姆·林从实用的类型学出发,将整体性治理分为"内、外、上、下"四个维度。"内"指组织内部的合作,即新的组织结构形式;"外"指跨组织部门的新工作方式;"上"指对上承担责任,组织目标自上而下设定,即新的责任和激励机制;"下"指新的服务供给流程。[②]

我国学者也在引介整体性治理时对其进行了界定。曾令发认为整体性

[①] 崔会敏:《整体性治理:超越新公共管理的治理理论》,载《辽宁行政学院学报》,2011年第7期,第20—22页。

[②] 黄滔:《整体性治理理论与相关理论的比较研究》,载《福建论坛(人文社会科学版)》,2014年第1期,第176—179页。

治理是指在管理理念上强调中央地方结合以及公私合作，以整体性组织模式，重点在于解决民生问题，采取网络式组织模式，在具体管理中注重授权与结果，从而实现政府管理与公众价值、科技以及资源的高度整合。台湾学者彭锦鹏认为政府的整体性治理具有丰富的内涵。在理念上，以满足公民合理诉求、解决公共问题为核心，注重治理问题的顾客导向、合作导向、结果导向。在组织形态上，以机构整合、功能整合和资源整合为基础，追求网络式、项目式的组织形态。在组织结构上，以功能性分工为基础的部门；以预算管制和行政目标管理为核心，定期评鉴政府业务整合之程度；以信息技术制度化设计为基础，建立政府业务整合系统结构。在运行基础与方式上，以扩大授权、信任和各主体间的相互依赖关系为基础，通过网络信息化的协调、整合等方式实现政府整合型运作。① 在此基础上，彭锦鹏还对传统官僚制、新公共管理与整体性治理进行了对比（如表2.2）：

表2.2　公共行政三种典范比较示意表

	传统官僚制	新公共管理	整体性治理
具体时期	1980年以前	1980—2000	2000年以后
管理理念	公部门型态管理	私部门型态管理	公私合伙
运作原则	政府功能性分工	政府功能部分整合	政府整合型运作
组织形态	层级节制	直接专业管理	网络式服务
核心关怀	依法行政	作业标准与绩效	解决公民关切
成果检证	注重输入	产出控制	注重结果
权力运作	集中权力	单位分权	扩大授权
财务运用	公务预算	竞争博弈	整合型预算
文官规范	法律规范	纪律与节约	公务伦理与价值
运作资源	大量运用人力	大量利用信息科技	在线治理
服务项目	政府提供各种服务	强化中央政府掌舵	政府政策整合
时代特性	重视层级分工	政府引入竞争机制	系统协作

---

① 彭锦鹏：《整体性治理理论与制度化策略》，载《政治科学论丛》（台湾），2004年第3期，第46—49页。

综合国内外学者对于整体性治理的定义，本书将整体性治理界定为针对跨区域府际之间博弈产生的问题及原因，以整体价值作为最基本价值导向，采取府际整合的方式，通过正式的组织管理关系、各种伙伴关系、网状化结构等，实现对区域资源的有效利用、区域公共问题的协商解决和区域公共服务的综合供给。目的是打破区域间府际博弈的囚徒困境，实现政府博弈整体效果的最优和公共利益整体最佳。整体性治理不仅是一种改革取向，也是一种理论分析框架。从分析框架意义上来看，可以对整体性治理的特征进行以下阐释。

（1）**追求整体性价值理念**。整体性治理与其他公共管理模式相区分的重要标志就是文化和价值观的差异。[①] 整体性治理正是为了克服传统官僚制和新公共管理的弊端，在理念上强调的是政府整体效果的最优和公共利益实现的最佳，因而在组织文化上，着重塑造公共部门内部的"凝聚性文化"和牢固、统一的价值观，并通过强化培养公务员自我发展的意识，促进团队建设、组织参与、信任、责任等价值为基础的管理与合作。这表明整体性治理的一大特征就是对整体性文化和价值的塑造与追求，使这种文化理念在改革实践中为政府的政策选择和治理变革提供价值引导。

（2）**打造整合式组织结构**。由于注重对复杂性的社会公共问题和公共服务需求进行及时与有效的回应，因此在组织结构上，整体性治理主张用整合化的组织形式来代替专业分工严格的传统行政组织。整合式组织的涵义不仅包括内部部门从分散走向集中，还包括政府组织和社会其他组织结成的各种伙伴关系、网络化结构关系，在此基础上实现对公共问题的协商解决和对公共服务的有效供给和资源的充分利用。[②]

[①] 曾凡军、王宝成：《西方政府治理图式差异较析》，载《湖北社会科学》，2010年第10期，第48—51页。

[②] 李瑞昌：《公共治理转型：整体主义复兴》，载《江苏行政学院学报》，2009年第4期，第102—107页。

（3）**建立跨部门协调机制**。整合式的组织结构及其对应的伙伴关系、网络化结构关系，需要运用有效的沟通协调机制进行整合与管理，因此，整体性治理强调在组织间构建新的沟通方式和工作机制，在实践中运用跨越部门边界的沟通协调方法、技术与机制。无论是在理念设计还是实践经验中，整体性治理在组织结构上的重构是与新型沟通协调机制的创建密不可分的，组织结构的优化与调整为部门间合作的达成奠定了基础，提供了保障，而良好的沟通协调机制和方法又能促进部门间的合作，从而推动组织结构的进一步完善与变革。

（4）**运用现代化信息技术**。整体性治理注重信息系统建设问题，认为整体性治理在相当程度上取决于现代化信息技术的发展，并指出没有高度发展的电子化政府，就无法跨越政府的地域与层级鸿沟提供高效化的整合性服务。主张政府间通过网络进行信息传递、共享和协同办公，既有利于政府超越地域和部门界限达到信息共享、兼容和交换的目标，改变政府各自为政、条块分割、等级森严的结构关系，也能够避免传统行政所导致的腐败和不作为。同时，以网络为基础的整体政府的行政业务和程序将彻底透明化，政府及部门间通过网络为公众提供信息发布与互动、政务公开、网上办公等服务，民众可以方便、快捷、低成本地了解相关信息，获取政府提供的服务。①

三、整体性治理的构成要素

（1）**协调机制**。希克斯通过分析新公共管理所造成的碎片化和裂解化问题，提出整体性治理应该建立有效的协调机制，以更好化解彼此之间的冲突，增进相互间的合作。他提出的整体性协调机制主要包含了"化异"

---

① 张玉磊：《公共危机治理：从碎片化到整体性》，载《理论探索》，2012年第6期，第117—120页。

和"求同"两种路径。所谓"化异"是指消除不同主体间的差异性,通过温和式的劝导、严肃的警告或者强硬式的惩罚,将不同主体之间的冲突限定在可控范围之内,以排除彼此伤害的可能性;所谓"求同"则是积极寻求多元主体间的内在相似性,通过沟通凝聚共识,创造彼此主动合作的互惠性诱因。总体来说,整体性治理中的协调机制在化异求同原则的指导下,主要包含以下几个方面:第一,容忍性制度。基于先化异再求同的理念,建构为多元主体认同和接受的容忍性制度。作为一种容忍性制度,对各个主体都具有较强约束力,并通过强制性手段规范彼此之间的行为。第二,分立与权变。针对具有共性和利益互增的多元主体协调,提出分立与权变的解决之道,即未化异而求同。这是一种通过等待、渐变和部分修正实现主体间在保持相对独立性的基础上的协调与整合方式。第三,和解或混合。对多元主体间的争执、冲突和分歧,需运用和解或混合的解决之道,即仅化异而未求同。通过这种强调自我克制的协调方式,寻求彼此相互让步与妥协的可能。第四,互换及互赖。针对具有复杂性与多变性,且很难化异或求同的多元主体间的价值突发冲突与混沌,需采取互换及互赖的解决方式,即未化异也未求同。此种方式需重视第三方力量,通过中间组织协调来消解冲突。

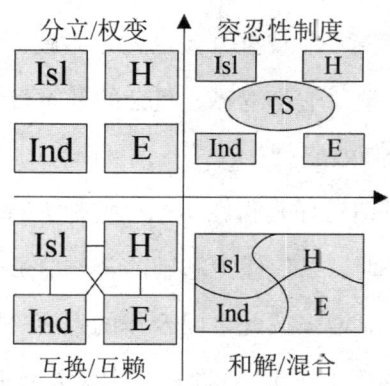

注:Isl:Isolate(孤立的);H:hierarchy 科层制;Ind:indivi dualism(个体主义);E:enclave(被包围的领土、飞地);TS(容忍性的制度设计)

图2.2 整体性治理协调采取的四种解决之道

(2) 整合机制。整合的程度越高,政府之间的联系就越紧密,彼此之间凝聚力就越强,各自为政的情况就越少。不同时期政府治理中整合强调的重点不同,传统官僚层级治理强调的是权威性的整合,新公共管理采取的是竞争性整合,而整体性治理的核心理念是合作性整合。具体来说,整体性治理的整合机制主要包括组织机构层面的整合和组织运作层面的整合。政府组织机构层面的整合涵盖三个方面:第一,治理层级的整合,包括同一层级和不同层级的整合;第二,治理功能的整合。将分散在不同部门的相同功能整合起来;第三,公私部门的整合。将公共部门、私人部门和第三部门整合起来,协同参与公共事物的治理。政府组织运作层面的整合包括五个方面:第一,政策整合。对政策制订、政策执行、政策信息传递、政策评估等方面进行有效的整合;第二,规章整合。将不同地区、不同部门的规章进行有序条理整合;第三,服务整合。重新打造公共服务供给链条,配合最新信息技术进行公共服务内容、供给主体、供给方式、供给程序的整合,矫正新公共管理分散竞争导致的无政府主义倾向;第四,预算整合。摒弃以往按照输入项目制订预算的方式,强调按照治理输出结果分配资源,实行以绩效为基础和以战略为导向的预算方式,建立多元主体间的共享性预算体系。第五,监督整合。主要是对政策整合、规章整合、服务整合、预算整合的科学评估与解释。整合的基本目标是消除重叠以充分利用资源,提升政府治理效能。[①]

(3) 信任机制。所谓信任是指在不能确定他人行动的条件下,相信其未来可能行动的心理预期。以信任为基础的合作能够使得多元主体之间产生安全感和确定感,从而增强彼此之间合作的意愿。整体性治理的主要应用范围是跨区域、跨部门的治理,在此过程中需要协调众多主体间的合作,

---

① 孙志建:《论整体性政府的制度化路径与本土化策略》,载《广东行政学院学报》,2009年第5期,第16—21页。

其中最担心的是合作中存在出于利益实现需求的"搭便车"行为,从而造成彼此之间缺失信任而形成博弈无序状态。因此,信任作为一种特殊的社会资本,是整体性治理的关键要素,是促成多元主体有序合作的粘合剂。① 在整体性治理中信任机制的建构需要从以下几个方面着手:第一,正确认识信任的重要性。信任对整体性治理而言是至关重要的,只有建立彼此相互信任的关系,才能形成有序、高效的合作共同体。因此,要加强对共同体内部多元主体信任道德的教育,通过道德自律来强化信任意识,进而巩固整体性治理信任关系。第二,加强整体性信任契约管理。契约型信任具有非人格化的特征,将人的非理性抽离,可以有效防范非理性行为引发的恶果。契约型信任是一种积极性的工具理性,能够促使信任关系由模糊到清晰,增强信任机制的约束性。第三,创新信任评价。为了更好推动多元主体合作博弈的发展,需要对其信任进行评价,建立整体性信用档案,对主体的信任水平判断、守信和失信事件进行信用评级和记录,使得信任缺失受到谴责和惩戒,进而规范多元主体的信任意识和行为。整体性治理面临更多的利益冲突和认同冲突,这就使得信任的作用更加凸显。信任是整体性治理的前提保障和道德支撑,其作用和功能随着整体性治理深入而逐步增强。

(4) **责任机制**。整体性治理涉及多元主体的整合与协调,这必然会出现由于整合而导致的责任分配及承担模糊问题,因此相对于传统官僚行政和新公共管理来讲,整体性治理的责任机制具有非常重要的作用和地位。希克斯指出整体性治理的责任机制具有多层含义:首先,多元主体的责任划分必须清晰准确,每个主体所承担的责任都有明确规定,所被赋予的治理支配和权限范围也有明确划分;其次,共同体内部多元治理主体需按时

---

① 吴春梅、谢迪:《论村庄整体性治理的信任支持》,载《理论月刊》,2013年第7期,第168—171页。

提交治理中权力、资源和工具运用的报告及解释；再次，整体性治理的责任机制要求有现代化的评估体系。通过运用现代信息技术革新传统责任评估体系，以量化和公认的标准衡量绩效和结果、评判绩效；最后，制订统一协调、系统具体的整体性失责处分规定。细化失责形式、统一量化标准、分清处分档次、明确管辖权属、规范处分程序，解决处分依据分散笼统、失责形式涵盖不全、量纪标准不一、管辖权属不明、程序简单等问题，增强失责处分的针对性、适用性和可操作性。整体性治理中责任是最核心和敏感的问题，如果责任分配不清或失去惩戒威慑，会使共同体内部多元主体之间相互责任推诿，仅追求自身利益最大化，而不去承担应负的责任。因此，整体性责任机制是共同体内部合作博弈的前提和保障。整体性责任机制是问题导向型的机制，其出发点在于打破多元主体间的协商僵局，通过明晰责任防止个别主体获得特殊利益，进而实现联合型和整体型的运作。这是一个复杂且长期的过程，应该循序渐进，不可一蹴而就。

（5）**制度化**。制度是多元主体博弈的规则，体现了区域资源安排和利益分配的结果，是整体性治理的重要工具。随着现代社会利益关系的深刻调整，制度的缺失和不完善导致多元主体之间的合作产生了许多新问题，特别是跨区域制度协调规范的不健全，更使得区域博弈陷入囚徒困境，无法实现帕累托最优。这就需要新的制度进行客观、公正的协调和规范，而整体性治理的重要职责就是提供完善的整体性博弈规则，平衡和协调多元主体的不同利益诉求。从这个角度讲，整体性治理的制度化即从整体性维度上对现有的不完善的制度进行修正和调整，以更好地提升制度的效率和效度，其既包括微观的制度规定，也包含宏观的制度结构调整，甚至也涵盖行为习惯的调整和变革。[①] 现阶段，整体性治理的制度化与治理现代化的

---

① 唐庆鹏、康丽丽：《论整体性治理的本土化制度创新——一个基于行政生态的框架性考量》，载《理论导刊》，2011年第1期，第63—66页。

发展趋势紧密相连，是一种时代性、结构性、规律性、方向性的制度变迁，主要体现在：第一，整体性的制度化受到治理现代化中法治、平等、系统、合作等价值理念的指导与约束，并且这些价值理念也为制度化的过程提供了价值动力；第二，整体性制度化包括强制性变迁和诱致性变迁，其发展方向都是建立符合现代治理要求的制度体系，能够促进政治民主化、市场高效化、社会整合化的规范体系；第三，整体性的制度化是一个动态发展过程，需要对其进行不断的完善和更新，只有这样才能够适应复杂多变的治理环境。总之，多元主体在既定的制度环境下进行博弈，制度结构决定了博弈结果。作为行政管理的一种范式，整体性治理的制度化以整体利益最大化为目标，通过制订有效的规则，协调多元主体之间的博弈，缓解多元主体之间的利益冲突，促进公共利益最大化的实现。

第三章 城市群府际博弈的机理分析

城市群府际博弈治理研究的最终目的，在于探讨如何改善府际间的博弈无序状态，实现彼此间的合作共赢，这首先要理清城市群府际博弈的机理，即城市群这一复杂系统内各个城市政府如何选择博弈策略和如何做出行动决定。本章以博弈理论为依据，对城市群府际博弈的发生和演化过程进行深入分析，为下文进行原因探析及对策选择研究奠定理论基础。具体来讲，由于城市群内部环境资源的有限性和稀缺性的特性，城市群在发展过程中各个城市政府会在政治市场、产品市场和要素市场发生博弈。并且，这种博弈在政府"政治经济人"倾向和参与人有限理性的前提限制下，会在博弈中呈现出竞争与合作的复杂态势，产生诸多博弈无序问题。本章基于博弈理论，从城市群府际博弈的三大领域中选取比较具有代表性的政治晋升博弈、市场策略博弈、产业选择博弈和环境治理博弈来进行具体分析，以希冀更好地揭示城市群府际博弈的机理。

第一节 城市群府际博弈的基本假设

为了避免由假设不明确所导致的误解和困扰，我们还有必要交待一下本书的几个前提性行为假设。需要指出的是，以下所提出的行为假设并不仅仅是对前人研究成果的简单重复，而且是融入了我们对特定研究对象的理解之后的重构。虽然这种重构很大程度上是粗糙的和难以"形式化"的，但是我们依然认为有它的必要性，原因在于，我们相信："博弈理论所赖以成立的假设不仅应该是易于处理的，而且同时必须是真实的。"①

一、环境容量有限性假设

资源环境容量是指在一定的时期和区域范围内，在区域资源结构能维持持续发展的需要、区域环境功能维持稳态效应的基础上，区域资源环境系统能承受各种人类活动的容量。对任何一个区域来说，在一定时段内它的资源供给能力和环境容纳能力都是固定的。换言之，资源环境承载力是一个相对固定的、客观存在的量，超过这一限度将对区域资源环境系统造成损害，并且这种损害具有不可逆性，或者说可逆的成本投入过大而至于不可能，进而会影响区域的可持续发展。城市群的发展是建立在对区域现有资源消耗的基础上的，城市群内部各个主体对资源环境系统的诉求都是无限的，相对于需求而言，区域内资源环境容量是有限的，并且资源环境的使用也是要付出代价的。正是因为资源环境容量的有限性和稀缺性，城市群内部府际之间才会围绕资源环境的利用而相互博弈。因此，"资源有限性"是城市群府际博弈研究中一个贯彻始终的前提。面临资源有限性的基本约束条件，优化资源配置是城市群府际博弈协调的主要对策。由于城市群可持续发展的需要，资源配置必须遵循资源有限性和发展持续性的双重约束。传统城市群内部资源配置的扭曲已越走越窄，双重约束下的资源配置是区域现代化治理和发展的必然选择。

---

① 李军林、郭亚玲：《理性，均衡与演进博弈论：一个关于博弈理论发展的综述》，载《南开经济研究》，2013 年第 4 期，第 48—52 页。

二、政府"政治经济人"假设

亚当·斯密（Adam Smith）对经济人假设有这样的描述：我们每天所需的食物和饮料，不是出自屠夫、酿酒家或烙面师的恩惠，而是出于他们自利的打算，我们不讲唤起他们利他心的话，而说唤起他们利己心的话。他认为，社会中的每个人都是经济人，都是以追逐自身利益最大化为准则来行事的。[①] 政府作为社会公众集体意志的代表，很多时候被假设成超利益的公共存在，认为其总是在追求公共利益最大化，但布坎南（Buchanan）对"仁慈政府"的假设产生了怀疑，指出政府是"政治经济人"，具有自利性，也会追求自身利益最大化，只是这种利益不一定是财富。公共选择学派的丹尼斯·缪勒（Dennis Muller）也指出，政府会像任何其他人一样，运用他们手中的权力谋求自身利益，而不是谋求社会公共利益。[②] 城市群内部各个政府都是一个利益集团，一方面他们要完成本辖区内的经济社会管理任务，履行其管理职能；另一方面，他们又要在仕途上获得晋升和政治支持最大化。城市群内部政府"政治经济人"的特征表现为：区域政府具有很强的动力去谋求本辖区利益最大化和政府官员个人利益最大化，这种倾向导致城市群内部各个政府之间的非合作博弈。面对城市群内部政府"政治经济人"行为，必须予以强有力的制度化约束，以更好地规范政府间博弈行为。

[①] 转引自曹立村：《论基于新经济人假设的政府经济人理性的回归》，载《求索》，2008年第3期，第31—33页。

[②] ［美］丹尼斯·缪勒：《公共选择理论》，韩旭，杨春学译，中国社会科学出版社2010年版，第75—78页。

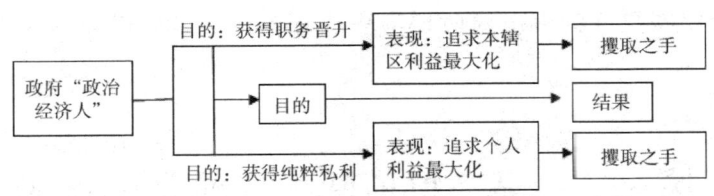

图 3.1　政府"政治经济人"的行为目的图

三、参与人有限理性假设

西蒙（Simon）指出人的信息收集、加工和计算能力是有限的，因此，由人组成的任何组织都无法按照完全理性模式去行动，即人和组织没有能力同时考虑所面临的所有选择，无法以"最优化原则"理性地指导自己的行动，而是按照"满意"的有限理性标准，即参与人有限信息处理能力的局限下追求最大程度的"满意"效果。诺斯（North）也指出博弈中"完全理性"是不切实际的，"有限理性"比"完全理性"更接近于博弈现实，进而追求满意博弈结果比追求最优更符合现实。[①] 城市群府际博弈的参与人有限理性假设包括两个方面的含义：一是城市群治理环境的复杂性导致博弈主体无法收集所有的博弈信息；二是博弈主体分析、计算博弈信息及提出博弈策略的能力是有限的。城市群府际博弈主体始终受制于自身所处环境复杂性和认知能力有限性的约束，在治理中了解所有博弈信息并提出完全理性博弈策略等是不切实际的，因此无法实现最优的博弈结果。城市群府际博弈主体的有限理性使得博弈过程中出现产业同构、市场保护、公共物品供给低效等问题，无法实现"满意"效果的城市群整体博弈策略及结果。本书基于参与人有限理性假设的前提，从整体性视角对城市群府际博弈进

---

① ［美］诺斯：《制度变迁的理论：概念与原因》，张帆等译：上海人民出版社 1994 年版，第 266—268 页。

行优化，以期更好的解决府际博弈中出现的问题，取得较为满意的博弈结果。

第二节　城市群府际博弈的具体领域

目前，城市群府际博弈的具体领域主要围绕政治市场、产品市场及要素市场展开。政治市场上的博弈主要是政策层面上争夺优势和倾斜，体现在经济规划、财政分配和人事任免等方面；产品市场上的博弈主要是城市群内各个政府对辖区内产品市场的保护和支持，同时也包括在产业结构的选择方面的博弈；要素市场上的博弈主要是城市群内部各个政府之间为争夺人才、资金、技术、自然因素等生产要素而展开的博弈行为，突出表现为公共资源的利用和保护方面的博弈。

一、政治市场的博弈

在城市群发展过程中，城市群内部各个政府在政治市场上存在许多博弈。在城市群内部会建设多种特殊类型的经济区域，例如经济开发区或者科学技术开放区等。在这些特殊区域建设的过程中，上级政府总会将一些特殊的政策赋予这些地区，进行先行实验和扶持发展。城市群内部各个政府围绕这些特殊区域和优惠政策展开博弈，我们将其定义为政治市场的博弈。在城市群内部府际政治市场的博弈过程中涉及行政权力和财政分配的侧重，这种侧重作为有效的优惠政策意味着更大的资源控制和支配权力。城市群内部各个政府谁先获得这种优惠政策，则会优先进入非均衡发展的重点支持，进而获得更多的资源和改革创新试点的机会，增加本区域的竞争实力。现阶段，我国城市群发展过程中，因为各个城市发展的不均衡以及制度规范的不健全，政治市场的优惠政策博弈将长期存在。城市群内部府际政治市场的博弈除了优惠政策的博弈之外,还包括晋升博弈。由于城市群内部政治晋升机会是有限的,这就使得处于同一城市群内部的政府官员之间晋升的博弈异常激烈,特别是城市群内部经济实力和发展层次相近的城市之间,政府官员的晋升博弈更使得彼此之间合作的空间减少,因为担心自身的合作行为会给对方创造更好的发展机遇,从而减少了自己晋升的机会。[①] 从本质上讲,城市群内部政府间优惠政策的博弈可以归因于政治晋升的博弈,因为优惠政策可以增加其政治晋升的资本。需要进一步阐释的是,城市群内部府际间政治市场的博弈具有内隐性的特征,不同于其他领域的外显性的博弈特征,因为这种博弈结果的决定权在上级政府,如果太过外显有可能导致上级政府的政治不信任,进而影响博弈结果。

二、产品市场的博弈

城市群内部各个城市之间由于经济发展水平相近、资源禀赋相似、消费偏好较为相同等因素,在供给和需求结构方面具有较高的相似性,使得城市群内部在产业结构选择和产品市场保护方面存在着激烈的博弈,也就是产品市场的博弈。城市群内部各个城市政府为了更好地维护本辖区利益,在产业结构选择时往往是基于本地区的资源禀赋等因素,选择投资税高利大、回收周期短的产业,这样就会形成城市群内各个政府间激烈竞争、盲目引进和重复建设的现象,最后导致城市群内部严重的产业同构化,府际间呈现零和博弈的结果。产业同构化使得城市群内各个城市的比较优势得不到有效发挥,投资和生产趋于分散,进而导致城市群整体效益不高。为了更好地协调城市群内部府际间产业结构的选择,实现资源的优化配置,

---

① 周黎安:《晋升博弈中政府官员的激励与合作》,载《经济研究》,2004年第6期,第33—40页。

需要对其进行产业结构调整,在调整过程中各个城市开始了有引导性的博弈,通过制度规范完善和税收利益补偿等方式合理引导城市群内部各个城市间产业的选择和退出,以实现正和博弈成为当前产业调整博弈的发展趋势。当前城市群内部产业结构的相似,导致其在产品市场保护的博弈更为激烈。为了保护本辖区的产品市场,城市群内各个政府会以设置行政壁垒、抬高市场准入条件、征收不合理税费等手段阻止其他城市产品流入本地市场。同时,在行政执法过程中,也会明显呈现保护本辖区产品市场的执法不公平现象。这种形式的博弈实质是一种"囚徒困境"的博弈,各个城市政府过分偏好当前市场利益,使得产品市场保护成为城市群府际间博弈的纳什均衡。然而,这种博弈策略不是整体性的帕累托最优博弈选择,阻碍了城市群内部的产品流通,使得整体性的市场资源空间无法得到充分利用。为了实现产品市场博弈的帕累托最优,应该通过有效的规制、激励和补偿手段来增加市场保护的成本,降低开放市场的风险,促进城市群内部各个政府选择开放的博弈策略,进而实现城市群整体利益的最大化。产品市场的博弈是城市群府际博弈的重点,也是当前博弈产生问题最多的领域。城市群内部产业同构和产品市场博弈无序,严重阻碍了城市群整体的协调发展,应该在博弈治理过程中予以更多的关注。

三、要素市场的博弈

城市群内部府际间要素市场的博弈主要是指围绕着区域自然资源、资本、人才等方面各个城市展开的博弈。区域发展对要素资源需求增长的无限性与一定空间内要素资源总量的有限性是不可调和的矛盾。因此,城市群内部各个城市间要素市场竞争博弈日趋激烈。在自然资源方面,城市群内部不同城市政府之间会共享一种或多种资源,如水资源、森林资源、大气资源等公共资源。城市群内部各个城市政府围绕着开发利用与保护治理展开了一系列博弈,每个城市政府都期望能够最大限度地利用公共资源,而承担最少的治理维护的责任,享受搭便车所带来的效益,从而导致集体行动的失效,城市群内部跨越环境污染及治理是典型的博弈案例。在资金要素方面,城市群内各个政府往往把招商引资作为重要选择,甚至将招商引资作为政绩考核的主要指标。因为城市群内部各个城市投资环境较为类似,所以为了能够引进更多投资,各政府不是采取积极的合作态度,而是采取一系列措施展开积极的非合作博弈,只要能够满足投资商的需要,无论在审批程序上还是公共资源的利用上,都会实施许多竞争性的优惠政策。在人才要素方面,城市群内部各个政府为了吸引优秀人才,竞相出台一系列引进人才的优惠政策,并通过人事和户籍制度等行政手段来进行人才要素的竞争博弈。现阶段城市群内部府际间要素市场的竞争博弈呈现出由最初的有形资源要素到无形资源要素的博弈竞争,由低层次资源要素向高层次资源要素的博弈竞争,城市群内部府际间要素市场博弈竞争的各种现象,反映了城市群内部府际间已经由争夺浅层次的传统资源要素逐步发展到深层次新型资源要素的博弈,由固化的资源要素发展到隐性资源要素的博弈。但是,城市群内部府际间要素市场的博弈包括具体要素形式,核心问题是利用和保护之间的策略选择。因此,城市群内部府际间要素市场博弈模型基本相同。

第三节 城市群府际博弈及模型分析

针对城市群府际博弈的政治市场、产品市场和要素市场三个具体领域,选取其中具有代表性的政治晋升、市场策略选择、产业结构规划以及公共环境治理等问题进行博弈分析,以更好地了解其博弈过程及博弈影响因素,为后文的博弈现状、负面效应、原因分析及对策选择提供一定的思路。

一、官员晋升博弈模型分析

城市群府际政治晋升博弈中对政府官员角色的界定来源于公共选择理论的假设,其认为政府官员与市场机制下的"经济人"一样,内核是追求个人利益的最大化,而且是包裹在公共利益的外衣下进行的合理个人选择,因此政府官员自然就成为在"经济人"假设的基础上推演出来的"政治经济人"。依此假设,政府官员成为政治市场中的从业者,其政治活动的行为是追逐个人效用的最大化,包括权力、待遇、声望和地位。为了更好地在晋升博弈中占据优势,其必须做出有效的政绩,这也就激发了内部政府官员为区域发展的工作热情,客观上成为推动城市群经济的重要因素。但是,城市群内部政府官员晋升大都依据政绩进行排位,这也就导致城市群内部政府官员始终对彼此合作缺乏足够诚意。① 下面我们将以城市群内部两个城市为例,阐述具体的城市群内府际政治晋升博弈的具体过程。

假设城市群内部城市 A 政府官员和城市 B 政府官员分别是两座城市的行政领导,他们处于同一上级考核之下,考核的依据是该城市的综合绩效 μ,这一指标当前主要包括区域国民生产总值、经济增长率、固定投资以及就业率等一系列经济社会指标的代表。综合绩效较高者获得晋升,得到 P 的效用;综合绩效较低者失去晋升机会,得到 ν 的效用。城市群内部城市 A 政府官员的政绩函数为:$\mu_A = \alpha_A + \lambda_B \alpha_B + \delta_A$。其中,$\alpha_A$ 表示城市群内城市 A 政府官员的努力程度,α_B 表示城市群内城市 B 政府官员的努力程度,λ_B 表示城市群内城市 B 政府官员的决策与努力程度对城市群内城市 A 综合绩效直接产生的外部效应,δ_A 为城市群内城市 A 综合绩效的其他外生变量。两者

---

① 何智美、王敬云:《地方保护主义探源——一个政治晋升博弈模型》,载《山西财经大学学报》,2014 年第 5 期,第 1—6 页。

共同的上级政府能够观察到综合绩效μ_A,却无法确切知道城市群内城市 A 政府官员的努力程度,所以一般通过综合绩效来判定其努力程度。相应地,城市群内城市 B 政府官员的绩效函数为:$\mu_B = \alpha_B + \lambda_A \alpha_A + \delta_B$。为了更好地分析,我们假设$|\alpha_A| < 1$,$|\alpha_B| < 1$,即不论外部效应是正是负,任何一个官员的努力对自身政绩的影响要超过对别人政绩的影响。δ_A、δ_B相互独立,假设$\delta_B - \delta_A$服从一个期望值为 0,一阶导数大于 0,二阶导数小于 0 的分布,该分布函数的形式记为 F(x)。如果$\mu_A > \mu_B$,那么城市群内城市 A 政府官员得到晋升,获得 P 的效用,城市群内城市 B 政府官员失去晋升机会,获得 v 的效用,其中 P > v。城市群内各个城市政府官员的目标是促使自身晋升概率最大化,城市群内城市 A 政府官员被提拔概率为:

$$\theta_A(\mu_A > \mu_B) = \theta_A[(\alpha_A + \lambda_B \alpha_B + \delta_A) - (\alpha_B + \lambda_A \alpha_A - \delta_B) > 0]$$

$$= \theta_A[\delta_B - \delta_A < (1 - \lambda_A)\alpha_A - (1 - \lambda_B)\alpha_B]$$

$$= F[(1 - \lambda_A)\alpha_A - (1 - \lambda_B)\alpha_B]$$

$Z(\alpha_A, \alpha_B)$为城市群内城市 A 政府官员胜出的概率,即:$Z(\alpha_A, \alpha_B) = \theta_A(\mu_A > \mu_B) = F[(1 - \lambda_A)\alpha_A - (1 - \lambda_B)\alpha_B] = F(A)$,对 $Z(\alpha_A, \alpha_B)$ 求导,可以得出:$\partial Z/\partial \alpha_A = (1 - \lambda_A)F'(x) > 0, \partial Z/\partial \alpha_B = -(1 - \lambda_B)F'(x) < 0$。这说明城市群内城市 A 政府官员自身的努力会使自己晋升的概率增大,而竞争对手城市 B 政府官员的努力会相应降低胜出的概率。城市群内城市 A 政府官员和城市群内城市 B 政府官员期望效用函数分别为:

$$EU_A(\alpha_A, \alpha_B) = F[(1 - \lambda_A)\alpha_A - (1 - \lambda_B)\alpha_B]P + \{1 - (1 - \lambda_A)\alpha_A - (1 - \lambda_B)\alpha_B\}v - U_A(\alpha_A)$$

$$= Z(\alpha_A, \alpha_B)P + [1 - Z(\alpha_A, \alpha_B)]v - U_A(\alpha_A)$$

$$EU_B(\alpha_B, \alpha_A) = \{1 - F[(1 - \lambda_A)\alpha_A - (1 - \lambda_B)\alpha_B]\}P - F[(1 - \lambda_A)\alpha_A - (1 - \lambda_B)\alpha_B]v - U_B(\alpha_B)$$

$$= [1 - Z(\alpha_A, \alpha_B)]P + Z(\alpha_A, \alpha_B)v - U_B(\alpha_B)$$

对效用函数求导,得到城市群内城市 A 官员和城市群内城市 B 官员实现期望效用最大化的一阶条件分别为：

$(1-\lambda_A)(P-v)F'[(1-\lambda_A)\alpha_A-(1-\lambda_B)\alpha_B]=U_A'(\alpha_A)$

$(1-\lambda_B)(P-v)F'[(1-\lambda_A)\alpha_A-(1-\lambda_B)\alpha_B]=U_B'(\alpha_B)$

城市群内城市 A 官员和城市群内城市 B 官员实现期望效用最大化的二阶条件要求：

$\partial^2(EU_A)/\partial\alpha_A^2=(1-\lambda_A)^2(P-v)F''(x)-U_A''(\alpha_A)<0$

$\partial^2(EU_B)/\partial\alpha_B^2=-(1-\lambda_B)^2(P-v)F''(x)-U_B''(\alpha_B)<0$

通过以上分析，我们注意到函数 F 的自变量为$(1-\lambda_A)\alpha_A-(1-\lambda_B)\alpha_B$，所以期望效用最大化的一阶条件分别定义了隐函数$\alpha_A(\alpha_B)$和$\alpha_B(\alpha_A)$。前者是城市群内城市 A 政府官员的反应函数，后者是城市群内城市 B 政府官员的反应函数。为使社会剩余期望效用最大化，城市群内城市 A 政府官员和城市 B 政府官员分别选择努力程度α_A和α_B，即：

$$\max_{aA,aB}=\{[a_A+\lambda_B a_B-U_A(a_A)]+[aB+\lambda_A a_A-U_B(a_B)]\}$$

其一阶条件为：$(1+\lambda_A)=U_A'(\alpha_A),(1+\lambda_B)=U_B'(\alpha_B)$，根据公式可以看出，社会期望最大化的目标要求官员的努力程度与其外部效应正相关，正向的外部效应越大，官员努力的社会边际收益越大，需要的激励也就越高；与之相反，负面外部效应的存在要求官员降低努力程度，即要求其尽力避免产生负面外部效应的决策和行动。同时，我们还可以看出，城市群内部政府官员处于竞争博弈中，竞争对手效用的提升则意味着自身相对效用的降低，而政府官员谋求的是相对效用最大，因此，在城市群内部对其他竞争对手越有利的事情，则对政府官员的激励越小，对竞争对手不利的事情对政府官员的激励越大。换句话说，在城市群内部官员晋升博弈中，城市群内部政府官员看重晋升排位中的相对位次，对"溢出效应"过分强调了外部不经济性，各个城市的政府官员会尽量内化自身的正外部效应，而放任负外部效应的发生，将对竞争对手有利的外部效应当作对自身不利的事情加以避免。这也阐释了为什么城市群内部府际间对合作双赢不够重视，却不择手段地进行恶性竞争。

二、市场策略博弈模型分析

科斯（Coase）指出：不同的博弈策略选择关系到彼此间的博弈收益，进而影响博弈主体间的关系。[①] 城市群内部府际市场博弈策略主要包括开放与保护两种方式，每个博弈主体的策略选择是基于自身实力及博弈中的收益与保护成本比而做出的。城市群内府际博弈策略的选择将直接决定府际间合作与竞争关系，并对城市群整体市场的发展与布局产生重要的影响。本书将以城市群内部两个城市间的市场策略博弈为例进行分析，以更好地阐释市场策略的博弈机理。第一，博弈模型的建立。博弈的局中人是城市群内部两个城市政府A、B，局中人双方都知道对方的策略选择范围，以及各种策略间可能存在的因果关系，并且博弈的支付可以进行评价。根据博弈双方的实力差异建立博弈模型甲和模型乙，分别代表了城市群内同质城市府际博弈和城市群内异质城市府际博弈。所谓城市群同质城市府际博弈是指城市群内部经济实力和竞争力相当的城市政府之间的博弈；而城市群异质城市府际博弈是指城市群内部经济实力和竞争力差异较大的城市政府之间的博弈，一方处于强势状态，而另一方处于劣势状态。这两个模型能够比较全面地代表城市群内部任意两个政府间对市场保护进行博弈的情况，并且能够推广到多个城市政府间的博弈。第二，博弈模型的假设。首先假定博弈模型甲中的局中人为同质城市政府A、B，博弈模型乙中的局中人为异质城市政府C、D，参与博弈的城市群政府是理性经济人，以追求自身利益最大化为目的，局中人的策略为市场保护和市场开放两种，局中双方的

[①] ［美］科斯：《财产权利与制度变迁：产权学派与新制度学派译文集》，刘守英等译，上海人民出版社2006年版，第127—129页。

支付用 U 表示，收益用 P 表示。在博弈过程中局中人双方在采取行动时不仅要考虑自身行动对己方收益的影响，还要考虑对方行动可能对己方收益的影响。第三，博弈模型的分析。以上述假定为前提，分别对城市群内部同质城市政府 A、B 和城市群内部异质城市政府 C、D 关于市场保护进行的博弈进行分析。

（一）城市群内同质城市政府市场策略博弈模型及分析

表 3.1　城市群内同质城市政府市场保护博弈矩阵

	策略（A，B）	城市 B（同质）	
		保护	开放
城市 A（同质）	保护	$P-U, P-U$	$P-U+KP, P-KP$
	开放	$P-KP, P-U+KP$	P, P

模型甲：表 3.1 中左边的坐标表示城市群内政府 A 的收益，右边的坐标表示城市群内政府 B 的收益，城市群内同质政府 A 和 B 的策略选择组合有四种：（保护，保护）（开放，开放）（保护，开放）（开放，保护）。（1）当城市群内政府 A 和 B 都采取（保护，保护）策略时，两个城市都只能从本城市获取收益，各自的收益都为 $P-U$，两个城市的总体收益为 $2(P-U)$，此时的纳什均衡并不是整体帕累托最优的策略，体现出个体理性与集体理性的矛盾。（2）当城市群内政府 A 和 B 都采取（开放，开放）策略时，两个城市都能够在更大的市场内配置资源，因此两者的收益都将大幅提升，各自的收益为 P，两个城市的总体收益为 2P，策略（开放，开放）成为此博弈的纳什均衡，同时也是博弈帕累托最优的策略，体现了个体理性与集体理性的统一。（3）当城市群内政府 A 采取保护，而政府 B 采取开放策略时，政府 A 在保证本地市场资源不外溢的同时，还能从 B 地获取收益，因此，城市群政府 A 的收益为 $P-U+KP$，K 为市场侵占系数，而城市

群内政府 B 因采取开放策略选择，本地资源外流，部分市场被侵占，收益有所损失，变为 $P-KP$。若 $KP>U$，则 $P-U>P-KP$，$P-U+KP>P$，可得出此时城市群内政府 A 采取保护是绝对占优策略。若 $KP<U$，则 $P-U<P-KP$，$P-U+KP<P$，可得出此时城市群内政府 A 采取保护并非是绝对占优策略，因为市场保护成本大于其采取市场保护策略而取得的收益。由于城市群内政府 A 与 B 是同质政府，因此 B 的支付和策略与 A 完全对称，在此就不再重复论述。城市群内同质政府 A 与 B 采取（保护，开放）或者（开放，保护）策略时，整体收益为 $(P-U+KP)+(P-KP)=2P-U$，而 $2(P-U)<2P-U<2P$。非常明显，该博弈的帕累托最优战略组合是局中双方都选择市场开放，而整体最差策略选择则是（保护，保护）。由此可知，城市群内部同质城市间，在单方面选择开放策略时可能造成的损失大于市场保护策略成本时，彼此之间保护本地市场形成市场分割是竞争均衡的结果，因为同质政府间都需要付出额外市场保护成本，所以城市群的整体效益受到一定程度的削弱。而当单方面选择开放市场策略造成的损失小于市场保护成本时，彼此开放市场将成为双方的共同选择，也是实现帕累托最优的选择，能够促使城市群整体效益的最高。然而，在当前城市群府际博弈中，由于区域本位主义和政府财政预算约束的影响，使得低估市场保护成本和高估市场开放风险成为常态，根据上述博弈模型的分析，城市群内部政府间对市场保护成本的赋值低于开放市场风险的期望，将会使得选择市场保护策略的激励越高，进而无法实现城市群整体帕累托最优的均衡。因此，在城市群府际市场策略选择博弈的治理中可以通过改变市场保护成本与开放市场风险的对比关系来更好的促进彼此之间市场的开放，例如考虑一个第三方（城市联盟或上级政府）组织博弈参与者进行市场开放的谈判，或实行某种奖惩措施（对开放一方实施奖励，对保护一方实施惩罚），改变参与者的支付比较（使开放的支付大于保护），打破（保护，保护）的纳什均衡，从而实现帕累托最优。

（二）城市群内异质城市政府市场策略博弈模型及分析

表3.2　城市群内异质城市政府市场保护博弈矩阵

		城市D，竞争力弱	
城市C，竞争力强	策略（C, D）	保护	开放
	保护	$P_C - U_C$, $P_D - U_D$	$P_C + KP_D - U_C$, $P_D - KP_D$
	开放	$P_C - LP_C$, $P_D + LP_C - U_D$	$P_C + KP_D$, $P_D - KP_D$

模型乙：根据城市群同质城市政府A、B的博弈情况建立异质城市政府C、D关于市场策略的博弈模型，其中城市C竞争力强，而城市D竞争力弱。表3.2中左边坐标表示城市群内政府C的收益，右边坐标表示城市群内政府D的收益。城市群内异质城市政府C和D的策略选择组合也是四种：（保护，保护）（开放，开放）（保护，开放）（开放，保护）。（1）当城市群内政府C和D都采取（保护，保护）策略时，两个城市都只能从本城市获取收益，城市C的收益为$P_C - U_C$，城市D的收益为$P_D - U_D$，由于城市C的竞争力强于城市D，因此，$P_C - U_C > P_D - U_D$。（2）当城市群内政府C和D都采用（开放，开放）策略时，因为城市C在同城市D的对抗性竞争中占据优势，将侵占城市D的市场而获得额外收益KP_D，K为城市C对城市D的市场侵占系数，城市C的收益为$P_C + KP_D$，城市D的收益为$P_D - KP_D$，双方都选择开放策略的总体收益为$P_C + P_D$，是该博弈的帕累托最优策略选择。（3）当城市群内政府C采取保护策略，而政府D采取开放策略时，城市C的收益为$P_C + KP_D - U_C$，城市D的收益为$P_D - KP_D$。当城市群内政府C采取开放，而政府D采取保护策略时，城市C的收益为$P_C - LP_C$，城市D的收益为$P_D + LP_C - U_D$，其中K为城市C对城市D的市场侵占系数，而L为城市D对城市C的市场侵占系数，由于城市C的竞争力强于城市D，所以市场侵占系数$K > L$，并且从实际情况考虑，由于城市C的竞争力强于城

市 D，即使开放市场，D 城市也难以从 C 地争取到更多的市场分额和收益，因此，此时城市 D 的真实市场侵占系数 L 接近为 0。比较城市 C 的收益，可知总有 $P_C - LP_C > P_C - U_C$，$P_C + KP_D > P_C + KP_D - U_C$，所以，开放是城市 C 的绝对占优策略。比较城市 D 的收益可知，当 $KP_D > U_D$，则 $P_D - U_D > P_D - KP_D$，城市 D 的策略选择将会是保护，当 $KP_D < U_D$，则 $P_D - U_D < P_D - KP_D$，开放将成为城市 D 的最优策略选择。通过对城市群内异质城市政府市场策略博弈模型的分析，我们可知，竞争力强的城市政府总是倾向于采取开放策略；竞争力弱的城市政府在选择开放还是保护策略时取决于市场保护的成本与开放市场损失成本的比较，当市场保护成本大于市场开放损失时采取开放策略，当保护市场成本小于市场开放损失时则采取市场保护策略。在现实城市群府际市场策略博弈过程中，对于竞争力相对较弱的城市政府来讲，单方面开放市场将受到临近竞争力较强城市的强力冲击，所造成的损失往往远大于市场保护的成本，因此，竞争力较强城市选择开放而竞争力较弱城市选择保护是此类博弈最可能出现的现实结果。为了实现帕累托最优的策略组合，可行的建议包括借助外部调控措施降低竞争力弱城市开放市场的损失，借助第三方对博弈参与者的利益进行再分配，建立一种城市之间的利益转移或补偿机制，保障相对不发达城市的利益，使帕累托最优的行动组合（彼此采取开放的策略）成为博弈的纳什均衡，自动实施。也就是说，以平衡双方在同时选择开放策略时的收益差距为主，转移支付的力度应控制在：$KP_D - U_D <$ 转移支付 $< KP_D$，以确保对双方都具有正向激励作用。

三、产业选择博弈模型分析

城市群府际产业选择问题是城市群府际博弈竞争的另一个典型问题。目前我国城市群内部城市之间产业选择同构化现象日益突出，受到广大专家学者和政府部门的广泛关注。尤其长三角、珠三角、长株潭等城市群，往往由于资源禀赋的相似性等原因，在产业结构选择时容易出现产业同构化，进而减缓彼此合作与发展的进程。基于这一因素，我们需要对城市群府际产业选择的博弈进行分析，了解其博弈的过程和机理，以更好地为后文提出解决对策奠定基础。我们在对其进行博弈分析之前，需要根据城市群府际产业发展实际提炼出影响产业选择博弈均衡的外生条件，也就是博弈模型的自变量。由于前面我们讨论了城市群内部府际市场策略的博弈，因此不能再将其作为自变量，以免陷入循环论证的误区。根据观察，将政府主导的行政性投资（重复）和政府投资选择的多样性（其他投资选择）作为产业选择博弈模型的两个主要自变量。假设城市群由城市 A、B 组成，两城市同时面临同一种市场利好产业投资选择，该产业记为 M。城市群内部城市 A 和 B 各有两种策略选择：投资 M 产业，将获得 P 的收益；投资非 M 产业，将获得 KP 的收益。假设 0 < KP < P，即 0 < K < 1，则城市 A、B 将获得投资 M 产业的正向激励。其中，K 是产业替代收益系数，K 值越高，则投资非 M 产业与投资 M 产业的收益越接近，K 值越低，则投资非 M 产业与投资 M 产业的收益差距越大。单独一个城市投资将获得较高市场收益，两个城市同时投资将导致重复建设，进而引起收益下降，记为 LP，其中 L 是重复投资收益系数，L 越大重复投资的收益越大，可能遭受损失越小，L 越小重复投资收益越小，而遭受的损失越大。

表 3.3 城市群产业选择博弈矩阵图

		城市 B	
	策略（A, B）	投资 M 产业	投资非 M 产业
城市 A	投资 M 产业	LP, LP	P, KP
	投资非 M 产业	KP, P	KP, KP

通过分析城市群内城市 A 的策略选择，可知，当 K < L 时，KP < LP，KP < P，那么城市 A 的绝对占优策略选择是投资 M 产业，城市 B 的策略选

择与城市 A 的相对称,此时,城市 B 的绝对占优策略选择也是投资 M 产业。在此条件下,该博弈的纳什均衡策略选择就是(投资 M,投资 M)。当 K > L 时,KP > LP,P > KP,那么城市 A 没有完全绝对占优的策略选择,做出的投资选择要取决于城市 B 的策略,如果城市 B 的选择是投资 M 产业,那么城市 A 的占优策略是投资非 M 产业,如果城市 B 的选择是投资非 M 产业,那么城市 A 的占优策略则是投资 M 产业。同理,城市 B 的投资策略选择也取决于城市 A 的策略选择。在此博弈情形下,如何获得博弈均衡策略,需要引入约翰·海萨尼关于贝叶斯纳什均衡的研究,提出混合策略概率的概念。假设城市群内城市 A 的混合策略为 $\mu_A = (\eta, 1-\eta) A$,即城市 A 以 (η) 的概率选择投资产业 M,以 ($1-\eta$) 的概率选择投资非 M 产业。城市群内城市 B 的混合策略为 $\mu_B = (\lambda, 1-\lambda) B$,即城市 B 以 ($\lambda$) 的概率选择投资产业 M,而以 ($1-\lambda$) 的概率选择投资非 M 产业。根据贝叶斯纳什均衡中混合策略公式得出城市群内城市 A 与 B 的支付函数分别为:

$$\varphi_A(\mu_A, \mu_B) = \eta[\lambda LP + (1-\lambda)P] + (1-\eta)[\lambda KP + (1-\lambda)KP]$$
$$= \eta P(\lambda L + 1 - \lambda) + KP - \eta KP$$
$$= \eta P(\lambda L - \lambda + 1 - K) + KP$$

$$\varphi_B(\mu_A, \mu_B) = \lambda[\eta LP + (1-\eta)P] + (1-\lambda)[\eta KP + (1-\eta)KP]$$
$$= \lambda P(\eta L + 1 - \eta) + KP - \lambda KP$$
$$= \lambda P(\eta L - \eta + 1 - K) + KP$$

根据微分方法对支付函数求极限,使城市群城市 A、B 的收益最大化,得到其最优化的一阶条件:

$\partial \varphi_A / \partial \eta = \lambda L - \lambda + 1 - K = 0$,求解可得:$\lambda^* = 1 - K/1 - L$,其中 $0 < L < K < 1$。

$\partial \varphi_B / \partial \lambda = \eta L - \eta + 1 - K = 0$,求解可得:$\eta^* = 1 - K/1 - L = \lambda^*$,其中 $0 < L < K < 1$。

由上可知,城市群内城市 A、B 在混合战略的博弈均衡中,都有

1-K/1-L 的概率选择投资产业 M，那么城市 A、B 同时选择产业 M 而导致产业同构的概率为 $(1-K/1-L)^2$。当 K 与 L 的取值越接近，那么城市群内城市 A、B 产业同构的概率就越高，相反，当 K 与 L 的取值差别越大，城市群内城市 A、B 产业同构的概率就越小。综上所述，K 与 L 之间差值对博弈模型的均衡具有显著影响，假设 K-L=θ，城市群城市 A、B 选择投资产业 M 的概率相等，均为 $v_1(\theta)$，而两者同时选择投资产业 M 的概率为 $v_2(\theta)=(v_1(\theta))^2$，其反应函数如下：

$$v_1(\theta)=\begin{cases}1, & (如果\ \theta<0)\\ 1-1/1-L, & (如果\ 0<\theta<1)\end{cases}$$

$$v_2(\theta)=\begin{cases}1, & (如果\ \theta<0)\\ 1-(1/1-L)\theta^2, & (如果\ 0<\theta<1)\end{cases}$$

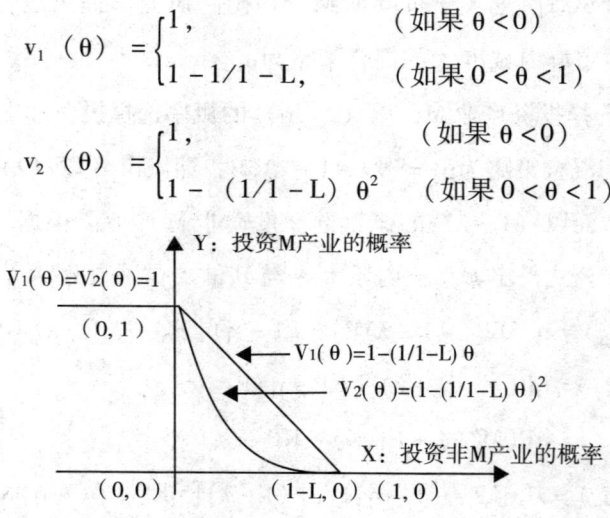

图 3.2　产业选择的两城市竞争博弈均衡概率分布图

根据以上反应函数和博弈均衡概率分布图可知：（1）当 θ=1-L 时，城市群内城市 A、B 投资 M 产业的概率为 0，而其占优策略选择都是投资非 M 产业，这时候产业同构的概率几乎为 0，不会产生重复建设而带来损失。此种情况现实限制条件为：产业替代系数为 1，而重复建设收益系数为（0，1）间的取值。（2）当 0<θ<1 时，即 K>L，城市群内城市 A、B 都有概率选择投资产业 M，并且这种概率与 K、L 之间的差值密切相关，随着两者正差值的增大而减小。在此情况下，城市群内城市 A、B 有一定的概率会出现产业同构的现象，而降低此概率的做法可以从增加产业替代收益系数着手，也就是促使产业投资的多元化选择。现实中城市群内部出现产业同构的原因很大程度上是因为低估重复建设损失，尤其是忽略产业同构的长期损失，而对产业的当前收益期望过高而导致的。(3) 当 $\theta < 0$ 时，即 $K < L$，因为产业替代收益系数小于重复建设收益系数，因此城市群内城市 A、B 都将选择投资产业 M，表现为完全的产业同构。造成这种现象的原因之一可能是城市群内可供选择的产业投资有限，造成产业替代系数过小，并且其他产业投资的收益较低，虽然跟风投资造成产业同构，但是其收益仍高于投资其他产业的投资，所以城市群内部仍将投资重点放在 M 产业。另一种情况是重复建设收益系数赋值过大。这种情况也包括两种状态：其一是产业 M 属于市场新兴产业，距离市场饱和状态还有很大空间，即便城市群内产业同构也能够获得较高收益；其二是产业 M 属于传统成熟产业，其市场空间解决饱和，但由于支付函数和评价机制的影响，重复建设收益系数的赋值被人为性的夸大和扭曲，典型做法是城市群内部各个城市政府只考虑自身任期效益，忽视重复建设的长远不利影响，造成产业同构的负面效应长期递增和累积，影响城市群的可持续发展。针对上述城市群内部府际间产业同构的现状，应进一步深化改革，加强城市群内部整体的宏观产业发展调控，并建立整体性的财政补贴机制，从约束和激励两个方面引导合理产业选择，尽量避免和减少城市群内部府际间的产业同构，实现整体效益的最大化。

四、环境治理博弈模型分析

环境是由自然要素构成的物质环境，是为人类生存和发展提供必要的空间和物质条件。由于环境资源具有明显的公共物品的属性，其价值往往不能正确的反映到价格中去，不可避免地产生环境的外部不经济性，从而带来市场无法有效配置资源的"市场失灵"现象以及随之而来的环境问题。[①] 在城市群发展中,各个城市政府为了自身发展和利益的最大化,对环境资源的使用往往超过社会最优目标,对环境造成无法避免的负面影响;而在面临环境治理的时候,各个城市政府对于环境治理的支出,却经常达不到城市群环境保护的要求,甚至在利益博弈中,受到经济利益等因素的制约,城市群内部各个城市政府往往以牺牲环境为代价谋取经济的发展,漠视城市群内的环境污染问题,不合作甚至不治理环境,从而陷入"囚徒困境"。下面,我们就针对城市群府际之间在环境治理方面的博弈进行分析探讨。

(一)经济发展水平相近城市政府间的博弈

表3.4 城市群环境治理博弈矩阵图

		城市 B	
	策略(A,B)	治理	不治理
城市 A	治理	5,5	2,6
	不治理	6,2	3,3

第一,模型的建立。在上述模型中,根据博弈理论确定博弈的几个要素:(1)对弈者:博弈的局中人城市政府 A 和 B;(2)信息和策略:博弈双方都知道对手和自己可能的策略选择,以及各种策略下双方的收益情况;(3)支付:博弈的支付可以进行评价。

第二,模型的假定。(1)参与博弈的城市政府都是理性的行为主体,以追求自身利益的最大化为目的;(2)双方选择的策略为管辖区内环境污

[①] 刘洋、万玉秋:《跨区域环境治理中地方政府间的博弈分析》,载《环境保护科学》,2011年第1期,第34—36页。

染的治理或者是不治理;(3)治理环境所带来的收益指污染治理所获得的经济、社会效益,具体的收益状况如上表中括号内的数字所示(左侧的数字代表城市政府 A 的收益,右侧则代表城市政府 B 的),数字的大小仅表示相互间的大小关系;(4)双方在采取行动时不仅要考虑自身行动对己方收益的影响,还要考虑对方行动可能对己方收益的影响。

第三,模型的分析。在上述模型中,城市政府 A 和 B 的决策有 4 种组合,(治理,治理)(治理,不治理)(不治理,治理)(不治理,不治理)。显然,如果 A、B 两政府采取合作的策略,即选择策略(治理,治理),双方均可获得良好的外部环境(收益均为 5 分),从而实现帕累托最优,这个是合作的最好结果。但是这一策略并不稳定,因为理性人会从各自理性的角度出发,采取对自己最有利的优势策略。对于 B 来说,在 A 遵守协议的情况下,如果 B 采取"搭便车"的不合作行为,即不治理策略,那么它会分享 A 治理污染所带来的经济、社会效益,因此 B 不遵守协议较遵守协议获得相对更多的利益(不治理 6 分,治理 2 分);或者在 A 不遵守协议的情况下,如果 B 采取不治理策略,那么它也将获得相对更多的利益(不治理 3,治理 2)。因此对于 B 来说,无论 A 采取什么样的决策,B 为了获得更多的利益,都会选择不治理策略作为自己的最优策略;同理,A 也会采取不遵守策略作为自己的最优策略。因此双方经博弈后采取最终策略组合为(不治理,不治理)。

第四,博弈结论。虽然城市政府 A、B 采取合作策略时,双方的收益可以达到最大,实现博弈的帕累托最优。但一方选择治理策略时,总是存在对方不遵守策略的可能,导致自身利益的损失。正是由于搭便车现象的存在以及彼此之间的不信任,各个城市政府基于自己的理性思考,为了追求自己收益的最大化,在博弈选择中,城市政府 A、B 都会选择不进行污染治理来避免自己短期利益受损,虽然自己的收益是相对较高的,但整体的利益却是最差的,最终无法避免地陷入污染治理的"囚徒困境"。

（二）经济发展水平不同的城市政府间的博弈

第一，模型的建立。根据上一个博弈模型的博弈情况，建立经济发展水平不同的城市政府间的博弈模型，博弈主体为城市群内部城市政府 A 和城市政府 B，其中城市政府 B 为经济发展水平较高的一方。

第二，模型的假定。该模型的假定条件和经济发展水平相同的城市政府间的博弈模型基本相同。有所区别的是：经济发展程度的差异使得经济能力较强的一方（即城市政府 B）拥有相对完备的市场运作体系、较强的污染治理能力和环境监管能力以及丰富的处理公共事务的经验，使其在博弈的竞争合作过程中占据优势地位，增加自身的收益，同时降低环境保护的成本，减少损失。因此，该模型中博弈双方的收益情况与上一个博弈模型相比发生了变化，体现了博弈主体经济实力的差异对其收益的影响。

第三，模型的分析及结论。在经济发展水平不同的城市政府间的博弈中，博弈主体的战略选择组合以及获得收益的原理与上一个模型相同。在区域环境治理的竞争合作中，尽管存在着经济因素对双方相对收益的影响，但博弈主体基于理性思考追求利益最大化的要求并未改变。在如上所述的博弈模型中，城市政府 A 和 B 经过自身的考虑，依旧选择不治理策略作为自己的最优策略，以期为自己获得更多的利益。因此，虽然彼此间的合作可以实现整体利益的最大，达到帕累托最优，但个人理性的限制却无法避免"囚徒困境"的产生。

综上所述，在城市群内部各个城市政府使用区域环境资源的过程中，由于个人理性的限制，追求效益最大化的过程中过多使用了环境资源；而在集体理性的条件下，个人作为整体的一部分，以整体利益为先，追求的是集体利益的最大化。正是由于集体理性被分割成多份个人理性，城市群内部各个城市政府间才难以达成共识密切合作，无法实现帕累托最优的状况。而在城市群环境治理中，由于个人理性的限制，各个城市政府治理环境的投入往往难以达到城市群最优的环境治理要求。综合前面城市群内各个城市政府对环境资源的使用分析,我们可以看出:由于从个人理性的角度出发而忽略集体理性,一方面各个城市政府对环境资源的使用量过度;另一方面又无法达到环境治理的要求,长期的环境合作的缺乏将导致各个城市政府之间对环境资源的恶性竞争和蓄意破坏,从而陷入"囚徒困境",难以实现城市群环境资源的可持续利用和生态环境的保护。

第四章 城市群府际博弈的现状及成因分析

随着经济全球化与区域经济一体化的进一步深入，城市群在我国经济和社会发展中的战略地位逐步提升。作为我国对外开放参与国际竞争的前沿阵地，同时也是推动我国欠发达地区经济发展的凭借与依托力量，城市群已成为我国经济内外向一体化发展的核心增长区域。然而，城市群在发展过程中仍存在诸多问题，内部各个城市政府仍然呈现"诸侯经济"的特点，府际间的博弈竞争无序状态仍占据主导地位。城市群府际间的博弈无序竞争过程激烈，持续时间长，给城市群各个方面的发展都带来了极大的负面效应。具体来讲，城市群府际博弈的负面影响主要包括，城市群内部统一市场分割、产业结构雷同和重复建设、城市群整体环境污染及治理失序和城市群公共政策偏差等。针对城市群府际博弈无序造成的负面影响，探究其产生的原因成为寻根治病的首要任务。审视城市群府际博弈的机理和博弈的影响因素，可知博弈意识落后、行政区域障碍、考核机制不当、博弈协调机构滞后、信息沟通不畅、成本分摊不均、信任体系缺失以及博弈规则不完善等，是当前城市群府际博弈无序产生的重要原因，成为城市群府际博弈治理现代化的主要障碍。深入剖析城市群府际当前博弈的特点和问题产生的原因，并结合上文对整体性治理理论的研究，指出整体性治理理论对城市群府际博弈治理具有高度的契合性，在价值取向、治理结构、运行机制、信任体系以及治理工具方面对城市群府际博弈完善等方面，具有较强的指导意义。

第四章 城市群府际博弈的现状及成因分析

第一节 城市群府际博弈的发展轨迹与现状

一、城市群府际博弈的发展轨迹

城市群府际博弈是城市群内部经济发展、社会进步、系统演化的动力源泉,这种博弈关系的本质是竞争与合作关系。① 从城市群系统各个组成部分及相互作用关系来看,城市群府际博弈的过程是竞争和合作相互作用的过程,据此,我们将城市群府际博弈的过程分为四个阶段,如图4.1所示:

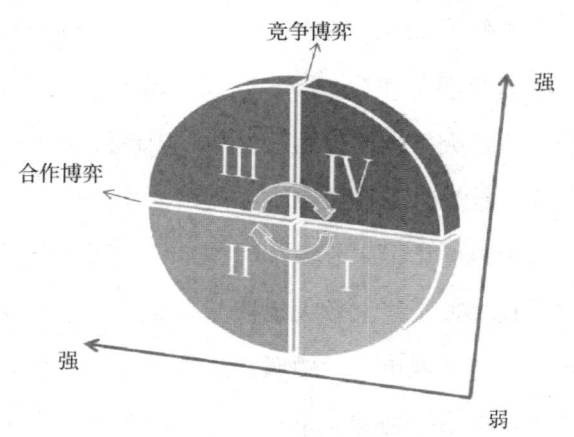

图4.1 城市群府际博弈发展阶段图

第一阶段:弱竞争弱合作阶段。该阶段为城市群发展的最初阶段,也即萌芽阶段,城市群内部各个城市间相互作用很弱,都保持各自独立的发展态势。城市群内部主要表现为单核心向外蔓生发展,分散的城市间规模等级差别较小,大多数城市沿交通干线分布,也有少数城市分布于远离交

---

① 王飞:《我国地方政府间竞合博弈与对策研究》,山东大学博士学位论文,2008年,第29—33页。

通沿线的地区。因此,主要城市中心的吸引范围非常有限,城市间的经济联系仅限于狭窄的交通沿线的城市之间,远离交通沿线的城市间以及这些城市与交通沿线的主要城市间仅有微弱的经济联系。城市间专业化生产联系差,各城市周围被不同的农业地带所环绕,城市群内部城市间经济活动分散孤立。[①] 因此,此阶段城市群内部府际间博弈关系呈现弱竞争弱合作的态势。这种现状是因为城市群系统处于初期阶段,一方面内部各个城市都能获得物质、能量和空间等充足的资源,基本上无需为资源而发生竞争博弈;另一方面城市群内部各个城市的功能都比较单一,彼此之间也不需要发生太多关联与合作。该阶段城市群规模较小,城市化率较低,各个城市基本处于孤立发展阶段,彼此间的分工合作体系尚未建立,基础设施建设水平也较低,城市群整体发展十分缓慢,并且该阶段持续较长的时间。

第二阶段:强竞争弱合作阶段。该阶段是城市群成长中的重要阶段,城市群规模开始较快扩大,交通干线重要中心城市侧向联系的交通干线发展。起初的侧向联系首先从重要城市中心开始,并与远离交通干线的边远城市相连接,这极大地优化了中心城市和边远城市间的功能结构。随着交通干线的延伸以及在交通干线上较大规模城市的建立,各城市市场区域进一步扩大,城市群内各个城市之间的联系逐步密切,城市群内集聚功能强化且扩散功能也日益明显。随着城市群内各个城市之间交集的增大,城市群府际之间在多个领域展开了博弈。在此阶段,由于各个城市群内部府际之间缺少整体性的指导与协调,在市场策略、产业结构选择、公共产品提供以及环境治理方面呈现出竞争无序的局面,出现了产业同构、市场分割、重复建设等问题。城市群在经历了长时间的初级阶段后,进入快速成长阶段,其内部城市数量大量增加,功能日益复杂,然而供其发展的资源变得

[①] 苗长虹、王海江:《中国城市群发展态势分析》,载《城市发展研究》,2005年第4期,第11—14页。

相对有限，于是，竞争博弈在政治市场、产品市场以及要素市场全面展开，并且越来越激烈，而由于缺少正确的博弈导向，其博弈中合作意识较弱。在此阶段，城市群府际之间的博弈呈现强竞争弱合作的特征，当前我国大部分城市群都处于这一发展阶段。

第三阶段：强竞争强合作阶段。该阶段是城市群发展的较高级阶段，城市群规模较大，城市化水平较高，城市群在区域发展中的作用和影响显著。城市群内部城镇体系发育趋于完善，中心城市的集聚和扩散功能同样明显，城市数量仍在增加，城市之间的分工协作越发紧密，基本形成大、中、小城市协调发展的格局。在此阶段，城市群飞速发展，竞争博弈也愈演愈烈，同时城市群个体和系统的功能已经发展得非常复杂强大，内部组成要素之间的相互作用日趋紧密，彼此之间的互补作用也更大。为能更好地参与内部竞争，获取有利生态位，合作博弈变得普遍而强烈，城市群内部各个要素之间的依存性增大。同时，城市群府际之间是重复博弈的过程，在此过程中各个政府逐渐认识到长期的无序竞争博弈所带来的恶果，加之城市群内部各项规章制度的完善，使得城市群中各个政府对合作博弈的诉求以及可能都进一步提升。① 除此之外，现阶段城市群内部中存在许多复杂的社会问题，例如环境污染、公共产品提供等，也需要城市群内部府际之间通力合作来共同应对。正是由于以上种种原因，城市群府际博弈开始进入强竞争强合作阶段。此阶段是较为成熟的城市群府际博弈，是我国当前城市群府际博弈治理的努力方向。

第四阶段：弱竞争强合作阶段。该阶段是城市群的成熟阶段，也是城市群最终的理想定位阶段。在此阶段，由于城市群府际之间普遍的合作与共生，它们之间的竞争博弈逐渐有序化，竞争关系开始削弱。尤其要指出

---

① 王玉珍：《长三角城市群协调发展机制问题新探》，载《南京社会科学》，2009 年第 11 期，第 24—29 页。

的是，在城市群发展系统中，由于彼此之间的能动作用，在竞争博弈非常激烈无序的时刻，通过制度与机制的约束调节，主动把竞争转换为合作共生关系，对城市群整体系统的有序发展起了巨大的推动作用。[①] 进入这个阶段后，城市群内部府际之间的博弈进入一个高平衡的稳定阶段，城市群内各城市间的共生互控效应逐步加强，城市群内部功能分工日趋明确，产业结构与产品结构梯度转移的波及效应逐渐明显，不同等级城市间纵向联系的行政隶属关系逐步弱化，同一等级城市间的横向联系进一步强化，城市群地域结构的功能组织方式日益优化，基础设施建设的一体化和网络化特征明显，城市之间形成合理的分工协作关系。这里需要指出的是，此阶段的弱竞争主要是指竞争博弈的规范、有序化，使得原来激烈的竞争博弈关系得到缓和，并通过生态位的分化、有效的制度机制约束，引导城市群府际之间由于竞争博弈向合作博弈转变，进而实现城市群整体利益的最大化。

二、城市群府际博弈的现状分析

根据上述城市群府际博弈发展的历史轨迹，我们可以看出，城市群内部府际博弈中竞争与合作从无序到有序、从松散的一般往来到有组织的社会经济联系、从不整合状态到整合发展，这是一个循序渐进的演变过程。[②] 从时间维度来讲，城市群府际博弈无序发展进程更漫长，目前我国城市群府际博弈中竞争博弈因子较多，而合作博弈因子较少。具体而言，我国城市群府际博弈的现状主要表现在两个方面。

第一，城市群府际博弈无序仍占主导。博弈无序从宽泛的概念上讲可

---

① 王佃利、王玉龙、苟晓曼：《区域公共物品视角下的城市群合作治理机制研究》，载《中国行政管理》，2015年第9期，第57—59页。

② 吴昕春：《城市群发展与地方政府间关系模式》，载《安徽教育学院学报》，2012年第5期，第29—32页。

以等同于非合作博弈，是指城市群内各个城市政府站在自身辖区利益的角度，运用不恰当竞争手段盲目与其他城市展开博弈，最终的结果是博弈各方利益都受到损害的府际间博弈模式。当前，城市群府际博弈无序主要表现在基础设施重复建设，内部统一市场分割、对资金、人才等生产要素的无序争夺以及产业同构等方面，最终造成了资源浪费，公共政策偏差，统一市场被破坏的负和博弈结果。从博弈无序产生的外部环境和政府内部博弈动机两个方面来深入剖析博弈无序产生的原因，认为这主要是由于我国城市群各个城市政府在面对同样的外部环境、同样的发展目标和类似的初始禀赋的情况下出现了政府行为的趋同，同时因城市群内部激励与约束机制仍不完善的问题，导致城市群内部各个城市政府间博弈行为异化的产生。① 此外，新的城市群整体制度框架并没有真正建立起来，利益约束机制和利益冲突协调机制呈现软化的趋势，利益协调整合模式并没有随着各个城市政府利益的强化而向新的以市场或契约为主的模式转换，而是出现了各个城市政府以其强烈的行政导向性谋取自身利益，造成各个城市政府的行政垄断以及府际间的博弈竞争的局面，一定程度上影响了资源、要素在城市群整体范围的配置，导致一系列的不良后果。基于当前我国城市群府际博弈中的现实表现，博弈无序行为仍占据主导地位，严重制约了城市群的整体发展，成为城市群治理现代化改革的主要针对目标。

第二，城市群府际合作博弈逐步增多。城市群内部各个城市政府之间博弈无序的弊端已经显现，市场分割、产品同构、生态环境恶化、招商引资中的内耗等问题，给城市群的发展带来一定的负面效应，使各个城市政府意识到彼此间合作的必要性和迫切性。② 一些发展较为成熟的城市群，如

---

① 周佳：《从破坏性竞争到协作性竞争：地方政府竞争模式的转型》，载《江苏社会科学》，2011年第9期，第45—46页。
② 王丽：《我国地方政府间从竞争到合作的路径选择》，载《重庆行政学院学报》，2012年第6期，第17—18页。

长三角城市群、珠三角城市群和京津冀城市群,其中许多城市政府博弈策略已逐渐由原来不理智的竞争博弈逐步转移到竞争与合作并举的策略上来,建立了城市群协作性质的常设机构,通过了一系列城市群府际合作协议,并且在区域内部环境污染治理、基础设施共建以及资源要素共享等方面取得了良好的合作成绩。这种趋势是我国市场经济发展的必然要求,也是城市群治理理性化程度提升的重要表现,对于优化城市群经济发展结构,增强区域发展活力,提高城市群的综合实力和竞争力都有着十分重要的意义。但是,城市群府际合作博弈仍处于起步阶段,合作博弈意识不够深化,协作机制不够完善,合作协议还不成体系,利益协调和补偿机制没有建立起来,而且协作机制本身还缺乏制度硬约束。这些都说明我国城市群府际博弈仍处于一个比较低的合作状态,需要更多的努力来促进城市群府际合作博弈的发展。

总之,城市群府际博弈中如何处理好这种竞争与合作的博弈关系,是一个选择、协调、磨合、融合、控制的错综复杂发展过程。在这个过程中,应该增强城市群内部彼此间的合作共生意识,建立常态化、高效化的博弈协调机构,形成整合性、规范性的博弈制度机制,以更好地促成城市群内部府际之间的合作,化解彼此间的无序竞争博弈,优化城市群资源配置,高效解决跨界治理难题,促使城市群发展形成整体优势。[①]

[①] 许培源,高伟生:《城市群政府间竞争行为的博弈分析》,载《中南财经政法大学学报》,2008年第2期,第27—33页。

第二节 城市群府际博弈无序的表现及影响

一、城市群内部统一市场分割

现阶段，城市群内部府际之间在市场策略选择博弈中，低估市场保护成本和高估市场开放风险成为常态。根据城市群内部市场策略博弈模型的分析，城市群内部政府间对市场保护成本的赋值低于开放市场风险的期望，会使得选择市场保护策略的激励越高，因而导致城市群内部市场的分割。城市群内各政府利用自身的行政权力，对本地市场进行保护，具体表现形式有多种：第一，发布区域性文件，规定本地企业销售、购买、使用本地产品，或优先接受本地企业所提供的服务，限制其他城市产品的销售和购买；第二，要求城市群内部非本城市的企业或产品办理不同于本城市企业或产品的审批手续；第三，通过不同的税收标准或者征收额外进入费用等手段，限制其他城市产品进入本地市场；第四，对其他城市的产品采取与本地区不同的检验标准，进行重复检验与认证，增加进入本地市场的难度；第五，扩大对本城市企业的优惠和补贴政策力度，促使本地企业在与其他城市企业的竞争具备起点优势等。根据国务院发展研究中心"中国城市群统一市场建设"课题组《中国城市群内部市场保护的调查报告——非企业抽样调查结果的初步分析》中关于城市群内部市场保护严重程度及方式的排序如下表所示：①

---

① 国务院发展研究中心"中国城市群统一市场建设"课题组：《中国城市群内部市场保护的调查报告——非企业抽样调查结果的初步分析》，载《新华文摘》，2013年第19期，第61—63页。

表 4.1　城市群内部市场保护程度排序（八个方面）

类别	严重程度分值（最高100）	排名
对劳动力市场方面的干预	60.1	1
阻止外地产品进入的其他非正式无形限制	57.3	2
对技术方面的干预	52.6	3
工商质检等方面的歧视	51.8	4
直接限制外地产品的销售数量	50.2	5
价格限制和地方补贴	50.2	6
对投融资方面的干预	48.8	7
对外来企业原材料投入方面的干预	47.7	8

表 4.2　最严重的十种城市群内部市场保护方式

	具体形式	涉及样本比重
1	城市政府要求企业招工优先本地户口	63%
2	外地职员子女在当地入学成本太高	62%
3	外地职员到当地落户解决户口较难	57%
4	因为政府相应职能不完善难以为外地职员提供养老、医疗和失业保险	56%
5	限制技术人员，特别是重要的技术人员流动	55%
6	在政府或企业进行建筑工程招标时，对本城市企业照顾	54%
7	打击本城市生产的假货不够严厉	54%
8	在政府或企业进行采购时，对本城市企业照顾	54%
9	外地企业起诉本地企业时，司法部门不积极	48%
10	在执行判决时，司法部门不积极	44%

从短期来看，城市群内府际市场保护博弈过程中，各个城市政府采取多种方式对本地市场进行重点扶持、保护，提供多种优惠政策，并对其他城市产品进入本地市场进行限制，在某种程度上收到一些实效，包括增加本区域财政收入、提升本地企业生存能力和维护本区域社会稳定等，有利于本城市经济的发展。然而，从长期来看，城市群府际博弈中各个城市采取市场保护博弈策略造成的市场分割具有多个方面的负面效应：第一，阻

碍城市群内部要素的自由流动，降低资源配置效率。① 当一个城市要素较充足但是流出受到限制时，其充裕的要素不能够为该城市和整体城市群发展做出贡献，难以实现要素价值最大化；某一城市发展所需的要素本地价格较高，而又难以从临近城市购买时，只能够使用价格较高的本地要素，难以实现成本最小化。企业生产的产品不能够流入价格相对较高的地区，影响了企业生产规模的扩大。消费者不能够购买到价格较低、质量较高的产品时，消费者福利不能达到最大化。第二，妨碍城市群内部市场机制的有效运行。市场机制的有效运行需要供求机制、价格机制和竞争机制的支持，但是城市群内部市场分割割裂了市场的统一性，各个城市市场中的供求关系并不是市场经济条件下完全意义上的供求关系，而是受到政府行政干预的供求关系，那么，以供求来调节生产和销售的机制就受到了破坏。② 第三，制约城市群内部企业竞争力提升。政府对企业的保护可以通过提高企业技术进步和生产效率，也可以采取强制措施限制外地企业的进入与本地企业争夺市场和资源，前者需要耗费较长时间，成本和付出的努力较大，相比而言后者则更简单、有效，也是城市群内部各个政府经常会采取的措施。但是这种方式无法给企业以压力和动力，无法实现优胜劣汰，不利于企业的长远发展。第四，扩大城市群内部城市间发展差距。城市群内部一些城市发展经济所需的要素缺乏并且难以流入，会增加城市经济发展整体成本，减缓城市相对发展速度；若对本地实行较强的地方保护，那么本城市企业提高生产技术、扩大规模的积极性会更低，这些都会使本地与城市群其他城市的差距扩大。③

---

① 张超、王春杨：《地方政府竞争视角下的我国区域市场分割研究综述》，载《经济问题探索》，2013年第2期，第80—86页。

② 刘培林：《地方保护和市场分割的损失》，载《中国工业经济》，2005年第4期，第69—74页。

③ 黄赜琳、王敬云：《地方保护与市场分割：来自中国的经验数据》，载《中国工业经济》，2011年第2期，第60—67页。

所以说，城市群府际博弈中，各个城市采取市场保护博弈策略切断了区域市场间的联系，造成城市群内部市场的分割，扰乱正常竞争博弈秩序和市场环境，使得城市群内部经济运行机制扭曲，市场信号失真，干扰区域经济的整体平衡，导致城市群内部资源无法实现最优配置。同时也会形成城市群内企业发展路径依赖，降低企业市场竞争力。除此之外，城市群府际博弈中市场保护形成的市场分割还会导致消费者剩余和社会净福利减少等问题，从根本上损害了本地公众利益，不利于城市群的长远可持续发展。

二、产业结构雷同与重复建设

城市群内部由于资源禀赋相似、经济发展水平相近、投资环境匀质化，因而相较于其他地区更易于在产业结构选择方面发生激烈竞争博弈。在产业选择博弈过程中，城市群内各个政府低估重复建设损失，尤其是忽略产业同构的长期损失，而对产业的当前收益期望过高，导致产业选择的非合作博弈，造成城市群内部产业同构。具体而言，城市群内部各个城市政府为了追求本区域产业结构体系的独立性和完整性，保证本区域产业在有限资源激烈竞争博弈中处于有利地位，会拼尽全力争取建立和布局"税高利大"的产业项目，而不顾整体的产业发展格局，从而损害城市群内部整体的产业合理分工和布局。并且城市群内部相同产业的重复建设，不但使各个城市生产效率低下，无法实现生产的规模效应，而且使城市群内部府际非合作博弈更加集中、更具破坏性。[①] 例如，我国长三角城市群在"十二五"规划中，位于前四位的支柱产业是电子信息、汽车、新材料和生物医

---

① 王文、李新庚：《基于府际治理的长株潭城市群合作治理研究》，载《科技进步与对策》，2009年第7期，第14—17页。

药工程,趋同率达到了 83%。在长三角最主要的 15 座城市中,有 11 座选择了汽车零配件制造,8 座城市选择了石化,还有 12 座选择通信作为主要的产业发展方向。虽然长三角城市群历经多次产业结构调整改革,但是从改革现状来看效果仍不明显,产业同构系数仍居高不下(如图 4.2)①,是困扰城市群发展的重要问题。由于产业结构的同构,城市群内各城市政府为了保证产业的发展,势必在资源的争夺上展开激烈的竞争博弈,这就加剧了城市群内府际间的博弈冲突,而府际博弈冲突的加剧又会引起更深层次的资源争夺战,从而形成一种恶性竞争博弈循环。

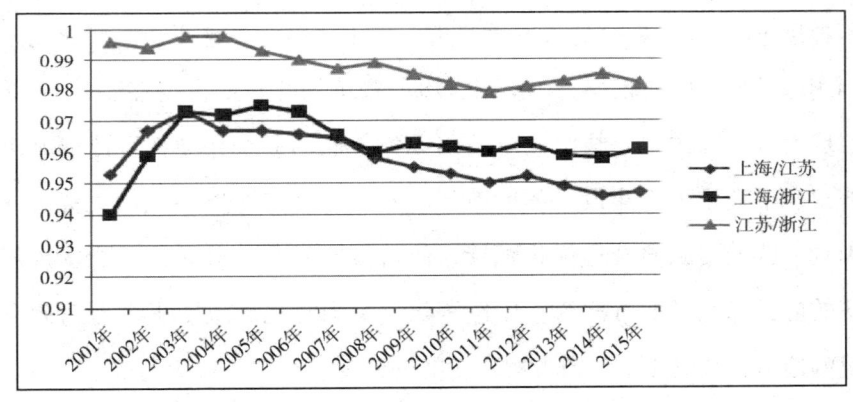

图 4.2　长三角城市群主要省份产业同构系数图

城市群府际产业选择的非合作博弈过程中,各个政府为了吸引外部资源,努力改善硬件条件,盲目加大在基础设施上的投入,并且由于各地之间缺乏协调配合,无法实现基础设施的共享。各地政府都希望能在自己所辖的范围内形成完善的硬件设施,但是城市群内有些政府没有从实际出发,最后投资建设了大量不符合本地需求的基础设施,其中最为明显的就是港口和机场的建设,造成了大量资源的浪费。以珠三角城市群港口和机场等重大交通设施建设为例,珠三角城市群都是沿海沿江的城市,有不少城市

---

① 陈建军:《长江三角洲地区的产业同构及产业定位》,载《中国工业经济》,2013 年第 2 期,第 19—26 页。

具备建造港口的条件,但是并不等于每个城市都有建造港口的必要。事实上,珠三角城市群在港口建设方面缺少系统化的统筹规划,珠江及海岸线沿岸的城市,不顾自身的实际情况,都将水陆运输枢纽和临港重型工业作为自身发展的支撑,竞相建设集装箱港口,港口的重复建设已经到了令人瞠目结舌的地步,已经建成和正在建设的港口竟达50多个,不少港口的利用率不到40%,造成资源极大的浪费。除此之外,在机场建设等问题上,也同样存在相互争夺的现象。珠三角城市群不足200平方公里的区域内分布有十多个机场,但除广州、深圳、珠海等机场外,其他机场年旅客吞吐量均不超过10万人,最少的只有数千人。佛山、潮汕、惠州、湛江、梅县机场利用率较低,航线较少,与广州、深圳等机场的繁忙相差甚远。[①] 总而言之,城市群内部在产业结构以及基础设施方面的非合作博弈,使得城市群内部出现了大量重复建设,不仅不利于发挥各地产业发展比较优势,同时也影响了区域资源的合理优化配置,使得投资和生产分散,不能发挥规模经济效应,降低了城市群的整体经济效益,同时也导致了生产能力闲置和资源的浪费,最终影响城市群整体优势的发挥和区域一体化的进程。

三、区域环境污染及治理失序

伴随着城市群经济社会的快速发展,城市群环境污染及治理问题日益凸显,一些环境问题呈现出明显的跨区域的特点。当前城市群内部分割型的治理体制和各自为战的治理格局,导致城市群污染治理效率较低,进而出现了城市群即污染群的魔咒。基于环境污染与破坏的危害性及影响性,目前不断扩散的环境污染已呈现出超出单一范畴的综合化,影响城市群社

[①] 周姣:《城市群协调发展的动力与路径研究——以珠三角城市群为例》,暨南大学博士学位论文2011年,第25—28页。

会生活的各个方面，进而上升为城市群治理重点关注的内容。环境资源属于典型的公共物品，具有非排他性与非竞争性，产权及归属权难以界定；具有整体性强、关联度高的特点。不管是局部的个别城市环境还是整个城市群环境都是一个系统，人为的行政区划并不能割裂环境的污染与破坏，更不能阻挡环境问题影响的扩散。当前，城市群内部有些城市过度关注自身利益最大化的需求，常常过度消费环境资源，造成环境的污染与破坏，而这些主体最终又必须为整体环境的破坏付出高昂的代价。与此同时，他们也会从维护自身利益最大化的立场出发，将环境污染造成的成本及负外部性转嫁给他方。尤其在一些跨区域性的环境污染问题上，各个城市政府往往以邻为壑，只考虑自身行政区域的经济利益和环境利益，将污染源排放到相邻地区，或是任由污染物的扩散。在边界模糊的区域污染治理上，相互博弈，也会与他方产生利益冲突，难以协调一致，从而使城市群环境污染问题加剧。[①] 许多环境污染问题都不止涉及一个城市，也就是说，由一个城市的生产生活的污染物排放等原因所造成的污染，往往会涉及其他相关城市。诸如空气或者流域等此类联系密切、关联度高的自然要素，上下游、上下风向以及周边地区之间，生态环境具有相当高的依存度与关联性。上游的水污染了，下游也难保清澈；一地的植被遭受严重破坏，周边地区就会遭受沙尘暴的袭扰；上风向的空气污染，下风向的空气也会受到影响。各类环境污染事件由于自然和经济因素的不同，不同城市造成污染的程度不同，在每单位污染中所受到的损害程度也不同，这也正凸显了其跨区域的特性。其中最典型最受关注的当属城市群的水污染问题，如长三角城市群的太湖蓝藻事件、长株潭的湘江污染事件等。

城市群由于集聚了更大规模的人口和经济活动，环境污染问题的严重

---

① 董芳：《跨区域环境污染治理中政府合作机制研究——基于整体性治理视阈》，载《区域经济》，2009年第7期，第73—75页。

性也就更加突出。中国环境科学研究院副院长柴发合指出，在经济发达、人口集中的城市群，环境污染不再局限于单个城市内，城市间环境污染变化过程呈现明显的同步性，区域性污染特征十分显著。城市群环境问题涉及多个方面的主体，仅靠单个城市的力量是难以彻底解决的。同时，城市群内部各个城市经济发展水平参差不齐，极易造成各个政府在环境保护和治理问题上决策也不尽相同。环境保护和治理意识也不尽相同，容易造成各个政府之间环境决策的冲突，彼此很难达成关于城市群整体环境保护与治理方面的一致意见，使环境保护与治理呈现出明显的空间性特征。[①] 具体来讲，在城市群环境保护和治理的过程当中，各个城市政府面对环境治理负外部性的博弈，作为博弈主体所遵循的是"最优策略"，即"不论对手采取什么样的策略，每个博弈者所选择的都是他自己唯一最佳的策略，但是这种理性的抉择常常导致不理想的结果"。在城市群环境保护与治理的博弈中，由于理性的限制，有些城市政府可能选择把不进行环境保护和治理作为自己的最优战略，由此陷入两难困境，导致城市群整体生态环境的恶化，从而不利于城市群经济、社会、环境的可持续健康发展。

四、城市群内部公共政策偏差

为了规范城市群发展，限制城市群内部各个城市政府的行为，国家及相关部门往往出台一系列政策来保证城市群社会、经济的平稳发展。但是城市群内部各个城市政府为了在竞争博弈中获取优势，不惜出台各类地方性文件偏离甚至打破国家及相关部门的法律政策的规定，其中最为常见的两种形式是土地价格大战和税收减免等优惠政策的滥用。在土地价格方面，

[①] 王丽丽、刘琪聪：《区域环境治理中的地方政府合作机制研究》，载《大连理工大学学报（社会科学版）》，2014年第3期，第113—118页。

城市群内部各个城市政府为了争取外来投资项目，不惜降低地价，亏本出让，有可能引致其他城市政府进一步降低土地价格，这就导致土地价格的"囚徒困境"。引发了新的社会矛盾，增加了城市群内部不和谐因素。

在税收政策优惠方面，一些城市政府为了本地区的短暂利益，想方设法营造区位优势以吸引要素流入，制订和实施了许多不利于其他城市的财政措施，包括实施减免税以吸引外地公司和资本的流入。导致其他城市政府也不甘落后，形成城市群内部各个城市政府竞相提供优惠税收政策以获取博弈优势的局面。税收的过度优惠大大提高了城市群内部市场经济活动的交易成本，不利于各个城市自身长远利益和城市群整体经济协调发展。不仅扭曲了城市群整体市场基础上的资源配置，也削弱了各个城市政府对税基的控制能力，反而加剧了各自财政的困难。[1] 因此，过度的税收竞争存在着很大的危害。首先过度的税收竞争会直接侵蚀税基，从税源上减少国家及各个城市的财政收入，这是过度的竞争博弈带来的最直接的危害。在短时间内政府减少的税收会从招商引资所带来的利润中得到弥补，但是长此以往，会导致税负扭曲，增加征税成本和监管成本，不利于各个城市经济的发展。其次，税收的过度优惠会影响社会公正，造成城市群内资企业与外资企业的不平等格局。在吸引外商投资方面，城市群内部各个城市都从用地、税收等方面给外企以倾斜，税率上的优惠以及"两免三减半""五免五减半"等政策，在企业的生存周期逐渐缩短的情况下，使外资企业在经营期间税负极低甚至零税负。而内资企业在用地、税收等方面就不能享有与外资企业同等的待遇，造成城市群内部不平等格局。最后，城市群内部过度的税收优惠会误导城市间、产业间、产品间的资本流向，拉大城市群内部各个城市间的差距，并使城市群区域发展不平衡的状况加剧。税收

---

[1] 靳文辉：《论地方政府间的税收不当竞争及其治理》，载《法律科学》，2015 年第 1 期，第 16—17 页。

当中的流转税作为价格组成的一部分，税收优惠政策的实施会使价格水平降低，使价格反映资源的稀缺程度方面出现失真，而价格又是产品、要素在城市间流动的主要因素，因此过度的优惠会误导产品、要素的流向，使其流向优惠程度大的城市，加剧了城市群各个城市之间发展的不平衡。

第三节　城市群内府际博弈无序的成因分析

一、城市群府际合作博弈意识淡薄

从哲学上讲，意识是行动的先导，行动是意识的体现。以正确的意识为指导，能够促进事物的发展，而错误的意识则会阻碍事物的正常发展。当前，城市群内府际间博弈意识落后，合作博弈意识不足，导致城市群府际博弈陷入非合作博弈的困境。首先，城市群内各个政府在思想认识上都把其他政府视为竞争对手而非合作伙伴，认为与其他政府合作会引来竞争对手，瓜分本地区利益。在这种思想意识的主导下，城市群内各个政府以邻为壑，画地为牢，跳不出狭隘封闭的思维怪圈，维护区域政府政绩的观念浓厚，地方保护主义观念严重，缺乏开放合作的理念，因而难以有合作博弈的理念和实践。虽然当前城市群内越来越多的政府逐渐意识到合作博弈的重要性，但是由于封闭狭隘的思维观念影响深远，政府非合作博弈观念依然浓厚。[①]其次，传统的依赖观念。在计划经济时期，地方政府是中央政府职能在地方的延伸，缺乏必要的事权和财权，其主要职能是完成上级下达的任务和执行上级的命令，其本身并没有发展的积极性和主动性，那

---

① 辛恺：《城市群发展中的府际合作模式研究——以珠三角城市群为例》，广东海洋大学博士学位论文 2013 年，第 46—48 页。

些需要多个或者多级地方政府合作治理的区域公共事务是由上级的政府牵头或者以行政命令的方式来达成合作治理的。因此,在计划经济条件下,地方政府形成了依靠上级政府安排来解决区域公共事务的思维习惯,形成了依赖的观念。在这种传统的思维惯性影响下,当前城市群内部不少政府及官员依然存在传统的依赖观念,习惯于和热衷于依靠上级政府来解决区域公共事务,不会主动与其他政府开展合作治理,缺乏合作治理的意识和兴趣。再次,不作为观念阻碍城市群内政府间合作意识的增强。当前,很多城市群内政府仅把注意力集中在自身辖区,认为管好本辖区内公共事务是自身职责所在,而把与外界合作看成可尽可不尽的义务,普遍存在"事不关己,高高挂起"的消极心态。在这种心态之下,即使意识到区域问题会对自身产生影响,也只会选择"搭便车"的自利行为,导致城市群内部府际博弈的无序。[①] 最后,行政等级观念严重。博弈有序进行的前提是博弈主体地位独立和平等,而在城市群内部存在不同行政级别的城市,各个城市间行政等级观念严重,使得博弈中主体存在地位高低之分,无法保持相互独立和公正平等。行政等级观念使得博弈双方都对伙伴式的合作缺乏重视,行政级别较高者习惯行政命令,而行政级别较低者则会推诿、敷衍,使得城市府际博弈无法正常、有序进行。城市群内府际博弈意识的落后严重阻碍了城市群的发展及变革,随着区域治理问题的复杂化和迅捷化,迫切需要城市群内各政府摒弃落后的博弈意识,树立合作博弈观念,加强彼此间的合作,实现优势互补和合作共赢,共同应对区域忄公共治理难题。

二、城市群府际博弈协调组织滞后

道格拉斯·诺思(Douglas North)指出:"有效的组织是矛盾及纠纷解

---

① 李尧远、任宗哲:《我国区域经济发展中地方政府合作困难的原因与措施探析》,载《西北大学学报(哲学社会科学版)》,2009年第5期,第148—153页。

决的关键。"① 城市群府际博弈也需要建立专门的协调机构或组织，因为政策、方案和规则的制订、实施与监督等环节，都需要具有相对独立的组织去完成。在城市群发展过程中，内部各个城市都有其独特的利益追求和行为取向，进而导致城市群内部利益差异的存在。围绕着各自利益追求，城市群内府际间展开了博弈。在博弈过程中会出现较为复杂的因利益分配而导致的博弈冲突问题，这就需要建立城市群内府际博弈协调机构及相应机制来解决博弈冲突。当前，我国城市群内府际间博弈需要协调的事务不断增多，并日益成为影响城市群内各个城市经济社会发展的重要因素，但这种情况却没有在城市群府际合作机构设置中体现出来，往往是以论坛或者协调会的形式进行协调。如长三角地区上海市、江苏省、浙江省政府由常务副省（市）长参加的"沪苏浙经济合作与发展座谈会"（简称"三省市座谈会"）、16个城市层面上的"长三角协调会"、京津冀中心城市经济协作工作会议、长株潭经济合作与发展高层座谈会等。这些博弈协调组织是比较松散的，大多是以一种会议的形式进行，而且很多府际博弈协调事宜靠主要领导来推动和解决，一旦主要领导调动便往往使这种博弈协调失效。城市群内这种博弈协调缺少专业性组织、制度化议事和决策机制，职责和定位也非常不明确，使得城市群内部府际博弈协调缺乏稳定性、有效性和权威性，未能形成城市群内府际博弈协调的长效机制。当城市群内府际间"冲突性博弈"出现时，现有的这种博弈协调机构将很难起到应有的作用，各个城市政府还是会按照自己发展的内在要求和逻辑，将彼此间协调发展仅停留在理念上，因而这种博弈协调机构是流于形式的、低效的。② 总体来讲，当前城市群内府际博弈协调机构建设滞后和职能缺位，使得其在协调

---

① 朱巧玲、卢现祥：《新制度经济学国家理论的构建：核心问题与框架》，载《经济评论》，2006年第5期，第85—91页。

② 董娟：《府际关系研究：理念，视角与路径》，载《岭南学刊》，2014年第2期，第36—42页。

府际博弈关系时权力有限，没有实质权力来制约各个城市政府的行为，进而导致城市群内部府际间博弈失调形成博弈无序的状态。因此，建立一套组织化程度高、拥有制度化的议事机制和决策能力、具有强大执行力和监督机制的功能性府际博弈协调组织，是解决城市群府际博弈无序的前提保障。

三、城市群府际博弈协调机制低效

第一，城市群内压力型考核机制不当。考核机制是组织人事部门或用人单位对其他部门和人员的历史和现状进行全面了解和公正评价的一项制度和一套办法。考核机制决定着组织工作的方向和重点，对于提高组织及其人员的工作积极性及工作效率有着重要的意义。随着社会的不断发展，对组织考核机制的认识和要求也是不断向前发展的。目前城市群内压力型考核机制在理论和实践中都面临一些困境，导致城市群内部各个城市间博弈竞争的无序，在很大程度上阻碍了城市群治理现代化的进程。[①] 现行的城市群压力型考核机制对内部每个城市发展进行评价主要侧重于 GDP 增长速度、投资规模以及税收等，偏重于反映经济数量和增长速度的指标，并将这些指标完成情况作为考核政府官员绩效和晋升的标准。正是在这种考核机制下，城市群内政府官员在博弈中形成了两种角色：一方面是"经济区域独立人"，他们要发展本城市的经济，并以本城市的经济利益最大化作为目标，所以在城市群府际博弈中必然会将本市的利益置于城市群的整体利益之上，在发展中追求本区域 GDP 非理性增长，盲目铺新摊子、上新项目，扩大生产，重复投资，并设置重重壁垒，保护本城市经济发展。[②] 这种 GDP

[①] 赵晖：《我国地方政府绩效考核指标要素分析》，载《南京师大学报（社会科学版）》，2010年第6期，第17—23页。

[②] 崔龙、窦正斌：《经济圈中府际合作的困境与对策》，载《成都行政学院学报》，2011年第1期，第70—75页。

增长博弈的攀比心理加剧了城市群内部各个城市的竞争博弈,导致利益行政化、集团化、行为短期化,忽视城市群内部府际间共同合作,协调发展,从而形成城市群内府际间的无序竞争博弈的现状;另一方面是"政治晋升博弈人",在为辖区的经济产出和税收而竞争博弈的同时,城市群内部各个城市政府官员也在为自己的政治晋升而考虑。这使得政府官员在考虑竞争利益时不仅需要计算经济利益而且还要计算晋升博弈中的政治收益。由于城市群内部晋升职位的稀缺性,晋升途径的单一性,参与晋升博弈的人数及信息的不确定和不完全性,导致城市群内部晋升博弈趋向零和博弈(参与晋升博弈的人中有一人获得晋升)甚至总得益为负(参与晋升博弈的人都没有获得晋升)的格局,即一个人的提升将直接降低另一个人提升的机会。因此,城市群内部政府官员更关心的是与竞争者的相对位次。在成本允许的情况下,参与晋升博弈的政府官员不仅有激励做有利于本城市经济发展的事情,而且也有同样的激励去做不利于其竞争对手所在辖区的事情;对那些利己不利人的事情激励充分,而对那些既利己又利人的"双赢"合作激励不足,就使得城市群内部政府官员不愿意合作而愿意支持"恶性"竞争,导致城市群内府际间博弈陷入无序竞争局面,内耗严重,城市群整体效应难以发挥。[①]

第二,城市群府际博弈利益分配机制仍不完善。城市群内府际博弈关系实际上是一种权利配置和利益分配关系,而置于首位的是一种利益关系,权力关系则是为维护利益分配而采用的一种手段和方式。[②] 所以在城市群府际博弈中,会首先从自身利益出发考虑合作成本分担问题。城市群内府际博弈中会产生搜寻成本,即寻找合作伙伴所花费的成本;谈判成本,即博

---

① 田伟、田红云:《晋升博弈、地方官员行为与中国区域经济差异》,载《南开经济研究》,2009年第1期,第51—55页。

② 刘泰洪、朱培蕾:《现实选择与理性诉求:地方政府自身利益的实践逻辑》,载《上海行政学院学报》,2010年第2期,第22—28页。

弈过程中谈判协商所花费成本；实施成本，即将博弈谈判落实的成本，比如基础设施共建所花费的成本、组织机构的建立所花费的成本等；监督成本，即建立监督体系、反馈机制、仲裁机制以及处罚机制的成本。因此，如果在博弈过程中成本分摊不均，会引起各方的争议，进而导致府际间博弈的无序，阻碍城市群内府际合作关系的形成。例如，长三角城市群的城市像上海、苏州、无锡、杭州等都相对较为发达，有较为充足的财政能力，投入环境治理的费用相对充足，但是像苏北、浙南等一些欠发达地区财政能力薄弱，则对环境治理经费投入不足。这样在治理成本分担上自然会产生摩擦，彼此间讨价还价，争议冲突不断。行政学者李金龙指出：城市群内府际合作博弈的一个重要前提就是要求内部各个城市合理分摊区域公共治理的成本费用，形成量化性、指标性、可操作性的博弈成本分摊体系，以更好地化解彼此间的博弈冲突，寻求城市群公共利益整体最大化和实现资源配置的"帕累托最优"。所以，重视并科学制订城市群内府际博弈的成本划分体系是促成合作博弈的重要前提保障。当前城市群内府际博弈成本分摊不均还体现在另一方面：博弈补偿机制不健全。由于现实条件制约，在博弈过程中不可能做到成本分摊的完全公平和公正，这就需要进行博弈后的补偿，以弥补博弈中利益受损的一方。[①] 然而，当前我国城市群府际间缺乏健全的博弈补偿机制，补偿标准不统一、补偿主体客体不明确、补偿方式不恰当等都给博弈补偿造成极大的阻碍，并且缺乏相应的强制执行机制，使得已有的补偿机制流于形式。一些城市在做出承诺后可能采取机会主义行为，在很大程度上影响了城市群内府际博弈补偿顺利推行。城市群内府际博弈过程中，成本分摊不均和博弈补偿机制缺失是博弈治理中的一道硬伤，容易导致各个城市博弈行为的异化，出现"恶性竞争""搭便车"

---

① 何影：《利益共享实现机制中的利益整合及其运作方式》，载《前沿》，2009年第11期，第10—12页。

等非合作博弈现象,在很大程度上影响了城市群府际合作博弈的进程。

四、城市群府际博弈信用体系缺失

德国社会学家齐美尔(Zimer)指出:信任是在不知道或不能确定未知或不可能知道他人行动的条件下,相信他人未来可能行动的心里预期。[①] 信任是社会资本的重要组成部分,以信任为支撑的博弈,在博弈主体间能够产生安全感和确定感,从而达成合作意愿,这是合作博弈的前提条件和重要保障。具体来说,城市群内府际博弈中,府际信任的重要性主要体现在以下两个方面:(1)府际信任可以有效规避博弈投机行为。在城市群内府际博弈过程中,建立府际信任是非常重要的,因为在府际博弈过程中最担心的就是一方采取合作行动,而另一方不采取合作行动,构成"搭便车"的投机行为,从而损害博弈对方的利益或整体利益,导致城市群内府际博弈的无序。而城市群内政府间的互相信任会抵消博弈双方可能的投机行为,减少与避免府际间的"小冲突"与"局部冲突",从而降低府际间"冲突性无序博弈"的发生。(2)府际信任体系可以成为府际博弈中的一种管理机制。交易成本理论认为,交易双方专用性资产投入越高的一方容易被另一方套牢,这种情况会导致所谓的"单方依赖"问题,进而提高这一方的投资风险。如果这样的风险无法有效降低或得到控制,将会使组织间交易减少、瘫痪或者必须使用较高成本的契约来保障专用性资产的投入。相反,当组织间产生了一种"信任者对于被信任者不会利用信任者的弱点来自利的信心"时,就可以减少组织间在交换中因不确定性以及依赖性所可能产生的不合作行为。也就是说,当城市群府际间有一种较好的信任关系时,

---

[①] 邹继业、李金龙:《地方政府间信任关系的博弈分析》,载《经济与社会发展》,2010年第12期,第72—74页。

这样的关系就成为一种协调与管理机制，以降低双方的博弈成本。因此，府际信任对于城市群内府际博弈协调是一种不可忽视的正向因素。信任的作用像一种润滑剂，它使全体或组织的运作更有效。城市群内政府间的信任关系是博弈协作网络运行的基本前提，信任状态越高，府际间进行协作或互动的意愿越强。① 但是，当前由于对协作的预期和成本认知差异，以及受信息不对称的影响，城市群内府际间对彼此的信任大打折扣，在博弈中相互猜忌、互不信任，导致城市群府际博弈陷入无序状态。城市群内府际博弈信任缺失将直接导致府际间的合作不能构成可持续发展态势。当前我国城市群府际博弈中信用缺失主要表现在三个方面：首先是信用意识淡薄，没有认识到信用的重要性，不讲信用的现象在府际间普遍存在；其次是城市群府际信用契约的严肃性受到挑战，许多人把信用契约视为想签就签、想撕就撕的一纸文书。更重要的是，维持信用实现的规则也不尽完善，总是在信用问题出现以后才出台相应的解决办法，致使许多问题的解决并不到位；第三是现有的维持信用的规则执行和实施不力，致使许多契约在实施中难以实现守约的一致性预期。没有任何互信的博弈必然走向博弈惨局，而建立在互信基础上的博弈才有可能是双赢的。城市群内府际博弈信任体系的缺失导致博弈中投机行为频发，府际间博弈成本增加，府际博弈陷入"囚徒困境"的博弈无序局面，是阻碍城市群内府际间合作博弈的重要因素。

五、城市群府际博弈信息沟通不畅

从经济学的角度来讲，博弈是一个互相交易的过程。博弈有序进行依

---

① 王玉良：《缺失与建构：公共冲突治理视域下的政府信任探析》，载《中国行政管理》，2015年第1期，第6页。

赖于双方的信息共享。只有做到博弈过程中信息的互通有无，才能够建构起合作博弈的良好关系。① 因此，完全信息是博弈获得最优解的必要条件。与此相对应的是不完全信息，是指博弈双方都只具备有对信息的局部了解，因而博弈中存在着不确定的因素，也就具备承担风险的可能。特别是博弈中因为个人在信息禀赋、知识存量和获取信息能力方面的差异，也会产生信息的不对称，结果造成博弈中"逆向选择"和"道德风险"问题，降低彼此间的信任和增加博弈成本，进而使得博弈陷入无序竞争的困境。正如张紧跟研究指出：博弈中主体之间由于信息不对称因素的影响，极有可能出现个体理性与集体理性的矛盾，导致博弈主体之间合作的失败。对于城市群内府际博弈来说，信息更是重要的资源，各个政府间的信息交流与共享是实现城市群内部有序、合作博弈的基础。但是，在当前城市群府际博弈中，各个城市为了在博弈中增加所谓的竞争优势，总是以各种理由不对外公开重要的政策信息，并且城市群内部府际间的信息交流仍局限于传统的行政公文往来，信息传递效率较低，造成城市群内部府际间有效博弈信息传递与沟通不畅。信息交流共享机制的缺乏导致城市群内部各个城市政府不能对自身所处环境、整体博弈格局以及其他博弈主体的策略选择进行准确的了解，这时各个城市政府往往采取机会主义以减少自身博弈成本。当各个城市政府都采取机会主义，城市群内府际博弈无序产生"囚徒困境"就不可避免。所以，城市群内府际博弈中信息共享交流机制的缺失是城市群府际博弈竞争无序产生的重要原因。② 具体来说，城市群府际博弈中信息共享交流不畅主要是以下几个方面的原因：第一，从组织维度来讲，城市群内府际博弈中专门负责跨区域信息沟通与协调的组织行政级别较低，在

---

① 高歌：《基于博弈理论的政府信息资源开放共享分析》，载《科研管理》，2012年第8期，第146—151页。

② 陈瑞莲、张紧跟：《试论区域经济发展中政府间关系的协调》，载《中国行政管理》，2002年第12期，第65—68页。

实际运作中无论是收集信息还是传递信息都不受重视;第二,从体制维度来讲,尽管城市群内建立了定期会晤和重点通报的信息交流机制,但通常因缺乏财力的支持和有效的执行监督而流于形式,使彼此间的信息难以共享;第三,从工具维度来讲,现代化的电子信息技术应用不足,缺乏城市群整体电子政务信息传递平台。在瞬息万变的信息时代,没有专门的电子政务平台,城市群府际间就失去了重要的信息沟通载体,阻碍了相互间的有效信息沟通,容易出现信息不对称现象。总而言之,博弈信息在城市群府际博弈中具有极其重要的作用,应该加强城市群府际博弈中的信息共享平台建设,加强彼此间的沟通与交流,以尽可能地保障城市群内博弈主体间的信息对称。

六、城市群府际博弈规则仍不完善

哈耶克(Hayek)指出:博弈规则是博弈的先导性因素,是引导和规范博弈主体行为的重要前提。博弈主体进行博弈时实际上是在一定博弈规则下进行的,这种规则可以是明文规定的,也可以是习惯、惯例等潜规则,这些规则基本上就是评判博弈主体博弈成败的标准,是引导博弈主体行为的杠杆。[①] 当前我国城市群快速发展和推进,政府间的博弈愈发凸显,然而城市群府际博弈规则不完善,博弈中缺乏相关的法律法规和制度保障,尤其是城市群府际博弈中权利划分、利益分配、纠纷协调、合作方式、组织结构等方面的规定更是少之又少,使得城市群内各个博弈主体缺乏有效的规则和制度约束力,进而导致博弈无序的现状。具体来说,在立法方面,还没有专门规范城市群府际博弈的法律法规,现有法律体系在规范政府博

---

① 孙德超:《基本公共服务均等化与中央和地方博弈规则的完善》,载《内蒙古社会科学》,2012年第1期,第7—12页。

弈行为，特别是在规范博弈竞争行为方面，缺少法律法规的强力支撑。法律法规具有权威性和强制性，是任何其他手段都不能比拟的，但是其在规范城市群内府际博弈行为中的作用一直被忽视，没有发挥应有的作用；在机构设置方面，城市群府际博弈协调机构的性质与地位也找不到直接的法律依据进行支撑，这就使得城市群府际博弈治理主体缺少依法行政的法律依据，成为影响城市群府际博弈治理的羁绊；在权责划分方面，城市群府际博弈中缺少整体性的权责划分规定，使得博弈中"争权推责"的情形屡见不鲜，大多数城市在有利可图时一拥而上，无利可图时扯皮推诿，是城市群府际博弈无序的重要原因；在激励监督方面，城市群府际博弈中缺少高效的激励监督制度，导致城市群内部合作博弈诱导因素不足，博弈中投机性的机会主义行为频现，增加了城市群府际博弈成本，扰乱了城市群府际博弈秩序。[①] 由上可知，法律法规和制度的缺失是城市群内府际博弈异化、出现博弈无序等问题的重要原因。因此，要进一步推进城市群府际合作性博弈，打破地方本位主义，消除府际间行政壁垒，充分发挥城市群整体优势，就必须在法律和制度上予以体现和强有力的保障。所以，在城市群府际博弈过程中，应该坚持依法行政、依制管理的思维，完善府际博弈相关的法律法规以及各种正式或非正式的制度安排、制度规定，增强博弈协调组织的权威性和统领力，明确各博弈主体间的权力与责任，利用法律以及制度强制力和约束力，纠正府际博弈中的竞争无序行为，实现城市群府际博弈由非合作博弈向合作博弈转变。

---

① 杨爱平：《从垂直激励到平行激励：地方政府合作的利益激励机制创新》，载《学术研究》，2011年第5期，第47—53页。

第四节　城市群府际博弈的整体性治理契合性分析

一、价值取向耦合：合作与共赢

经济学家奥尔森（Olsen）在其《集体行动的逻辑》一书中指出，在集体行动中，成员们虽然抱着共同的目标，甚至有着一致的利益，但是它们之间必然存在着利益冲突。尤其是在大的团体中，利益冲突往往大于一致性利益，从而妨碍公共利益的实现；同时公共利益的非排他性也会导致"搭便车"和不作为行为，理性经济人不会为集体的共同利益采取行动。[①] 就本质上而言，一个城市群是由多个城市在地域空间上组合而成的集合体，其往往分属于不同的行政区，基于自身利益的考量以及本身固有的"理性"，在府际博弈过程中，各个政府都是着眼于发展本城市的目标和初衷，无时无刻不计算着本地区可以从府际博弈中获得更大的利益，因而府际合作总体上是难以实现的。再加上有效博弈协调机制的缺乏，对于一些城市群内部公共事务问题，各城市政府很难达成实质性的合作行动。城市群内部府际博弈中合作理念的滞后，使得城市群内部区域性公共问题层出不穷，城市群内各个城市之间诸如产业发展、城市规划、基础设施建设、环境保护、污染治理以及危机事件管理等跨行政区公共难题日渐凸显。这些问题突破了传统行政区划的刚性约束，超出了以往那种单一政府可以独立处理的政府治理范围，结果必然导致城市群内部公共产品和公共服务供给持续

---

① ［美］曼瑟·奥尔森：《集体行动的逻辑》，陈郁等译，上海人民出版社1995年版，第70—73页。

性不足。城市群府际博弈中非合作、封闭式的理念给城市群整体发展造成了严重阻碍,因此,转变城市群府际博弈理念是当前城市群发展面临的迫切课题。

整体性治理是基于整体主义理念,将整体利益视为组织的最高价值,强调多个主体间的合作与共赢,以实现正和博弈目标为价值导向,这些契合了城市群内府际博弈协调所追求的价值特性,是有效解决城市群内部府际博弈"囚徒困境"的重要手段。整体性治理是作为与部门主义、各自为政等相反议题提出的治理方式,突破了行政区和部门内部的狭隘视野,以区域视角审视政府间关系,消除府际间相互抵触的状况,促使不同利益主体形成合作共赢关系,减少彼此合作的交易成本。[①] 整体性治理认为有条不紊的城市群内府际博弈来自多方合作与协同,包括从战略制订到政策执行、从目标设定到服务提供的整个过程,主张以平等、信任的合作伙伴观念来取代传统官僚制基础上形成的自身利益至上的观念。同时,整体性治理还倡导政府部门与私人部门、公众等多元主体合作的理念,尤其是在接受外部主体的监督方面,这为城市群府际博弈的监督创造良好的发展环境与路径。由以上分析可得知,作为区域公共治理新趋势的整体性治理能平衡府际非合作博弈造成的治理碎片化问题,破除单打蛮干的独赢思维,增进城市群内部政府间的合作博弈共识,是城市群内府际博弈协调所寻求的旨在通过各个政府有机整合和通力合作以实现合作性博弈的理想选择,能够促进我国城市群内府际博弈协调追求的合作共赢目标的实现。

二、治理结构耦合:复合与网络

城市群内部府际博弈是一个纵横交错的网络系统,这个系统由多样化

[①] 任维德、乔德中:《城市群内府际关系协调的治理逻辑:基于整体性治理》,载《内蒙古师范大学学报(哲学社会科学版)》,2011年第2期,第50—55页。

的博弈主体组成，每个博弈主体都是府际博弈网络体系中的一个节点，分别具有不同的利益偏好和政策目标，分别发挥着不同的政策功能和作用。在多向度和相互依赖为特征的城市群府际博弈网络中，每个博弈主体都无法单独完成复杂的跨区域治理任务，都需要其他博弈主体的支持与合作。因此，在博弈策略的互动中达成合作机制，并促成府际间合作来实现共赢是城市群府际博弈治理的最终目标。整体性治理倡导的复合化、网络化治理结构与城市群府际博弈的网络结构具有高度的耦合性，主张运用现代的信息与网络技术，基于共同的治理目标和正式性的府际博弈契约而形成一个彼此依赖、共享权力的动态自组织网络系统。它不仅仅是由各个结点形成的静态网络实体，更是一个在信息的互动与传播过程中不断建构、解构与重构的开放性系统。各个结点之间在空间上呈离散状态，而在由网络与信息技术所塑造的电子平台上频繁互动并实现资源的整合与协调，由此用动态的网络治理结构替代机械、僵化的层级。在这种广泛包容性与参与性的基础上所构建的网络系统更能利用自身的信息与技术优势而形成一整套深入治理各个层面、广泛解读环境变量并迅速做出相应对策的整体联动系统，从而在很大程度上增强治理结构的动态适应力。同时，复合化、网络化的治理结构能将各个网络结点所具有的核心优势经过主动优化、选择搭配，相互之间以最合理的结构形式相结合而形成一个相互优势互补、匹配的有机体，呈现核心优势爆炸的格局并必将带来核聚变式的巨大能量，从而在整体协作中收到 $1+1>2$ 的协同效应，突破以往城市群内部府际间各自为政的能力缺陷，提升城市群整体治理系统处理问题的能力。[①] 除此之外，传统的城市群府际博弈过程中，忽视其他多元主体的参与，特别是政府在博弈过程中的独断专行给城市群合作性博弈带来了极大挑战，而整体性治

---

① 吴月：《从分离迈向整合：对政府机构治理形态的反思》，载《中共福建省委党校学报》，2014年第7期，第11—13页。

理所倡导的复合化、网络治理结构则容纳了众多的治理主体并赋予其特定的权力，建立起以政府组织为核心、以多元主体的合作互动为基本特征的治理结构。它将政府组织内部以及社会中先前那些支离破碎的部分重新整合，而采用一种新的整体、全盘的思维方式来分配区域治理的职能与权力。并且，整体性治理的复合化、网络化治理结构还包括了一个信息开放的组织系统，减少了城市群内部府际博弈过程中的信息失真，增加了府际博弈的开放性与透明性，使得博弈更加规范和有序。由上可知，整体性治理的复合化、网络化治理结构能够确保城市群府际博弈过程中的资源共享与协同效应的实现，同时也可以减少博弈过程中的机会主义行为和交易成本，是突破城市群府际博弈困境的必然发展趋势。

三、运行机制耦合：协调与整合

马克思指出：一切社会活动的中心是利益，一切社会关系的核心是利益关系。城市群内府际博弈关系的实质，即各个政府之间的管理收益关系—利益关系。以权力配置、利益分配关系为主导，实乃城市群府际博弈关系的真谛和本质所在。显然，无论是从共同利益形成，还是从利益冲突化解的角度讲，以利益关系为核心探讨彼此之间博弈的协同合作，是城市群内府际博弈协调与治理无法回避的现实问题。[①] 当前，城市群内部府际博弈中缺乏有效的利益协调与整合机制，导致城市群府际博弈中利益失衡，进而造成彼此间的博弈无序。具体来讲，城市群内部府际间利益具有二重属性：差异性和一致性。所谓差异性，是指城市群内部各个城市利益受不同地理位置、经济发展水平、人力资本状况等而表现出各自城市利益的差

[①] 汪伟全：《利益共享：区域合作的永恒主题》，见《中国行政管理学会 2010 年会暨"政府管理创新"研讨会论文集》，2010 年，第 64—67 页。

异；所谓一致性，是指各个城市政府利益在城市群区域经济利益中可以找到共同的利益。因此，城市群内府际利益关系是一致性和差异性的矛盾统一体。城市群府际利益的差异性和各个政府的自利倾向往往造成城市群府际博弈的"囚徒困境"。个体的最佳选择往往不是团体的最佳选择，个人的理性往往会导致集体的非理性，因而需要建立互惠的利益博弈协调与整合机制，以更好地规避利益差异和非理性的集体行动带来的损失，利益差异性决定了建立博弈协调与整合机制具有现实迫切性。同时，城市群是由各个城市组成的整体，也具有共同的利益诉求与合作意愿，因此决定了建立博弈协调与整合机制具有现实可行性。建立城市群府际博弈协调和整合机制有利于各城市认清其在城市群中的地位，整合各种资源，优化资源利用，合理分工，优势互补，发挥群体效应，形成合力和整体竞争力。

在协调与整合机制方面，尤其是涉及利益关系的整合上，整体性治理适应了城市群内府际博弈协调的要求。整体性治理主张各参与主体以相互认同和信任为基础，建立统一性的协调、整合机构，通过互惠的利益共享、健全的利益补偿机制和严格的利益约束机制来更好地协调各参与主体间的利益博弈关系。[①] 在整体性治理方式中，其治理机制既不是公共行政范式下的权力和权威，也不是新公共管理范式中的价格机制，而是协调机制、整合机制和信任机制三者的统一。（1）利益共享机制。整体性治理的利益共享具有双重含义，它既是合作的目标优势，又是合作的动力。从系统科学的观点看，城市群府际博弈协调只有坚持利益共享的基本原则，才能调动各博弈主体的积极性，城市群内部一体化的目标才能真正实现。城市群内府际利益共享应该要以让渡原则为前提，既要有"共赢"的新型博弈观念，又要有"融入"的行动，即博弈主体应该摒弃"内向型行政"，让生产要素

---

① 曾凡军：《基于整体性治理的政府组织协调机制研究》，武汉大学出版社2013年版，第54页。

在市场机制作用下在城市群内实现自由流动与组合，成为城市群内部治理体系中的组成要素，在充分、有效、公平竞争基础上形成一种利益让渡与利益共享的规则与机制。（2）利益补偿机制。整体性治理认为只有建立有效的利益补偿机制，才能够更好地平衡彼此间的利益关系。在城市群府际博弈中，参与博弈的各个城市在经济实力上的差距，或者行政级别和政治话语权的不同，很容易导致博弈双方在地位上的不对等和享有权力上的不对称，进而影响博弈的最后收益。而整体性治理倡导的利益补偿机制要求由获益主体弥补利益受损者，能够平衡或化解利益分配不公带来的利益分化和博弈矛盾，是城市群府际合作性博弈的关键环节。（3）利益约束机制。整体性治理指出，有效的协调和整合机制还需要严格、高效的利益约束机制来保障。由于外部环境的不确定性和政府本身的不完善，在城市群府际博弈过程中，难免会出现一些博弈失范行为，影响博弈的进展和结果。因此，构建一定的博弈约束机制，对城市群府际博弈过程中各个博弈主体行为的监督和约束是十分必要的。保障约束机制的重要功能就是使复杂的利益协调行为易理解和可预见，从而使城市群府际合作按既定目标开展。总之，整体性治理强调以利益关系协调、整合为核心的运行机制有利于城市群内府际博弈的良性化发展。

四、信任体系耦合：监督与惩戒

信任在城市群府际博弈中扮演着极其重要的角色。城市群内部各个政府相互信任则会促成彼此间有序合作，而信任缺失则会导致竞争无序，影响城市群的整体性发展。当前我国城市群正处于治理转型时期，内部信任体系出现了一个真空地带，一方面是旧的信任规制不断淡出和死亡；另一方面新的信任规则并未及时跟进和完善，不能适应当前治理新形势的发展，致使城市群府际博弈中信任缺失，出现许多无序的非合作博弈。① 另外，城市群治理改革策略"摸着石头过河"，法无定法，催生了规制的不确定性和失信者摆脱惩戒的漏洞，而使潜在的信任缺损逐渐浮出水面并演化成现实的信任缺失。总体来讲，城市群内部府际博弈中的信任体系缺乏强有力的监督与惩戒措施，使得内部信任缺乏有效的保障和支撑，博弈中的失信情况屡见不鲜，降低城市群内部各个城市间的合作信任度，阻碍城市群以信任为基础的合作性博弈形成。

希克斯指出：完善的信任体系是整体性治理的关键要素。在整体性治理理论看来，信任是一种代理关系，是治理得以顺利运行的基石。整体性治理内涵高效的信任契约、监督、评价与惩戒体系，能够更好地协调城市群府际博弈中的信任关系，规范各个政府间的博弈行为，两者具有高度的耦合性。② 具体来说：首先，整体性治理要求建立共同遵守的信任契约。信任契约具有非人格化的特征，它抽调了人的非理性存在的方面，而且恰恰是出于防范人的非理性可能引发的无序行为需要。作为以契约为保障的信任体系，规定了各个主体所应遵守的信任守则，是信任体系的纲领性文件，对整体信任体系管理具有保障性的作用。③ 在城市群府际博弈中，也应该建立为各个城市政府所认同的府际信任契约，这样才能更好地增强城市群内部各个城市政府间的信任，促进彼此间的合作。其次，整体性治理强调信任监督。卢曼（Luhmann）认为守信意识在严格的监督情况下才能够不断增强。为了更好地对主体信任进行监督，整体性治理主张建立单独的信任监督机构，对多元主体的信用情况进行监督，建立整体性的信用档案，将各

---

① 吴光芸、李建华：《区域合作的社会资本因素分析》，载《贵州社会科学》，2009年第3期，第52—57页。

② 蔡英辉、刘文静：《建构信任合作的府际关系：总体性治理根基》，载《廉政文化研究》，2011年第1期，第9—14页。

③ 曾凡军：《整体性治理分析框架下的政府组织人际信任研究》，载《理论月刊》，2013年第1期，第17—21页。

个主体的信用情况进行记录与整合，并进行公开公示，不断增强信用缺失主体的压力，促使其增强守信意识。再次，整体性治理信任体系还包括信用考评。整体性治理要求建立信用考评机制，通过引进专业化的第三方信用中介评估机构，将信用考评标准划分为守信标准、警示标准、失信标准和严重失信标准，对各个主体进行信用评级，并以此作为信用奖惩的依据。最后，整体性治理还强调对主体违规失信的追究和惩戒。对失信的主体要依法追究其行政及经济责任，并给予受损方一定的补偿；对严重的主体失信行为要采取行政、经济、法律等综合惩治措施；特别恶劣的，要坚决追究失信者法律责任。建立守信奖励的激励机制，从而形成失信者受损、守信受益的社会局面。只有提升失信主体的违约成本，增加守信主体的信用收益，才能够更好地规范和激励各个主体的信用行为，从而有利于促进互信合作局面的形成。艾里克·M. 乌斯拉纳（Eric M. Usrana）认为信任是同一组织中的主体建立在共同价值观基础之上的坦诚相对和互相认同，可以更好地促进各个主体间的合作。[①] 整体性治理所内涵的信用契约、信用监督、信用考评以及信用惩戒对于城市群府际博弈中信任缺失具有很强的适用效应，可以减少城市群府际博弈中的失信行为，更好地加强博弈中府际间的互信和交流，走出城市群府际博弈的信用陷阱。

五、治理工具耦合：现代与高效

随着现代信息技术的发展和大数据时代的来临，在城市群内部府际之间通过网络进行信息的公开、传递和共享，既有利于政府超越地域之间的界限达到信息的交换、兼容和共享，改变城市群内部政府各自为政、条块

---

① [美] 艾里克·M. 乌斯拉纳：《民主与社会资本》，吴辉译，华夏出版社 2004 年版，第 113 页。

分割的碎片化治理现状，也能够避免传统政府治理工具所导致的政府间合作的困境。传统的信息传递存在失真现象，各个政府间的信息比较封闭，彼此间会因沟通不畅而出现相互猜忌，进而导致府际间博弈的"囚徒困境"。并且，传统的治理工具在博弈成本计算、绩效评估以及公共资源整合等方面公开化、科学化、便捷化不足，也在一定程度上阻碍了城市群府际之间合作性博弈的进展。因此，有必要革新政府治理工具，建立网络化政府，实现信息传递、数据计算以及资源整合的现代化、高效化。整体性治理非常推崇现代化网络技术作为治理手段，主张利用网络技术简化治理程序，加强信息系统的整合和互动信息的搜寻，在各个主体之间建立现代、高效服务系统的集合，逐步实现网络环境下一体化政府和一站式服务，为系统内部提供优质的整体性服务，建构一个开放和整体的电子化政府，这与城市群府际博弈治理工具现代化的诉求具有高度的契合性。

首先，整体性治理主张建立区域整体性信息网络化平台对区域性共同问题进行合作治理。一方面既可以实现信息共享，减少不同政府及部门之间博弈协调配合的成本；另一方面又可提高公共服务的灵活性，提升服务效率和质量，减少府际博弈在公共产品供给中的"公地悲剧"问题。① 具体可运用现代网络通讯与计算机技术，将不同的网络支撑技术、网络基础设施进行整合，简化基础性的网络程序和步骤，重新设计整体性的公务支撑功能和事务处理系统，重构一些具有公务整体支撑功能的整体服务链和一体化共享的信息资源，使政府治理程序简单化、业务流程统一透明化、政府服务网络化，实行轻松的、快捷的资源共享的在线治理模式和一站式即时服务，不断提升治理的效率和质量。区域整体性信息网络平台通过高效、迅捷的信息传递、共享将城市群各个城市紧密联系在一起，打破以往府际

---

① 董晓华、金毅：《推进长三角区域信息一体化研究》，载《浙江统计》，2009年第6期，第5—7页。

间"信息孤岛"的现状,减少以往城市群府际博弈中的信息失真问题,消除彼此间的猜忌心理,以整体的、协同的方式促进府际非合作博弈问题的解决,改变以往城市群府际博弈导致的碎片化和分散化状态,有助于实现城市群府际博弈关系的整体性治理。其次,整体性治理倡导利用现代信息技术优化城市群整体性资源分配及绩效评估体系。现代化信息技术能够有效对区域资源进行高效整合和分配,并对其整体绩效及贡献率进行科学评估。这样有利于减少城市群府际博弈中不计成本和代价的重复建设、资源浪费、环境破坏和责任推诿等问题,实现府际合作的透明化和高效化。综上所述,整体性治理所强调的治理工具现代化是应对城市群府际博弈信息失真以及整合失效问题的有效手段。所以,建设现代化、高效化、整体化的城市群虚拟政府或电子化政府是打破时间、空间以及部门分隔的制约,实现城市群治理一体化的必然要求。

六、制度规范耦合:法制与责任

布罗姆利(Bromley)说:"制度实质上就是一系列被制订出来的规则、守法程序和行为规范,它能够起到降低搜寻、谈判和监督等交易成本、创造合作条件和提供激励机制的作用,实际也能够减少合作中的不确定性。"[①]邓小平指出:"制度好可以使坏人无法任意横行,制度不好可以使好人无法充分做好事,甚至会走向反面。"当前我国城市群正处于治理转型时期,一方面旧的制度规范渐趋瓦解,另一方面新的制度规范尚未完全建立,由此导致制度规范真空的出现。制度规范的缺失使得城市群内部府际博弈缺少有效的规制和约束,博弈中机会主义倾向严重,造成城市群府际间在多个

---

① [美]丹尼尔·W. 布罗姆利:《经济利益与经济制度》,陈郁等译,上海人民出版社1996年版,第17、23页。

领域的博弈无序现象。具体来讲,城市群府际博弈中制度规范的缺失主要表现在相关法律法规和权责划分制度的缺失。我国法律对于城市群的发展只是从宏观上规定了其经济地位和作用,但对于政府间如何博弈、各个博弈单元的地位和角色以及博弈协调机构等都找不到相关的法律依据,这就不能给城市群府际博弈提供一个科学有效的制度框架,不能为城市群内部各个政府打破区域分割,实现公平竞争和合作提供法律保障。同时,城市群府际博弈的成败在很大程度上取决于权责分配的科学性和合法性。但是现阶段的府际权责分配机制及规范并不完善,一般都是较为虚化的原则性文件,表述笼统、宽泛,不易于操作,对于博弈的权责分配规则,也就是双方在博弈中应承担的责任以及应该发挥的义务、应如何实现这些责任和义务、违反这些责任义务应当如何惩处等并无翔实的规定,因此导致博弈主体之间经常出现责任推诿和违规行为,影响城市群府际间的合作关系。

整体性治理特别强调制度的规范性,也就是制度的法制化、科学化及明晰化。登力维认为整体性治理所坚持的这种制度规范导向能够更好地引导各个主体的行为,并且在整个治理系统中逐步形成制度敬畏感,增强制度的认同度和执行力,促进有序治理格局的形成,这对城市群府际博弈治理中的制度缺失现状具有高度的适用性。[①] 整体性治理首先主张完善区域治理中的立法,制订总领性的纲领及详细的细则法规,并与现有的各种规划法规相互衔接,形成比较完备的区域法律法规体系,从法律上肯定各个主体的法定地位,明确各主体间的权责关系。其次,确立科学合理的政绩性竞争制度。政绩性竞争博弈是城市群府际治理所必须面对的,由政府的层级性和集权性所带来。政绩考核和升迁激励对各个政府行为趋向有着极大的影响力。要建立防止短期行为的问责制度。政府官员任期较短,流动性

---

① 韩兆柱、单婷婷:《基于整体性治理的京津冀府际关系协调模式研究》,载《行政论坛》,2014年第4期,第49—52页。

强，官员们往往会将任期内的利益最大化，不考虑任期以后如何。应当建立官员任职档案制度，对于因为任期内行为导致的任期后影响，由该任期内的官员承担责任。再次，赔偿责任制度。整体性治理认为在区域合作中必须建立赔偿责任制度，只有这样才能够使得违规主体受到惩戒、利益受损主体获得赔偿。赔偿责任制度必须明确责任主体，在制度上明确和追究违规主体的法律责任，没有违法也要追究其政治和行政责任。完善的法律法规、清晰明确的责任划分是博弈双方良性互动、博弈活动有序进行的制度保障。法律制度是各种制度中最强硬的一种，它是区域治理中不可或缺的一种稀缺资源。明确的法律法规及责任划分有助于减少府际间的摩擦和冲突，降低交易成本，防止不确定行为的出现，确保城市群府内部各个政府在竞争博弈的过程中更客观、更理性地做出选择，促使城市群府际博弈朝着双赢的合作方向发展。①

---

① 张玉：《转型社会"制度性风险"治理的理论演进及其路径选择》，载《中国行政管理》，2010年第7期，第77—78页。

第五章 国外城市群府际博弈的整体性治理经验与启示

他山之石，可以攻玉。研究城市群府际博弈的治理，需要有开阔的思维和广阔的视野。现阶段，世界范围内城市群府际博弈治理经验比较成熟的地区主要集中在欧美、日本等发达国家。这些国家的城市群发展历史相对比较长，城市群在不断发育、发展、壮大的过程中摸索出了一套系统可行、成熟的城市群府际博弈整体性治理方法。本章选取国外城市群府际博弈治理比较成功的典范——美国、日本两个国家作为参照系。对于中国这样的发展中国家而言，美国城市群府际博弈关系的调整具有典型的示范作用；日本作为中国地缘位置上的近邻，在城市群治理改革上与中国有着许多类似的背景与实践，也具有比较价值。本章通过分析借鉴他们的经验，从中得到一些有益启示，进而积极探索有利于构建我国城市群府际博弈高效治理的新模式，实现"后发城市群"跨越式发展。

第一节 美国城市群府际博弈的整体性治理应用经验

美国是世界上城市化水平最高的国家之一，主要包括三大城市群：波士顿—华盛顿城市群，芝加哥—匹兹堡城市群以及圣地亚哥—旧金山城市群。波士顿—华盛顿城市群分布于美国东北部大西洋沿岸平原，北起波士顿，南至华盛顿，以波士顿、纽约、费城、巴尔的摩、华盛顿等一系列大城市为中心地带，其间分布的萨默尔维尔、伍斯特、普罗维登斯、新贝德福德、哈特福特、纽黑文、帕特森、特伦顿、威明尔顿等城市将上述特大中心城市连成一体，在沿海岸600多千米长、100多千米宽的地带上形成一个由5个大都市和40多个中小城市组成的超大型城市群，面积约13.8万平方千米，人口约4500万人，城市化水平达90%。虽然面积占国土面积的比重不到1.5%，却集中了美国人口的20%左右，它是美国经济核心地带，制造业产值占全国的30%。各个城市都有自己的特殊功能，都有占优势的产业部门，城市之间形成紧密的分工协作关系。芝加哥—匹兹堡城市群分布于美国中部五大湖沿岸地区，东起大西洋沿岸的纽约，西沿五大湖南岸至芝加哥，其间分布有匹兹堡、克利夫兰、托利多、底特律等大中城市以及众多小城市，城市总数达35个之多。这两个城市群集中了20多个人口达100万以上的大都市区和美国70%以上的制造业，构成了一个特大工业化区域（又称之为"制造业带"），这一地带是美国工业化和城市化水平最高、人口最稠密的地区。另一个城市群，即圣地亚哥—旧金山城市群分布于美国西南部太平洋沿岸，以洛杉矶为中心，南起加利福尼亚的圣地亚哥，向北经洛杉矶、圣塔巴巴拉到旧金山海湾地区和萨克拉门托。① 美国在长期的城市群发展和管理过程中，对城市群府际间的博弈治理探索出了一些有效的措施，具体来说主要包括以下几个方面。

一、设立城市群府际博弈协调机构

城市群内部各个城市政府基于自身利益最大化诉求，不可避免地彼此间会产生博弈冲突，为了更好地协调这种冲突，必须建立博弈协调机构，

---

① 陆瑶：《大城市群发展中的政府协调机制研究》，西南交通大学博士学位论文2007年，第82—85页。

对城市群内部各个博弈主体间权责划分、利益分配与补偿等问题进行协调与规制。如何调动城市群内部各个城市政府的积极性,建立一个反映各城市政府意愿,获得各城市政府普遍认可,并具有民主治理结构的博弈协调机构,是城市群走出府际博弈"囚徒困境"、实现高效合作的关键环节。为协调城市群内部各个城市间的矛盾,解决单一城市政府无法解决的问题,美国城市群探索建立了具有较高权威性的城市群府际博弈协调组织。这种协调组织并非对原有行政组织架构的重新设计,只是在原有的基础上形成一个对整个城市群内部事务进行统筹管理的新机构,其职能与各个城市政府有明确的界线。新管理机构与各个城市政府之间构成了一种双层管理结构,即一个城市群府际博弈协调组织和各个城市政府并存的双层结构。这种模式主张对城市群发展进行统一规划,各个城市政府在协调组织指导下公平、公正地划分权责,以合作共赢的指导思想化解内部博弈冲突。[①] 例如,美国波士顿—华盛顿城市群成立了大都市区联合政府。它在华盛顿设立了大都市区联合政府办公室,设立理事会,选举产生 9 名理事,并在理事会下设有 8 个常任委员会。该办公室的职能主要是协调解决城市群内部财政、交通、环境和土地利用、社区事务等各项工作,对道路、铁道、公共汽车、机场、港湾等区域性交通系统实施明确的一元化管理等。美国的实践证明,在城市群内建立统一的权威机构对城市群内部府际博弈进行协调是行之有效的,因为它能够从整个城市群的高度充分考虑彼此间的联系,制订整体性的城市群发展规划,引导城市群内部资源合理流动。并且,城市群发展过程中最忌讳的就是各自为政的恶性博弈竞争,只有具有权威性的协调机构才能够减少和应对这种对抗性和非理性的非合作博弈,提升城市群内部各个城市府际间的合作效率。此外,美国大都市区联合政府除了

---

① 任宗哲、宫欣旺:《组织化:区域地方政府协调发展的一种路径》,载《西北大学学报(哲学社会科学版)》,2008 年第 2 期,第 102—106 页。

各市派专员外,还重视吸纳各方面的专家,组成虚拟团队,对城市群府际博弈中的重大事宜提供专业指导和规划,更能够提升府际博弈协调的专业性和科学性。美国城市群发展过程中建立权威性的府际博弈协调机构可以更好地应对府际博弈冲突,对于我国城市群治理改革实践具有较强的借鉴意义。

二、建设城市群府际共享信息平台

大数据时代的来临深刻变革了区域政府的治理模式和工作机制,由于网络信息传递的迅捷性和跨域性,可以更好地对区域资源和公共事务进行整合式分配和治理。[①] 美国城市群发展过程中非常重视共享性信息平台的建设,在城市群内部建立了统一的政府办公网络,并统一用户端口,确保城市群内部各个城市都是该信息系统的节点,城市群内部各个城市间的信息传递速度加快、失真较小、成本降低,使得彼此间信息融合度大大提升,在一定程度上避免了因信息沟通不畅而引发的城市群内部府际间非合作博弈。同时,美国城市群发展过程中还依托先进的信息技术建立了城市群政府联合政务网,将城市群内部各个城市的政务进行统一整合,使得城市群内部各种跨域公共事务的处理更加高效、便捷。美国在城市群共享性信息平台的建设过程中,首先对区域信息人员进行了整合,从各个城市抽调信息人员,收编进统一的城市群信息管理部门,由该部门统一负责城市群信息统筹和整合等相关工作。另外,还对数据库进行分类整合。城市群内部数据库的分类整合就是要打破各个城市政府之间信息"割据"、相互垄断的壁垒,建立整体统一的数据库,实现共享,避免再出现数据库杂乱、单一

[①] 傅永超、徐晓林:《府际管理理论与长株潭城市群政府合作机制》,载《公共管理学报》,2007年第2期,第24—29页。

化的局面。美国在城市群共享性信息平台建设中基于角色所需的内容,对城市群内部数据库进行分类整合,分别建立起政策发布数据库、内部管理数据库、外部治理数据库、公共财政数据库以及公共服务数据库。美国城市群信息共享平台的建设成为运用现代信息技术实现"电子治理"的标准案例。通过以现代信息技术为依托而建立的城市群内部政府沟通平台和外部政务处理平台,将城市群各个城市政府紧密联系在一起,并建立起公共事务治理系统、经济环境共治系统和生态环境一体化系统,初步形成了城市群网状合作治理模式。这种模式实质上是政务环境、经济环境、生态环境在信息技术支撑下的立体网络。在这种立体网络治理模式下,城市群内部各个城市政府通过信息共享平台进行高效的对话、合作和衔接,既可以弥补传统信息传递失真的缺陷,通过高效信息传递推动城市群内部各个城市的融合,也可以在竞争性领域形成积极的博弈导向,打破了行政区划形成的分割状态。① 总之,美国城市群府际博弈中信息共享平台的建立,有效防止了城市群内部"信息孤岛"现象的产生,提升了彼此间的信息透明度和整合效度,并减少了博弈中的机会主义行为,促成美国城市群内部府际间良好的合作博弈发展态势。

三、签订城市群内府际合作性协议

美国城市群内部政府间除了通过设立专门的组织负责博弈协调工作外,还制订了多种形式的政府间博弈协定,以协调和规范城市群内部各个政府的行为。这种城市群合作协议和规定适应了美国城市群发展过程中一体化的需求,按照平等自愿、优势互补、合作共赢的基本原则,以契约和法规

---

① 孙志建:《论整体性政府的制度化路径与本土化策略》,载《广东行政学院学报》,2009年第5期,第16页。

的形式达成城市群内部政府间各种合作文件。① 美国用实践证明，城市群内部府际间合作协议和规定已经成为化解府际博弈冲突的重要工具。具体来说，美国城市群合作性协议主要有政府间签订的合作协议书、合作协定书、合作宣言、合作倡议书等形式。除了具有宏观指导意义的《城市群内部合作框架协议》外，还制订了微观层面的诸多专项协议，如：《华盛顿城市群知识产权合作协议》《波特兰大城市群环境污染治理合作联席会议制度》《旧金山城市群警务协作框架协议》《芝加哥—匹兹堡汽车产业布局合作协定》等。这些宏观和微观的城市群合作协议、规定和框架建构起美国城市群整体的合作性协议体系，是城市群内部府际博弈关系协调的重要依据，并且这些协议体系的逐步完善和形成在促进城市群内部府际合作、消除行政壁垒、协调府际行动、化解府际博弈冲突的实践中收到了很好的效果。美国城市群府际合作性协议明确规定了府际博弈的规则，协议的内容既包括缔约方各自的义务、责任及权利、利益分配机制和执行协议的机构等，也规定了终止、撤回协议成员关系的方法和程序，及解释、退出等内容。这些协议内容都十分详尽，使得协议操作起来有法可依；而且协议签订之后就受到法律约束，不能够随意的变更和撤销，一切都得按程序和相关规定开展，否则就必须接受法律的惩戒，承担违约成本。在美国城市群府际合作性协议中，缔约方的地位是平等的，不会因为各方的政治、经济、文化等方面的实力存在差异而导致执行契约方面的差异。缔约各方还能够彼此相互监督与制约，当某一方出现违约行为时，可以向相关协调机构寻求保护和制裁，进而维护自身的合法权益。这些城市群合作协议既有详细的合作规定，也具有保障合作协议落实的具体举措，使得其更具有规范效应。除此之外，美国城市群内部还成立了专门的监督机构（如华盛顿城市群协

---

① 张紧跟：《当代美国地方政府间关系协调实践及其启示》，载《公共管理学报》，2005年第3期，第56—58页。

议督察办公室)来监督指导各个城市政府对于所签署的各项合作协议的实际履行情况,并将这些实际落实情况及时公布在城市群共享性信息平台上。如果城市群内政府出现消极履行的情况,这将直接影响其公信力与声誉,使得其在内部合作中受到歧视,不利于长远发展。因此应借鉴美国的实践经验,制订城市群府际合作性协议,并明确所签署各种协议的法律效力,这样才能使得协议对城市群内各个城市政府有着较强的法律约束力和行为规范力,促使其认真贯彻落实,更好地协调城市群内府际博弈关系,规避博弈冲突。

四、规范城市群内部利益补偿机制

根据前文城市群府际博弈模型的分析可知,为实现城市群内部较长时期的均衡,需要对城市群内部各个城市利益进行再分配,建立城市群内部利益转移或补偿机制。城市群内部利益补偿是对城市群府际博弈中可能造成过大利益差距的制度救济,同时也可减少和避免城市群内部政府机会主义和保护主义倾向。美国利益补偿的构建及实施主要通过建立规范的财政转移支付制度来实现各个城市间利益转移和损益补偿,特别注重利益分配的公平与合理性。[①] 具体来说,美国城市群内部利益补偿机制的实施途径大致有三个:一是城市群内部府际间的横向利益补偿,主要侧重于城市群府际博弈中获利丰厚的城市直接向为城市群整体利益做出牺牲的利益主体进行补偿,补偿的方式主要为间接补偿,例如教育支援、人才培训、技术转让、资源共享、政策优惠等;二是联邦政府相关部门的纵向利益补偿,主要通过财政补贴、税收返还等方式对利益受损一方进行利益补偿;三是通

---

① 陈云:《国外大都市区域协调发展的基本特征》,载《经济纵横》,2013年第8期,第87—89页。

过城市群府际博弈协调机构的专项基金，对府际博弈中利益受损一方进行补偿。这三种利益补偿路径形成了纵横交错的网状模式，能够有效地协调好城市群府际间的利益关系。同时，美国在城市群内部利益补偿机制的构建过程中，还非常重视相关法律法规的制订，主张根据不同城市群发展的具体情况来进行相关法律的配套制订。由于维护城市群整体利益最大化所造成的部分城市利益受损，应给予合理的补偿，要做到补偿程序的规范化、公开化、透明化，在听取相关的利益主体尤其是利益受损主体利益诉求的前提之下，依照相关法律法规，按规定的程序进行补偿。要保证城市群内部各利益主体的正当利益不受损害，对利益受损群体的利益给予最大限度地补偿保证。这样，不仅利益补偿的公正性得到了保证，也有效维护了城市群整体的稳定性。[①] 另外，美国城市群内部还建立了明确、合理的合作成本分摊体系，以及对不执行或消极执行决策的惩戒机制。明晰的合作成本分摊体系可以有效的确定利益补偿的对象和主体，而惩戒机制采取罚金、减少城市群共同基金对相关政府的资金援助，或者取消参与城市群决策委员会的资格等措施对采取机会主义者有着较强的威慑作用，能够保证城市群内部补偿措施的顺利执行。公共选择理论创始人布坎南（Buchanan）认为，顺利合作的重要保障是利益均衡，而利益补偿则是实现利益均衡的有效手段。因此，美国城市群内部通过多种途径进行区域利益补偿，有助于形成城市群内部政府间利益共享合作链，进而实现城市群共享发展和整体利益最大化的目标。

---

① 易成志：《美国大都市区治理实践及启示》，载《中国行政管理》，2010年第5期，第56—58页。

第二节　日本城市群府际博弈的整体性治理应用经验

我国的近邻日本，是世界第四大经济体，前三分别是美国、中国和欧盟。早在20世纪50年代，日本就开始了太平洋沿岸带城市群的规划建设，形成了近10个规模不等的城市集群，其中以东京为核心的首都城市群、以大阪为龙头的近畿城市群和以名古屋为首的中京城市群最为知名，也是世界上公认的比较成功的城市群。在这些城市群中，各城市有不同的定位和功能，促进了市场、产业和服务等要素的高效配置，提高了区域经济协同发展效率。首都城市群以东京为核心，包括横滨、川崎、横须贺、千叶、埼玉和木津更、筑波等城市。首都城市群中的城市规模体系比较完备，分工也比较明确，同时还规划了次核心城市和服务功能区。大阪和名古屋城市群也有各自不同的定位。大阪、神户、奈良和京都是大阪城市群的主要成员。其中，大阪是商业资本的集中地，批发零售等各类商业服务十分兴隆，其周边地区是松下电器等消费电子厂家聚集地；神户是重要的港口和工业城市；京都主打旅游和国际会展、奈良是历史文化和旅游服务。名古屋城市群以制造业为主，汽车和机械制造业十分发达，是日本重要的工业地带。① 日本在城市群府际博弈治理过程中逐步形成了"广域行政"的理念，并在长期的实践和探索中，逐步形成了独具特色的城市群府际博弈治理经验。

---

① 刘爱梅、杨德才：《论我国三大城市群发展的"效率陷阱"——基于日本城市群发展的经验》，载《现代经济探讨》，2010年第7期，第82—85页。

一、完善城市群府际协作法律

制度经济学家康芒斯（Comens）指出：在社会经济领域，无制约的竞争博弈将陷入"囚徒困境"，导致各方利益共同受损的博弈结果。因此，在城市群府际博弈的治理领域同样需要明确的法律法规来约束各个城市政府的博弈行为。日本已在这方面做出了可贵的探索，对我国城市群府际博弈的协调与治理不无启示。日本《地方自治法》规定城市群内部政府的基本形式，实行事务委托、部分事务组合、协议会等形式，同时设置共同机构处理城市群内部行政事务。《地方行政联络会议法》规定设立强化城市群内部政府之间的横向联系，促进跨区域行政实施的城市群行政联络会议。城市群各自设立城市群行政联络会议，会议成员由相关知事、政令指定都市市长以及中央政府相关部门的主要负责人组成，主要议题是讨论关系城市群内部的公共事务及协调办法。日本为加快城市群建设，制订了《城市群新产业城市建设促进法》，规定城市群内可设立地方开发事业团，这一事业团在的法律地位属于"特别地方公共团体"。日本还修改了《地方自治法》，逐步扩展了协议会在城市群内跨区域公共事物管理的权限与范围，并设立"部分事物组合部"来更好地处理城市群跨区域公共事物。随后又相继制订《广域市村町圈振兴整备措施纲要》《大都市周围跨区域行政圈振兴整备措施纲要》《新广域市村町圈计划策定纲要》等具体法律法规，为城市群内部各个城市合作规定了具体形式，并提出有效协调府际关系的策略选择。[①] 为了更好地协调城市群内部府际博弈，提升城市群内部的合作效率，日本国会通过了《城市群政府关系协调推进法》，规定了城市群府际关系协调处理

---

① 傅钧文：《日本跨区域行政协调制度安排及其启示》，载《日本学刊》，2005 年第 5 期，第 23—36 页。

的基本原则以及违约的惩戒处理措施。通过日本城市群府际博弈治理的实践不难看出，较完善的法律制度是有效治理的前提保障，这为城市群内部各个城市政府之间合作治理提供了法律依据。健全的法律制度能够对各个城市政府的博弈行为进行有效的约束，促进彼此间有序博弈，进而实现合作共赢的最终目标。借鉴此经验，我国城市群在府际博弈治理中，必须大力加强法律制度建设，不断完善城市群府际博弈治理相关的法律体系。

二、成立城市群府际协调机构

组织管理学家杰里·波拉斯（Jerry Pollas）认为组织机构建设是合作治理的基础。日本十分重视城市群治理的组织机构建设，通过组织机构建设，使城市群府际合作有序高效地运行。第一，事务组合机构。日本规定城市群内部各个政府之间可通过协议，共同设立一个专门处理部分事务的组织。事务组合机构可拥有自己的职工，可制订和颁布相应的条例。当前，日本事物组合机构应用最多的是公共事物领域中的环境污染治理，其次为经济协调发展、产业发展规划、基础设施建设、公共危机应对以及医疗教育等公共服务方面。并且，随着城市群的逐步发展由单一事务组织机构向复合型事务机构发展。第二，协议会。协议会是日本为应付城市群不断扩大而采取的处理城市间博弈的一种形式。日本《地方自治法》第157条第9款规定，协议会由城市群内部各个城市政府根据具备法律效力的协议设立。与前述事物组合机构相比，协议会具有明显不同的特征，它不属于城市公共团体，因而没有固定工作人员和财产，不具备一般机构的法人资格。协议会的工作人员主要是由城市群内部各个城市政府委派人员担任，其主要工作内容包括以下几点：处理城市群府际博弈协调事务；制订城市群整体发展规划；负责对城市群府际博弈中的违规行为进行惩戒等。第三，设置共同机构。日本《地方自治法》第164条第12款规定，城市群内部各个城市政府之间通过协议设立委员会并安排专职委员。共同机构与协议会有着共同点，就是两者都不属于城市群公共团体。然而不同的是，设置共同机构的主要目标是为了简化行政机构，减少财政指出，提升行政效率，而且共同机构涉及的范围比协议会较窄。共同机构一般是由城市群内部多个城市政府针对某一具体公共服务领域而设立的。以大阪近畿城市群为例，该城市群内部有关老年人护理员资格认证的认定审查会由滋贺县、兵库县、奈良县等共同设立。[①] 第四，"广域联合"即城市群内政府联合。经过修改的《地方自治法》第284条第3款规定，城市群内部政府可以联合的形式处理跨区域行政事务。"广域联合"与上述部分事务组合相比，其优势在于政府可以处理更多的跨区域行政事务。[②] 第五，经济联合会。经济联合会的性质是非营利性民间组织，目的是服务城市群经济发展，活动经费由参与该联合会的会员共同分担。具体而言，它是政府与企业沟通的桥梁，可以有效地向政府反映企业的需求，并协助政府规范企业的竞争行为，进而有助于提升政府工作的效率。经济联合会推动经济发展的方式主要有四点：（1）给各个成员城市进行恰当的经济定位和产业分工；（2）在城市群内建立各种经济服务机构；（3）实现城市群内城市合作实际化，而不是把"合作"仅仅停留在口头上；（4）清除地方保护主义。目前经济联合会已经成为日本城市群经济发展必不可少的主要载体和机构形式。综上所述，日本城市群府际协调机构形式多样，涉及范围较为广泛，在城市群内部公共事务治理等诸多领域，都设有相应的治理与协调机构，并配备政府、非政府组织等多方组织成员，确保了组织机构的代表性。针对当前我国城市群的治理现状，应该建立与健全城市群内部府际协调组织机构，配备具有代表

---

① 刘焱、贺曲夫：《日本区域一体化发展中的改革与创新经验》，载《特区经济》，2009年第10期，第113—116页。

② 王凯、周密：《日本首都圈协同发展及对京津冀都市圈发展的启示》，载《现代日本经济》，2015年第1期，第65—74页。

性的组织成员,并赋予其相应的职权,以保证城市群府际协调组织机构稳定有序高效地运转。

三、健全城市群府际信用体系

交易行为理论认为只有信用制度简明、规范、易于操作,且对失信行为的惩罚严厉,使守信者的收益确定性大于风险,使失信者的风险确定性大于收益,才能促使交易主体选择守信行为;相反,则会导致交易主体优先选择失信行为,这从理论上论证了建立区域信用体系的必要性。日本在城市群府际博弈关系的协调过程中非常重视信用体系的建设,以增强城市群内部各个城市政府的诚信意识,确保守信行为,减少彼此间的交易成本。具体来讲,日本在城市群信用体系建设的过程中主要采取了以下措施:第一,设置城市群专门信用管理部门,实行动态联动监管机制。日本城市群信用管理部门由各个城市指派的专门人员组成,成立信用监察委员会,围绕征信活动、信用交易等方面的监管需求,逐步建立起动态的联动监管机制,加强城市群内部各个城市政府信用体制建设上交流与合作。[①] 第二,重视信用信息的公示,形成多元主体参与的监管网络。日本城市群信用管理中确立"警示在先、惩戒在后、立信为主、处罚为辅"的原则,建立信用信息披露机制、失信惩戒、守信褒奖机制,并以信息化为手段,及时发布政府信用信息,建立信用"黑名单"制度,以此加大合作领域的联合监管和打击力度,提升守信意识和失信成本。第三,建立区域失信惩戒机制,形成守信获益、失信受损的良好氛围。建立"守信受益,失信惩戒"的保障机制,保护守信主体,建立城市群守信名录,并在监督管理、纳税缴费、

---

① 薛凤旋、郑艳婷、许志桦:《国外城市群发展及其对中国城市群的启示》,载《区域经济评论》,2014年第4期,第147—152页。

政府采购、授信额度、还款方式等方面给予奖励性质的优惠政策；对于失信主体，建立城市群失信名录，对失信记录予以公开公布，使其合作交流受到制约，并制订相应的惩罚条款。第四，通过特许经营方式，引导信用中介机构发展。为了更好地促进城市群内部信用评估，日本按照"完善法规、市场运作、规范经营、专业服务"的要求，以特许经营的方式批准信用中介机构开展以征信为主的区域性第三方征信业务。城市群信用监察委员会对特许征信中介机构负有指导与监督职责，促使其更加公平、公正开展城市群政府信用信息征集和信用等级评价工作。[1] 日本建立了较为完善的城市群信用管理体系，城市群内部各个城市政府容易辨析守信或失信的风险和收益，进而在府际博弈过程中自觉遵循守信原则，为城市群合作性博弈发展提供了信用保障。

四、编制城市群整体发展规划

青木昌彦（Aoki Chang Yan）指出，有效、完善的规划是减少非合作博弈的有效路径。城市群发展规划的制订可以科学地指导城市群进行发展定位，确定各个城市在区域内扮演的独特角色，明确自身在城市群发展中的地位。城市群发展规划一般根据城市群内各城市现有条件和发展潜力，制订各城市在城市群内应有的权利和应承担的任务，为城市群以及城市群区域内各城市主导产业选择、公共基础设施建设、环境保护和治理提供科学的理论指导，避免出现产业相似、结构相近、低效率重复建设以及环境治理"囚徒困境"等问题。城市群发展规划制订得好，会大大加强城市群的综合竞争力，若制订不好或不能有效实施则会导致城市群府际博弈的无序竞争，进而造成资源的极大浪费。在城市群府际博弈治理过程中，日本政

---

[1] 阮德信：《信用问题的行为经济学分析》，载《求实》，2006年第9期，第42—44页。

府充分地意识到城市群发展规划的重要性。迄今为止,日本三大都市圈(首都城市群、近畿城市群、中京城市群)的战略规划均已经编制过多次,而这些规划的编制都由各个城市群根据自身情况制订,并报备日本中央政府国土厅设立的大都市区整备局审批。为保证公平公正,有效防止城市群发展规划制订过程中利益主体与决策主体冲突的现象,日本规定城市群发展规划决策部门必须在相应的宏观视角下进行规划编制和政策制订的工作。具体措施主要包括构建交通、信息、环境等公共服务的共享平台机制,推动产业一体化发展和促进行政体制改革等。[①] 同时,日本城市群区域发展规划明确规定,区域政策适用于区域内的所有城市,无城市等级的划分,并且不受任何行政区划的制约。总体来讲,日本城市群发展规划的编制重点关注以下几个方面:一是注重分析城市群发展基础、限制条件、资源环境承载力等;二是以城市群发展的基础条件为依据,合理地设定城市群的发展定位、目标和战略;三是围绕城市群发展目标,科学地提出城市群城市层级结构、确定城市群辖射范围;四是根据城市群内部各城市所承担的"角色",确定主导产业和重点扶持项目;五是组建长期稳定的编制机构对城市群规划制订工作进行长期的指导和跟踪监督,增强城市群规划的延续性;六是重视现代信息技术在城市群规划的应用。现代信息技术的发展为城市群规划编制提供了技术支持和平台,能够建立起迅捷的决策与反应系统,并进行规划仿真模拟,实现了规划编制工作的革新。所以,城市群整体性规划是有效防止城市群府际无序竞争博弈的重要手段,我国有必要出台相应的城市群规划导则,引导城市群科学地进行规划,使各个城市充分发挥自身比较优势,确保城市群内的战略协作和优势互补,进而提升城市群的整体实力。

---

① 侯永志、刘云中:《日韩两国区域和城市群发展的做法与启示》,载《经济纵横》,2012年第6期,第13—15页。

第三节　国外城市群府际博弈的整体性治理应用启示

一、组织保障：设置威权性府际博弈协调机构

美国和日本的城市群府际博弈治理过程中都成立了权威性的博弈协调机构，在某种程度上都取得了预期的效果，较好地协调了城市群内部府际之间的博弈竞争。由此可见，权威性的城市群府际博弈协调机构是保障城市群各个城市间合作的重要基础。在我国，不论是发展较早的长三角、珠三角和京津冀三大城市群，还是长江中游、中原、长株潭、滇中等后发城市群，其内部府际之间的博弈冲突仅靠各种联席会议进行协调、友好磋商或联合声明等，权威性非常有限，局限性相当明显，分歧难以弥合，推矮扯皮效率低下的现象普遍。所以，在城市群府际博弈治理过程中，府际间所达成的共识要真正"落地"，必须依法建立权威性城市群府际博协调机构，才能保证城市群政府之间的合作取得实效。[①] 借鉴国外经验，结合国内实际，加强组织创新，在城市群设立一个跨行政区的强有力博弈协调机构势在必行。作为城市群府际博弈治理的专门机构，其主要职能包括组织编制城市群整体发展规划，协调城市群重大基础设施建设、生态环境建设与保护、跨行政区生产要素的流动、区域经济发展和产业结构调整，以及产品结构优化升级，当然也包括各个城市间在博弈中的矛盾协调等。城市群府际博弈治理机构应积极协调城市群政府合作生产和提供区域性公共产品

[①] 姬兆亮：《区域政府协同治理研究——以长三角为例》，上海交通大学博士学位论文 2012 年，第 56—58 页。

及公共服务，研究制订并组织实施城市群整体市场竞争规则和相关政策措施，对城市群府际间的经济发展战略和规划进行指导，使之与城市群整体性发展规划相衔接。城市群府际博弈协调机构只设置管理办公室是不够的，还应该成立相应领域的专业委员会，如区域规划与产业协调委员会、重大基础设施建设管理委员会、交通运输管理委员会、流域环境保护与治理委员会等，对这些专业机构的设立或撤销要有法律依据，更重要的是要赋予这些机构相应的权力。城市群府际博弈协调机构还必须明确治理的范围和区域协调的总体规划与进度、机构运转经费来源及其用途、专门机构的职责与任务、区域协调效果的评判与纠正等，这样才能使其更为规范和有效地发挥作用，进而更加有效地协调城市群府际间的博弈冲突。

二、合法基础：构建整体性府际协作法律体系

想要从根本上解决我国目前城市群内部府际间存在的"博弈无序""合作无果"问题，就必须构建城市群整体性府际协作法律体系，制订与城市群相关的法律法规以及总体发展规划，并以法律形式确保其执行与实施。必须清醒地认识到，与美国、欧洲以及日本的世界级城市群相比，现阶段涉及我国城市群内部府际间博弈行为的法律法规相当薄弱。有些法律仅仅规定了各个政府对自身辖区内事务的管理权限，而对城市群府际间博弈的规定几乎没有，对城市群府际间的某些恶性博弈竞争行为无能为力。由于缺乏法律依据和支持，某些城市群总体发展规划虽然已经制订，但无法有效执行，得不到贯彻落实。为保障我国城市群实现良好府际博弈秩序，应该首先从法律基础机制入手，尽快制订相关的法律法规，确保城市群发展规划得到有效落实，使城市群发展和建设有法可依，并将城市群内府际竞

合博弈行为纳入法治轨道，避免频繁出现恶性竞争博弈。[①] 法律体系的建构是一个循序渐进的过程，而我国城市群在这方面基础比较薄弱，因此当前构建城市群内部府际博弈法律体系应该从三个基础方面进行：推进城市群发展公约制订和出台、鼓励城市群府际合作协议签订、推动城市群发展规划编制和实施等。其中，城市群发展公约制订与出台是基础，城市群府际合作协议签订是手段，城市群发展规划实施是方法。[②]

第一，城市群发展公约。城市群发展公约是指城市群内部各成员城市之间一个共同遵守的约定，一般是各成员城市之间的利益问题进行公开讨论达成一致的意见，并且同意遵守的一个规定，是参与制订的各政府或社会组织共同信守的行为规范。它对于维护城市群内部良好博弈秩序、促进区域合作有着不可低估的作用。城市群发展公约是整个城市群发展的基本蓝图，它主要规定城市群的发展方向、发展定位、预期目标以及各成员城市所要遵循的一些基本原则。城市群发展公约的缔结将有助于各城市群确定基本发展战略，促进各城市群内各个城市政府树立共赢共兴的思维，明晰各城市群近、中、远期发展蓝图，帮助各城市群制订整体性发展策略。第二，城市群府际合作协议。城市群府际合作协议是由参与合作的各个城市政府通过协商一致后签订的具有法律效力的一种书面材料。它是政府间合作意向的文字化表达，通过签署合作协议将使参与合作方的利益得到有效保护。当前应该加强城市群府际合作协议的法律作用，对于违背合作协议的非合作博弈行为予以严厉惩戒，以保证其法律地位和约束作用。第三，城市群发展规划。城市群发展规划较城市群发展公约更加具体，也更具约束性。应逐步提高我国城市群规划的规范性、可行性、科学性，以便规划

---

① 韩志红、付大学：《地方政府之间合作的制度化协调——区域政府的法治化路径》，载《北方法学》，2013年第2期，第121—132页。

② 李亮：《法治型区域发展模式构建路径研究》，重庆大学博士学位论文2008年，第36—38页。

实施单位更有效地进行贯彻和落实。并尽快制订并颁布《城市群规划编制审批办法》，该办法应该详尽地规定城市群规划的空间范围，城市群规划的委托单位、编制单位、审批单位的资质管理与条件，城市群规划的标准格式、重点内容、设计要求等技术规范，城市群规划的禁止性规定等以及部分细节问题。在目前我国有关城市群法律机制尚不健全的情况下，城市群规划是实现内部错位发展进而实现有序博弈的关键。

三、制度支撑：推动现代性府际信用制度建设

恩格斯指出："人类所奋斗的一切都和利益相关。"所以同一区域内组织和个体都会费尽心思来实现自身的利益最大化。而这种心理会造成社会中信任和信用的缺失。一个失去信用和信任的社会是非常可怕的，人人岌岌可危，这样的社会状况很容易导致信用和信任程度更大幅度的滑落。[①] 由于城市群内部信用制度的缺失，导致内部成员之间存在猜疑或实行"一锤子买卖"，每个城市政府为了增加个人政绩，采取非合作的博弈策略，以损害城市群整体利益的代价来换取局部利益，这种现象在产业选择、市场保护、招商引资、土地批租、人才引进等方面表现尤为突出。这会进一步促进城市群内部各个城市政府博弈行为的短期化倾向，追求眼前利益，难以实现共同追求长远利益和合作共赢的格局。[②] 国外比较成熟的城市群都建立有完善的信用制度保障体系，综合运用健全的法律制度和先进的信用管理技术进行城市群信用管理，以提高城市群内部各个主体的信用意识和整体信用环境。由此可见，推进城市群信用体系建设能够改善城市群内各个主

---

① 柳玉芬、宋桂祝：《论政府信用的契约理论逻辑》，载《中共伊犁州委党校学报》，2007年第4期，第90—92页。

② 吴光芸、李建华：《跨区域公共事务治理中的地方政府合作研究》，载《云南行政学院学报》，2011年第5期，第96—98页。

体间的信任关系，为彼此间的合作提供良好的制度保障。因此，我国应该加强城市群内部信用制度建设，具体包括以下几个方面：

第一，建立城市群政府信用管理部门，并设立信用管理办公室和信用建设领导小组，实行联席会议制度定期研讨城市群信用建设工作，制订合作方案，组织项目实施，考核合作成果；进行重大决策的沟通和日常信用工作信息的交流，探索总结区域信用合作与发展的经验；设立专题及专题组，将有关城市群府际信用体系的学术研究纳入信用体系建设当中。第二，建立信用信息共享交流平台，实现城市群信用信息的互通共享，形成一处失信、处处制约的区域联动机制；建立政策法规的实时交流制度，逐步消除城市群内部信用领域的制度差异，实现制度间相互适应连接，加快构建统一的信用制度框架；营建趋同信用制度环境，为共享平台提供共同的技术支持；城市群内部各个城市政府要承诺提供真实可靠的信息，互相承认信用征信数据的准确性，确定信用信息交换的元素、格式标准、流程、周期、技术实现方式、安全保障、运行制度等。第三，培育城市群内部信任文化。[①] 城市群内部要经常开展阶段性主题信用活动，形成标志性的宣传载体，在城市群范围内努力推动形成"有信者荣、无信者忧、失信者耻"的良好文化氛围，注重建设信用道德文化，大力弘扬"诚信"的传统美德和中华文化精髓，全面提升内部成员的道德素质，引导各个成员诚信立身，诚信为人，诚信做事，增强诚信理念，将信用文化作为信用制度建设的基石。

四、关键要素：搭建共享性府际信息沟通平台

信息技术的迅猛发展与广泛应用已经成为这个时代的显著特征，它在

---

① 石淑华、李建平：《论现代信用文化建设》，载《福建论坛（人文社会科学版）》，2003年第1期，第76—80页。

改变人类日常生产和生活方式的同时，也催生了政府治理方式的变革。信息技术为政府及部门间信息共享、协作和非等级沟通提供了有效的手段，电子政务日益成为信息化应用的一大热点。行政学者查德·赫克斯（Chad Hicks）认为："现代信息技术的广泛应用有助于将区域打造成一个沟通快捷、协调有序的全新整体性系统，可以高效地应对区域治理中出现的各种冲突和矛盾。"[1] 国外城市群治理中都特别重视借助先进的信息技术，构建有效的信息沟通和共享平台，使信息充分、及时地传播、交流，以减少城市群内部府际间谈判、协商、合作的交易费用，缓解参与主体的有限理性并制约机会主义行为的发生。具体来讲，在城市群府际博弈中不可避免地会涉及利益格局的调整，信息是利益格局调整中的关键因素，无论是经济领域还是行政领域，信息的不完全都是利益格局产生非均衡的原因。一旦无法充分保障信息的共享和交互，就会表现出两种状态：一种是"非帕累托改进"，指一部分人受益而另一部分人受损；一种是背离"卡尔多标准"的现象，即在有人获益有人受损的情况下，受益一方的收益不足以补偿受损一方。这两种状态的出现都源于信息交互和共享方面的不平等。这种不平等的逻辑延伸必然会拓展到互信领域，从而影响到城市群府际间互信的水平，进而恶化府际博弈的信任基础。[2] 因此，有序合理的城市群府际博弈有赖于平等互信的信息共享和交互制度的尽早建成。

第一，推进城市群信息共享政策与法规的对接协同。梳理各个城市现行的信息共享政策和法规，避免相互间的冲突和较大落差；建立信息共享政策法规工作例会和交流制度，以更好地对城市群内部信息共享发展策略和规则进行统一规划；在城市群内部具体的政策执行、招商引资、技术共

---

[1] 蔡立辉：《应用信息技术促进政府管理创新》，载《中国人民大学学报》，2011年第4期，第138、145页。

[2] 韩兆柱、翟文康：《大数据时代背景下整体性治理理论应用研究》，载《行政论坛》，2015年第6期，第49页。

享、环境治理以及产业规划等领域制订细化的信息共享规则，以营造信息共享无差异的政策环境，消除信息共享的各种障碍和壁垒。[①] 第二，建立城市群统一信息共享技术标准。建立城市群信息共享标准化工作机制，联合开展相关共享技术标准的调研、立项、制订和技术标准宣传实施；促使信息共享系统开发标准化、信息共享网络与接口标准化、信息共享流程标准化、信息共享软件工程标准化，严格规定信息共享数据交换及存储标准；完善信息共享统计指标和核算体系，共同开展城市群信息共享的测评工作。第三，深入推进城市群信息化项目合作共建。逐步探索城市群府际间共同投资引导的信息项目合作模式，第四，健全城市群信息化项目合作推进机制。探索建立城市群政府间共同投资引导的项目合作模式，制订共同发展的区域信息化项目，确定合作项目的利益分配、合作机制、实施办法，保障合作项目的顺利实施；探索跨区域的重大信息基础设施的协调推进机制，建立重大项目年度推进计划的区域协同制度，从项目的立项、审批、建设、验收、运维等关键环节着手，加强沟通协调，建立互相通报、信息共享制度，提高项目推进整体协同性和整体效益。第五，加快研究建立城市群统一的信息监管制度和监管规则。逐步建立公平合理的网间结算体系和监测体系；研究探索适应电子认证、网络融合、信息安全等信息化发展需要的统一监管体系，提高监管能力和水平，并建立信息发布的约束机制。城市群内部各个城市政府如果信息发布不及时、不准确，将受到相应的处罚，以保证信息共享平台的畅通运行。

[①] 董晓华、金毅：《推进长三角区域信息一体化研究》，载《浙江统计》，2013 年第 6 期，第 5—7 页。

第六章 城市群府际博弈整体性治理的路径选择

在我国治理现代化改革背景下,实现城市群府际博弈的有效治理具有现实迫切性。但是,规范城市群内部府际间的博弈不能以头痛医头、脚痛医脚的应付式思路来进行,而需要从整体上进行战略规划,形成对城市群府际间博弈系统的、全面的、规范的治理措施。通过上文对整体性治理理论的阐释,可知整体性治理是实现城市群府际博弈有效治理的图式。整体性治理倡导共赢性的竞争与合作理念,主张以信息技术为治理手段,以协调、整合、责任为治理机制,对多元主体的博弈关系进行有效协调与整合,促使其不断从分散走向集中、从部分走向整体、从破碎走向整合,这正是消解城市群府际博弈无序、促进合作协调发展的重要模式。[①] 基于前文中对整体性治理理论的阐释和国外城市群府际博弈的整体性治理经验,本章拟以整体性治理的视角,从博弈治理理念重塑、博弈治理机构组建、内部考核机制创新、利益协调机制完善、信息共享平台打造和博弈信任体系优化等方面来探讨城市群府际博弈整体性治理的路径构建,以更好地规范城市群府际间的博弈,促进城市群府际间的合作共赢。

[①] 曾凡军:《整体性治理:一种压力型治理的超越与替代图式》,载《江汉论坛》,2013年第2期,第21—25页。

第一节　重塑城市群府际博弈治理理念

治理理念是治理主体所拥有的智力模型的共享框架，它不仅对治理提出解释，而且还包括对治理的秩序究竟怎样提出建议。随着城市群的跨越式发展，城市群府际博弈已经形成多元化、复杂化、网络化的态势，传统的城市群府际博弈治理理念已经不能适应新形势下的治理需要。① 在治理现代化转型的特殊历史时期，城市群唯有与时俱进，改变传统治理模式、思维模式，树立现代化城市群府际博弈治理理念，才能适应时代发展的要求。具体来讲，城市群博弈治理包括整体性、协同性和法治性三大先进理念。

一、整体性理念

城市群府际博弈的治理是城市群为了适应社会经济发展的要求而进行的内部行为调整或府际关系重构，是一种动态的、突破行政区划和边界的合作化行政管理，突破了传统的、静态的、内生的行政管理体制。这种博弈治理要想顺利建构，必须要求城市群内部各个城市政府首先树立整体性理念。整体性理念就是将城市群内部各个城市政府作为一个完整大系统内部的子系统，要充分意识到三点：第一，整体性理念可以明确各个城市政府在城市群内的准确角色。城市群府际博弈机制是一个完整的系统，每个参与人都是其中的子系统，都会通过各种途径和其他参与人之间产生耦合，都会与外部大环境之间产生交流，在不断地反馈控制调节中保持着内部物质流、能量流和信息流的良性循环。这些子系统在运行的过程中就必须考

---

① 韦彬：《跨域公共危机：理念、文化碎片化与整体性治理》，载《理论月刊》，2014 年第 6 期，第 111—115 页。

虑其他子系统行为带来的影响，并力图通过与其他子系统之间的良性互动，达到大系统的最优运行。① 第二，整体性理念可以为博弈治理机制的构建提供潜在的动力。受"理性经济人"内在驱动因素的影响，城市群内各个城市政府有着一定的抵触合作倾向，而整体性理念可以很好地改变这种倾向。城市群内的各个城市政府间通过相互包容和整合会给彼此和整个城市群带来外部正效应。要想破解城市群府际博弈的"囚徒困境"，城市群内部各个城市政府必须树立整体性理念，增强每个政府的大局观念，通过城市群整体性规划，将各个城市间的优势互补和叠加，资源进行协调和整合，充分激发分散的社会活力，形成强大的合作推动力，打破狭隘的地区主义，形成开放的、相互合作、相互依赖的新地方主义。第三，整体性理念还包括时间上的维度。所谓整体性的时间维度是指城市群府际博弈中各个城市政府应逐渐学会在短期利益与长期利益之间做出战略选择，提升博弈的理性化程度，不应该为了短期的眼前利益而做出有损城市群整体利益或者长远可持续发展利益的选择。同时，还必须明确博弈是一个长期持续的过程，而不是一次性的短期抉择，选择非合作博弈的机会主义行为有可能一时得利，但在长远来看，会失去其他博弈主体的信任，影响自己的声誉和未来合作机会。所以，在城市群府际博弈治理的过程中，树立整体性理念是先导性因素，明确城市群是一个整体性的系统，每个城市是这个系统的子系统，从城市群整体系统利益出发，互相取长补短，实现优势互补，才能够更好地促进城市群府际博弈关系的良好发展。

二、协同性理念

当前城市群内部各个城市政府依然存在本位主义，从传统的自我利益

---

① 郭春泉：《整体性治理：地方政府治理的困境与超越》，华东政法大学博士学位论文，2011年，第54—57页。

观念出发，因而造成城市群府际博弈中存在的问题长期得不到解决。而城市群府际博弈中许多问题都需要多个主体的协同，"独善其身"实际上是很难做到的。例如，城市群内各个政府如果没有区域整体的环境利益观念，而只抱"独善其身"的心态，那么，各地的环境保护目标也是无法得以实现的。所以，现阶段最根本的是要转变"独善其身"的理念，明确自身的发展与其他主体有着密不可分的联系，是"唇齿相关"的关系，要树立协同性理念，在互利互信基础上以实现城市群整体的利益。① 协同性理念，就是城市群内部的各个城市政府需要强化自身合作双赢的思想。作为系统论的一个分支，协同论认为，现代城市群发展是一个系统的整体发展过程，整体中存在着各个影响城市群发展的子系统，因此，整体发展必然要求各个子系统之间的合作，只有各个子系统运转良好，整体系统才能以最低的成本获取最大的收益。当前城市群内部各个城市政府诉求多元交织，进入利益矛盾和冲突的多发期，这些为城市群府际博弈治理塑造了一个全新的生态背景和宏观结构。它意味着"新的舞台已经展开，传统的分割型利益政治格局已经消失"。这个新的舞台必须有合适的政治文化土壤，而这种土壤的培植就需要以协同性理念为基础。② 一方面，城市群内部各个政府需要塑造辖区内竞争的独特资源禀赋集合，根据自身的比较优势来配置资源、调整产业结构，避免形成对某些资源禀赋的过度路径依赖。破解常见的市场保护、重复建设、资源浪费等难题。另一方面，城市群府际间需要弱化对立意识，摒弃传统的单赢思维，破除行政区域的刚性约束，由"内向型行政"向"外向型行政"转变。在差异化中寻求合作的突破点，对于各参与方关系进行调适，塑造参与方之间的相互关系，使之朝着信任和"一体

---

① 郎友兴：《走向共赢的格局：中国环境治理与地方政府跨区域合作》，载《温州论坛》，2007年第1期，第116—119页。

② 李娜：《基于协同理论的长株潭城市群合作治理研究》，载《湖南行政学院学报》，2013年第3期，第47页。

感"的方向发展,在寻求共同利益基础上实现"共赢",最终形成新的"整体统筹、多方协同,合作共赢"治理模式。并且通过强调城市群内各个城市政府的平等关系,淡化以"官本位"意识为基础的行政等级观念,保证各主体享有平等的参与权与表达权,推进在多个领域的合作,力求府际博弈向着"双赢"均衡态势演变。① 总之,协同性理念不仅仅要求城市群内部各个政府简单遵守规则,而且各方的积极参与,是一个参与主体共同设计和制订规则的过程,一个对话协商的民主过程,一个分担责任、分享权力、共同维护竞合体的过程;同时也是一个建构合作关系的过程。

三、法治性理念

江必新指出:法治性理念是关于法治的理性认识,是关于法治的思想观念、价值判断的总和。它是对法治的性质、功能、制度设计、组织机构、实践运作等的整体认识和把握。换句话说,法治性理念是对法律本质及其发展规律的一种宏观的、整体的理性认知、把握和建构,是法律实践中对法律精神的理解和对法的价值的解读而形成的一种理性的观念模式。② 当前我国城市群府际博弈中存在着严重的法治性理念缺失问题,具体来讲主要包括以下几个方面:一是法律意识淡薄。城市群内部各个政府对区域性法律规定态度不一,面对利益博弈时,有的政府为了实现自身利益最大化而不遵守法律法规,法律意识淡薄,没有形成严格守法、依法办事的思想意识和行为习惯。二是法律体系不够完备。法律法规是否健全是法治性观念的重要体现。当前,城市群府际博弈相关的法律法规仍存在很大程度的缺失,在博弈规则、博弈权责分配、博弈监督、博弈协调等方面没有明确的

---

① 曹海军:《基于协作视角的城市群治理及其对中国的启示》,载《中国行政管理》,2014年第8期,第32—33页。
② 孙栋:《法治政府的法治理念研究》,载《甘肃社会科学》,2012年第6期,第72—75页。

规定，导致城市群府际博弈过程中缺乏有效的法律指导，无法有效地调节各个城市政府的博弈行为，使得非合作博弈行为频发。并且在城市群府际博弈过程中还存在着区域保护性立法，为了保护本城市的利益，阻止其他城市对本市的市场侵占和产业渗透等而制订一些地域性的法律法规，违反了法治治理的公平性原则。三是法律执行不严格。执法不严也是法治理念缺失的一种表现。在城市群府际博弈过程中，各个城市政府在涉及与其他城市合作项目执法时，一般会采用对己宽松而对其他主体从严的标准，执法尺度不一。例如，环境污染的防控，对本地企业和其他城市企业采取双重排放检测标准。这种针对性的执法不严，助长了城市群府际博弈的不正之风，不仅不利于问题的解决，反而会增生更多的问题。因此，在城市群府际博弈过程中，应不断增强各个城市政府的法治性理念，以规范博弈行为。

  首先，破除人治思维，坚信法律至上。受传统人治理念的影响，城市群府际博弈过程中以权压法的现象时有发生，彼此间通过行政权力进行利益的争夺而忽视法律的制约，造成了府际间博弈的无序。所以，要摒弃以往权力至上的人治理念，敬畏、信奉法律，通过法律来规范权力的行使，正确处理好权力与法律的关系，使权力行使目的、方式以及程序合规、合法。① 其次，加强法治教育，防止官本位思想。法治理念是法治思维的基础，而法治思维又是自觉、主动和善于运用法律手段的前提。因此，要提高城市群内部各个城市政府工作人员，特别是领导干部运用法治思维和法律手段进行区域合作与竞争博弈的能力，加强对他们的法治教育、培训，不断增强他们的法治理念，破除落后的官本位思想。再次，坚持平等原则，防止特权思想。"法律面前人人平等"是法治的一项基本原则，强调任何人

---

① 郑成良：《论法治理念与法律思维》，载《吉林大学社会科学学报》，2010年第3期，第56—59页。

在法律面前都享有平等的权利，不存在超越法律的特权。十八大重点强调了建立权利公平、机会公平和规则公平的治理体系。① 在城市群内部虽然存在不同行政级别的城市，但是各个城市应该在遵守博弈规则上是平等的，彼此间机会均等，权责对应，在平等的基础上进行公平、公正的合作与竞争博弈，不存在超越法律和规则的特权主体。最后，加强制度建设，改善法治环境。法治环境与法治思维是辩证的统一体。法治环境改善可以增强内部各个主体的法治思维，而法治思维增强则又自然会促进法律手段的运用，进而逐步改善法治环境，这正是法治的良性循环。在这个良性循环过程中有着一个关键节点，那就是完善的制度保障。② 在城市群府际博弈过程中应更加重视制度建设，完善博弈相关的各项立法，健全保障法律执行、运作、实施的各种具体制度，同时更加注重府际博弈的监督和问责。只有这样才能够促进城市群内各个城市政府树立法治思维，依法进行博弈。总而言之，无规矩不成方圆，城市群府际博弈必须以完善的法律法规进行约束，以保障各个政府按照规则进行合作与竞争，促进城市群府际博弈由无序逐步走向有序。

第二节　组建城市群府际博弈治理机构

城市群发展过程中有序博弈关系的建立，不但要有良好的制度环境，更要有实施具体协调事宜的组织载体。诺斯认为：有效的组织机构是博弈有序进行的关键。③ 拉坦（Pullan）也指出：组织是决策制订的核心基础，

---

① 杨小军：《习近平法治思想研究》，载《行政管理改革》，2015年第1期，第20—24页。
② 姜明安：《法治，法治思维与法律手段—辩证关系及运用规则》，载《人民论坛》，2012年第5期，第6—9页。
③ ［美］诺斯：《交易成本，制度和经济史》，上海人民出版社2004年版，第23页。

是资源调配的实施载体,是制度执行的关键要素。① 所以,建立城市群整体性府际博弈治理组织是促成府际合作博弈实现的重要载体,是制度安排创新的必然需要。城市群整体性府际博弈治理组织的出现能够更加有效地协调和规范各个城市政府的博弈行为,使整体性获利空间得以扩展,更便于对共同利益的追求。具体来讲,城市群整体性府际博弈治理组织的安排方式应该是动态可调整的,既有正式的组织,又有非正式组织;既有强制性的,也有自发组织的。考虑到我国的实际情况并结合国际流行做法,应建立从中央政府到城市群各个政府的系统、完整的整体性博弈治理组织机构体系,实现多层次的协调互动,确保城市群内府际博弈关系的有序发展。

一、中央政府的层面

在城市群区域内,由于各个城市政府间不必然是隶属关系,彼此之间的竞合博弈需要上一级政府的协调。跨越两省及两省以上的行政区域,需要中央政府对城市群内政府间竞合博弈进行协调。虽然省域城市群的上一级政府是省政府,但在我国现行体制下,中央政府的调控也是不可或缺的。也就是说,由于我国特有的政治体制,中央政府在城市群府际博弈中往往充当"裁判者"的角色,在这种角色背景下,中央政府作为"裁判",势必会在城市群府际博弈机制构建中发挥举足轻重的作用,因此,中央政府必须直接参与博弈各方之间组织架构的建立。正如迈克尔·泰勒(Michael Taylor)所言:"国家干预最有说服力的理由在于其拥有较高的权威性,因此能够高效地协调多元主体间的行动,更好地实现共同利益的最大化。"②因此,中央政府必须发挥主导作用,建立正式的组织机构以约束区域内各

---

① [美]拉坦:《诱致性制度变迁理论》,上海三联书店2006年版,第115页。
② 宋官东、吴访非:《公共产品市场化的可能与条件》,载《社会科学辑刊》,2010年第6期,第53页。

个政府行为。这种组织机构必须是有着权力保障的权威机构,只有这样才能真正对于区域内各个政府的行为进行约束。在西方国家,议会中设置永久的或临时性的专门委员会,其职能是进行一般区域政府博弈协调和制订指导性的规划纲要,同时参与解决最严重的非合作博弈问题。

因此,在借鉴西方国家经验的基础上分析目前我国城市群府际博弈治理存在的问题,笔者认为,中央政府应站在宏观指导的角度,设立一个专门负责城市群府际博弈治理的综合性权威机构。该机构应包括国家发改委、经贸委、财政部、中国人民银行、交通部等众多部门的相关领导和区域经济专家,它的基本职能应该由以下几个方面构成:一是提出城市群协调发展与府际合作的建议并报请中央及立法机构批准;二是具体执行经立法程序通过的政策、规划及发展纲要,指导城市群内各个政府进行合作,协调不同博弈主体的关系,并监督、约束各方博弈主体的行为,严厉打击消极竞争和短视等非合作博弈行为;三是统一管理已设的城市群发展基金,尽可能做到资源的最大化利用;四是审查和监督城市群内政府间自愿达成的合作协议的执行情况等;五是赋予这一权威机构与之相匹配的权力和资源,理顺与其他国家立法、行政和司法等职能部门的关系,并在职能履行过程中不断推进博弈机制的法制化、制度化建设。此外,中央政府还必须建立对于该机构的监督机制,一方面构建组织成员的退出机制,不断吸纳新鲜血液,保证组织不会被区域利益集团所俘获而成为特定强势区域的代言人,不会以特定利益主体身份直接参与到本已复杂的利益博弈中,甚至和某些相关利益形成联盟,使利益博弈天平向强势一方倾斜。另一方面,强化责任意识,构建完善的内部考核制度,保证组织不会因为稳定的编制而演变为另一个机构不断膨胀、人员不断臃肿的封闭性政治—经济利益体。

二、城市群政府层面

中央政府作为宏观指导者,在城市群府际竞合博弈中发挥着重要作用,但是单纯寄希望于中央政府来协调城市群府际间的博弈关系,成本过高,效果也不一定明显。主要原因有两点:一是中央政府不能完全了解城市群内各城市政府的具体实际,而且在面对应急性公共事务时处理速度较慢,有时会造成更大的成本;二是我国推行的分权化改革将部分权力下放到了地方,这决定了地方政府在发展中扮演着更为重要的角色。作为城市群府际博弈的直接参与者,各个城市政府只有发挥自身的积极性,建立起一个真正反映城市群内各城市政府意愿的、为各级政府普遍认同的、具有民主治理结构的跨行政区的博弈协调与治理机构,才是城市群内良好府际博弈关系建立的关键。① 从目前我国城市群博弈的实践来看,各城市政府为了实现本区域利益最大化,同时协调与城市群内其他城市政府的关系,也愿意加强横向的交流与合作,但现阶段城市群府际间合作性博弈往往是非制度性的,缺乏一种刚性的制度和法律约束,因此有必要在城市群内建立城市群府际博弈治理联盟,以更好地协调和规范各个主体的博弈行为,推动府际博弈由无序向有序发展。具体来讲,城市群府际博弈治理联盟的模式如下。

(1)城市群府际博弈治理联盟的性质。当前,在城市群整体治理主体缺失的背景下,为了更好地规范城市群内各个城市政府的行为,有必要推进空缺的城市群府际博弈治理联盟的建设。该联盟应在中央或省级政府的指导下,通过城市群内各个城市政府彼此让渡出部分公共权力,制订具有法律效力的整体性区域发展规划,明确规定职责内容与管辖范围,在涉及职责范围内的府际博弈治理事务中享有唯一的权威性,而在超出此范围外则无权干涉各地方事务。② 城市群府际博弈治理联盟不改变原有的行政组织

---

① 费广胜:《经济区域化进程中的地方政府合作及其模式》,载《山东科技大学学报(社会科学版)》,2012年第4期,第76—80页。

② 王卉:《城市群的发展与地方政府管理创新探析》,载《经济论坛》,2011年第8期,第157—159页。

架构，只是在原有行政组织的基础上，形成一个对整个城市群府际博弈进行统筹治理的新组织载体，它与城市群各个城市政府并存而构成城市群政府双层联合结构，直接对上级政府负责并接受其监督。需要强调的是该治理联盟必须掌控具体的、可操作的手段以保证该权利机构的权威性，否则这个组织将沦为"傀儡机构"，办不了实实在在的事情，起不到应有的作用，不能履行赋予它的职能，这已经被实践所证实。并且这种治理联盟不能只是由城市群中强势城市政府主导，必须保障弱势城市政府的诉求表达，反映各个城市政府的意愿，能够得到城市群内各个政府的普遍认同，只有这样才能避免弱势城市政府以非合作博弈策略应对联合治理的问题。

（2）城市群府际博弈治理联盟机构设置。城市群府际博弈治理联盟的机构设置是治理联盟开展各项工作的最基本保障。机构设置的原则应该体现精简、高效的要求，包括综合治理委员会、专项治理委员会和行政管理办公室三个大的职能机构。综合治理委员会由城市群内各个城市市长组成，并设置执行主席，由城市群各个城市的市长轮流担任。综合治理委员会具有处理城市群府际治理联盟各项事务的最高权利。专项治理委员会由基础设施建设委员会、生态环境保护委员会、产业发展委员会、区域规划委员会、执行监督委员会、行业协会管理委员会等构成，其成员构成由城市群内各个城市相应职能部门的一把手组成。各专项治理委员会的工作对综合治理委员会负责。行政管理办公室下设秘书部、财务部、人事部、信息服务部等部门，主要负责委员会的日常事务，保证委员会各项工作的开展。另外，综合治理委员会与专项治理委员会的工作还广泛接受公众参与。并且在人员配置方面，应坚持公正和专业的原则，可由城市群各个城市相关职能部门主管官员兼任，并且保证城市群内部各个城市人员数量相对平衡。

（3）城市群府际博弈治理联盟的事权。城市群府际博弈治理联盟总的事权，即总的职能是致力于协调好城市群内部府际间的博弈关系，解决跨行政区的各种重大发展问题，构建由政府、非政府组织及广大市民等多元力量共同参与的博弈治理模式，从而使城市群内各城市形成分工协作、有序竞争、相对均衡的合作型博弈关系。① 具体来讲，其事权主要包括以下几个方面：第一，听取城市群内各个城市政府的利益诉求，讨论城市群内府际合作的系列问题，对于城市群内部各个城市政府博弈进行分析，进而形成城市群府际合作性博弈的总体思路，避免各个城市政府间消极博弈竞争行为的出现；第二，加强对城市群整体规划编制的统筹协调，落实整体规划实施的联动保障措施。赋予城市群规划以必要的权威性和约束力，配套制订年度实施计划，完善促进城市群一体化的政策措施；第三，组织协调实施城市群内部重大基础设施建设、重大战略资源开发、生态环境保护与建设以及城市群生产要素的流动等问题，组织对合作项目的政策评估和审议，统一规划符合城市群长远发展的经济发展规划和产业结构，制订统一的市场竞争规则和政策措施，并负责监督执行情况；第四，执行城市群博弈治理联盟的立法、执法和监测等工作。通过定期召开会议对城市群内该领域重大问题进行决策，对博弈争端进行协调，并推进城市群内整体治理的立法，进行整体运行监测，对不履行联盟决议的成员进行制裁，以保障城市群治理联盟决议的实现，促进有序博弈机制的构建。

（4）城市群府际博弈治理联盟的财权。机构的运行需要资金做保障。所以应赋予城市群府际博弈治理联盟一定的财权，如成立"城市群联盟发展基金"，是确保治理联盟有效发挥各种宏观调控能力的重要保障，也是其日常工作正常运转的需要。城市群府际博弈治理联盟的经费，包括日常开支费用、发展基金等，主要来源于城市群内部各城市政府财政收入中按比例分摊的部分、省级财政收入中的专项划拨及中央财政收入中的部分拨款。城市群府际博弈治理联盟的经费除保证日常工作运转支出外，主要用于城

---

① 唐亚林：《长三角城市政府合作体制反思》，载《探索与争鸣》，2005年第1期，第107—111页。

市群府际竞合博弈的协调、城市群区域规划的编制、城市群重大基础设施建设、城市群重大产业布局论证、城市群生态环境保护与治理、城市群博弈利益受损主体的利益补偿等。[①]

（5）城市群府际博弈治理联盟的法权。城市群府际博弈治理联盟具有相应的法律支持，获得相应的法定权力，是保证其权威性的关键。例如，欧盟经济一体化的过程也是在各个国家不断达成一致性意向的过程，这种一致性意向是通过一系列的"协议""协定""公约"或"条约"等有法律约束力的国际文件构成的，所有的国家都必须遵守，而没有独立改变它的权利，而且在成员国经济政策与条约规定相抵触时要自行调整。美国和加拿大的大都市区管理委员会的成立及其单一组织的成立也都是建立在相关法律基础上的。因此，城市群府际博弈治理联盟的建设需要推进相关法律体系的建设，这些法律应是被城市群内各个城市政府所认可的。法律对于城市群府际博弈治理联盟的人员构成、职能、经费、权力等进行了严格的界定，而且严格界定了城市群府际博弈治理联盟的职能与城市群内各城市政府的职能。[②]

（6）城市群府际博弈治理联盟的特点。城市群府际博弈治理联盟与一般行政机构不同。首先，城市群府际博弈治理联盟是一个开放的、动态的组织结构，其内部成员可以根据组织自愿加入或退出，而一般行政机构则是封闭式的，不能随意变更；其次，城市群府际博弈治理联盟目标设置受多元主体的制约，必须考虑到各个主体的诉求，所以目标制订多采用自下而上和自上而下相结合的方式，并且目标系统动态多变。一般的行政机构组织目标比较单一明确，只要按照上级的要求来制订和执行；再次，城市群府际

[①] 庄士成：《长三角区域合作中利益格局失衡研究》，载《当代财经》，2010年第6期，第63—68页。

[②] 吴兴国：《区域合作背景下的城市群法律运行机制研究》，载《求索》，2013年第12期，第207—209页。

博弈治理联盟依据区域治理共同法案和契约进行管理,其权利和计划结构是变化、弹性、契约式的,符合城市群整体治理的实践要求,而一般的行政机构的权利和计划结构是依据等级式的上下管理而具有重复性和固定性。

表6.1 城市群协调机构与一般行政机构的比较

	一般行政机构	城市群府际博弈治理联盟
一般性质	封闭机械式	开放有机式
目标设置	单一明确、自上而下的管理等级结构	有多方利益制约、自下而上与自上而下相结合
目标结构	单一目标	不断探索的目标系统
权利结构	集中的等级式	变化、弹性、契约式的
计划结构	重复、固定、具体	变化、弹性、契约式的
控制结构	等级垂直控制	共同法案、公共仲裁、成员自律

三、非政府组织层面

今天,仅仅依靠政府力量推动城市群内部府际合作性博弈是远远不够的,还必须发挥非政府组织的功能。政府主导的博弈机制构建具有权威性,但是也有着先天的缺陷。一方面,尽管政府可以推动部分经济项目的合作,但是政府无法主导城市群经济的发展,市场才是经济发展的根本力量,城市群内部的企业不可能完全依照政府规划运营,这些就需要发挥企业的作用。另一方面,政府无法完全覆盖社会的方方面面,在合作性博弈机制构建所需的文化氛围建设、民间合作等方面的作用有限,这些就需要社会组织的功能发挥。"如果政府超越权限,开始帮助非政府组织或公民社会来承担他们应承担的职能时,政府将给社会资本带来不可估量的损失。"[1] 目前看来,要想化解旷日持久的城市群内府际博弈冲突,非政府组织参与是一

---

[1] 谢菲:《非营利组织参与区域合作的SWOT分析》,载《山东行政学院山东省经济管理干部学院学报》,2010年第2期,第27页。

个非常有效的途径。纵观国外城市群发展较为成熟的国家，在进行城市群府际博弈治理时，除了注重协调政府间的关系之外，还强调非政府组织对府际博弈关系的调和与缓冲作用。欧美国家有着名目繁多的城市群府际博弈协调机构，其中非政府组织占据了相当一部分，在城市群府际博弈协调中的政策制订、执行和反馈环节都担当着重要的角色，这也凸显出了政府组织和非政府组织合力的作用。西方的城市群府际博弈治理理论与实践，对我国有着积极的借鉴意义。在当今社会生活中，草根阶层迅速发展，非政府组织遍地开花，与政府相比，它们具有分布范围广、灵活性强、成员异质程度高、以公众利益为导向等特点，因而更能直接准确地反映基层民众的需求，成为沟通政府与公众的桥梁。可以说，非政府组织是推动城市群一体化的催化剂，也是城市群内府际博弈关系得以改善的润滑剂，在我国城市群一体化进程中，很多领域政府参与成本高或者根本无法触及，这时非政府组织的结构灵活、包容性强、运行成本低的优势就凸现出来了，通过第三方的介入来规避府际合作中的矛盾和冲突，自上而下地推动城市群府际合作性博弈，也不失为一种最佳选择。①

在推动城市群府际合作性博弈过程中，非政府组织的主要职责应该是辅助政府组织研究城市群发展战略，推动城市群内政府间的合作。根据参与主体及发展程度，大体上可将非政府组织分为三种类型：一是由专家、学者或企业家组成的学术型的交流会。如活跃在长三角地区的"长江三角洲区域一体化发展咨询委员会""长三角产业发展研究联合会"，在珠三角地区的"珠江三角洲经济协调联合会""珠三角环境污染与治理研讨会"，还有在环渤海湾地区的"环渤海技术转移与区域合作滨海论坛""京津冀经济一体化区域合作论坛"等组织，作为政府决策的参谋机构，这些组织不同于一般的研究机构，得益于各领域的专家学者，使它们能够为政府决策

---

① 李珍刚：《论非营利组织在公共管理中的作用》，载《岭南学刊》，2012年第6期，第54页。

提供专业性的咨询参考意见，推动城市群的协调发展；二是区域性行业协会。这种组织形式的关键是行业协会要突破行政区划的障碍，组成跨地区的行业联盟，共同商讨制订区域内行业发展规划和共同市场规则，建立统一的市场秩序，整合区域内各类资源，发挥整体优势。如在京津冀三地召开的"9+10区域旅游合作会议"，提出这三地应组成跨区域的旅游协作体，并推出京津冀旅游一卡通年卡，以协调区域内旅游业的发展；三是跨地区股份制区域性集团公司。打破国家间贸易壁垒最有效的方式是跨国公司，同理，打破区域封闭格局最好的方式就是成立跨区域的公司。因而，在遵循市场规律的前提下，倡导组建各地相互参股的跨区域的企业集团，可以首先建立跨地区的强强联合之下具有规模和竞争力的龙头企业，再通过龙头企业联合控股区域内的上下游配套企业，形成中心辐射的"企业群"，这既是打破地区封锁、优化资源配置、发展区域经济的需要，同时也是城市群实现一体化的必然要求。①

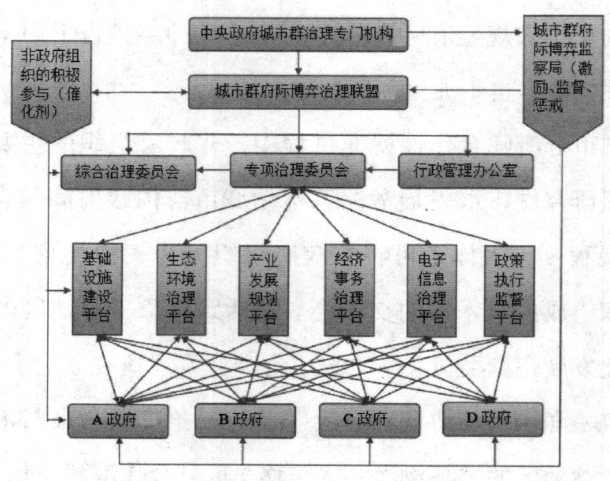

图6.1 城市群府际博弈治理结构图

---

① 龚胜生、张涛：《非政府组织参与长江中游城市群建设的若干思考》，载《湖北社会科学》，2014年第2期，第52页。

第三节 创新城市群内部政绩考核机制

当前,我国城市群压力型政绩考核机制侧重于将反映经济数量和增长速度的指标作为考核城市群政府官员绩效和晋升的标准,导致城市群各个城市政府官员在相互博弈中成了"经济区域独立人"和"政治晋升博弈人"两种角色,这必然驱使城市群内各个政府及其官员过分追求任期内直接的、看得见的短期经济效益,而忽视城市群整体的长远利益,不重视甚至抵制与其他主体的合作,进而引发一系列城市群府际博弈无序的问题,阻碍城市群府际合作性博弈的发展进程。为此,应尽快设计、制订一套科学规范的城市群内部政绩考核指标体系。

一、确定城市群政绩考核体系的价值理念

城市群内部政绩考核体系的确不是由单一的价值理念主导,而是在多种理念的综合之下而形成的。城市群内部各个城市政府及官员作为城市群发展与运行的具体负责人,其价值理念在很大程度上会影响到城市群府际间博弈秩序的运行,为了更好地规范城市群内部各个城市政府及官员的博弈行为,城市群内部政绩考核体系应该重视以下几个方面的价值理念:

第一,以人为本的价值理念。现阶段,城市群内部所实施的"锦标赛体制"对晋升竞争的过度放大,使"官本位"的思想在一些热衷仕途的官员身上再次发生作用。热衷政治晋升势必快速取得骄人的政绩,如此焉能全身心的为人民服务,促进府际合作博弈也就无从谈起。所以,要推进府际合作性博弈,更重要的是转变官员这种"官本位"思想,切实树立从政为民、服务社会的人本价值取向。在此基础上,辅之以制度、政策等操作性措施,才能化解"锦标赛体制"的负面效应,发挥其正向激励效用,推

动府际合作博弈的纵深化发展。① 因此，在政绩考核体系中应该重视和强调以人为本的价值理念。

第二，法治治理的价值理念。我国城市群现行的政府绩效考核体制带有很强的"人治"色彩，考核指标设置单一，考核过程封闭，考核结果的好坏主要是基于上级政府的主观评价。这种"人治"的绩效考核制度明显助长了城市群内部各个城市政府及官员博弈中的机会主义倾向，不重视与其他城市政府的合作。因此必须树立法治治理的价值理念，根据当前形势制订一些切实可行的相关法律法规，把城市群内部政绩考核的内容、方式以及标准法律化、制度化，真正做到依法考核、按律办事。除此之外，还要对城市群府际间政绩考核进行有效监督，通过建立严密的组织监督和发动广泛的民主监督，把制度约束与组织监督、社会监督有效地结合起来，以更好地遏制城市群内部府际间非理性的晋升博弈。②

第三，科学发展的价值理念。当前城市群内部各个城市政府及官员在功利性的政绩考核体制下，为了追求区域政绩，导致府际间的恶性竞争频发，带来的是高污染的产业集聚、高能耗的生产方式、高密度的基础设施重复建设，这种以对自然资源掠夺式的开发利用和对生态环境的污染破坏为代价的发展方式，极大地影响了城市群的可持续发展能力，导致城市群后续发展乏力而难以为继。所以，在确定新型城市群内部政绩考核体系时应树立科学发展理念，站在城市群整体的角度，统筹好短期利益与长远利益，局部利益与整体利益，经济发展与资源、环境的关系，建立科学型、复合型的政绩考核指标，加深城市群内部府际间的深度合作，推动城市群的可持续发展。

---

① 陈潭、刘兴云：《锦标赛体制，晋升博弈与地方剧场政治》，载《公共管理学报》，2011年第2期，第21页。

② 王瑞丰：《官员政绩考核的思考与对策》，载《云南行政学院学报》，2004年第4期，第61—64页。

二、明晰城市群政绩考核体系的设计原则

城市群内部政绩考核体系的确定不仅要在人本、法治和科学理念的指导下完成,而且在具体设计时还需参照和遵循以下几个原则:

第一,公众参与原则。城市群内部政绩考核除了要以效益的实现程度为评估标准之外,还要对效益的实现过程本身进行衡量。在城市群政府政绩考核的过程中,应扩大公民的参与,将公民满意程度作为重要考核标准,并通过多元化的考核方式,保证城市群政绩考核的公开透明性,使公民能够拥有规则制订参与权、信息知情权和评估活动参与的权利。在此基础上使保证考核的客观性与公正性,提高公民的满意程度和考核水平。

第二,质量效益原则。质量效益原则作为不可或缺的原则主要体现在:城市群政府绩效考核要以质量为前提、以满意为保证,摒弃原有单一式的经济增长速度考核标准。重视城市群的整体效益,而不仅仅是个体效益,重视城市群长远发展利益,而不仅仅是暂时性的眼前利益,把城市群内的政治、经济、社会、文化、生态、法治等效益指标都纳入其中,从而调整城市群总体的发展战略,提升城市群的整体发展质量。

第三,便于操作原则。制度的生命在于有效性、有用性。一项制度能够存续,既要看其管不管用,也要考虑好不好用。只有便于理解、便于执行、便于操作,才能够被有效落实。考核评价的各个指标应便于分解、考核、评价,便于量化和实际操作,但同时应尽量避免指标走向过于抽象笼统或者过于细化繁琐等两个极端,争取做到指标明确清晰却又不过于冗余。要把定量分析和定性分析有机地结合起来,有效反映工作的过程和效果,能量化的指标尽量量化,不能量化的要做出明确具体的定性要求,做到繁

简适度、易行可靠。① 具体来讲，在评估城市群府际间的合作绩效时，必须将内部指标与外部指标、个人指标与团体指标相结合，突出城市群整体协调发展的相应指标参数，在定性和定量技术上加以斟酌，设置科学的比例与赋值，给以适当的取值时限，只有系统地对评估指标做出设计规定，才能确保评估参数的合理性、有效性。

第四，动态适用原则。城市群内部各个城市经济社会发展水平不一，因而各个城市政府的工作重心也会有所倾斜，是故在评价考核城市群内部各个城市政府的合作时，必须按照现实的情况，分层次地对各个城市政府在各领域、各层级所开展的工作实施评估调研，对不同的项目、人员设置不同的指标参数，只有这样才能收集到最真实可靠、最有用的数据资料。对于不同的合作事项，应该根据项目的耗时长短，设置与之相匹配的考评周期，将月度考核、季度考核、年度考核相结合，最大限度地发挥绩效考核对于政府工作人员的激励作用，同时更好地利用绩效评估结果对城市群整体建设战略规划给出调整意见。

三、改进城市群政绩考核体系的路向思考

建立科学化、规范化、制度化的城市群政绩考核体系，是引导城市群内各个城市政府及官员树立和落实整体发展观、正确政绩观，促进合作性博弈发展的关键性举措。② 同时，对城市群内各个城市政府及其官员实行定量化、标准化、规范化的考核，是一门综合学科，是管理学和其他相关学科理论与实践的科学结合与运用，复杂而系统。要科学设计模块，以整体

---

① 徐志国：《官员政绩考核指标化的困境与出路探析》，载《中共四川省委省级机关党校学报》，2012 年第 5 期，第 86 页。
② 侯瑛：《对地方政府政绩考核体系建设的若干思考》，载《黑龙江科技信息》，2012 年第 1 期，第 59、61 页。

性治理理念为指导，建立城市群综合考核评价体系，充分体现现代管理的理念，在内容上既要继承又要创新，在方法上既要规范又要有效，在应用上既要快速又要稳妥。具体来讲，完善城市群内部各个城市政府及官员政绩考核制度，应该做好以下几点工作：

一是完善指标体系，提高考核评价的科学性。在整个评价考核体系中，评价指标首先要解决的问题，这是评价工作顺利推进的基础依据，是否科学、标准直接关系到评价考核工作的成败。因此，要精心设计考评指标和内容。要坚持综合考核的功能定位，在内容设计上，要围绕城市群政府跨域合作治理的长远利益诉求，兼顾各个城市政府的实情来制订。政绩考核指标不仅要关注个体经济数量、增长速度指标，更要关心城市群整体发展的质量、速度、效益三者的统一，通过对这些指标的考核，不仅要能够考察城市群各个政府及官员在促进当地经济社会发展方面的政绩，更要关注其切实为城市群跨域合作治理做出的积极努力。转变目前普遍存在的"以GDP论英雄"的单一考核体系，而是以"城市群全面发展"为导向和目标，从城市群自然环境与经济社会协调发展的角度进行全方位考核。① 综合各方面的因素，总结提炼出若干反映城市群整体贡献率和合作度的核心指标，同时根据不同城市的功能定位（主体功能区的划分）以及区域发展格局的有关要求，探索各具特色的个性考核指标，构建起"N + X"（共性指标 + 个性指标）的考核评价指标体系。

二是突出合作实绩，提高考核评价的导向性。注重合作实绩是城市群综合考核评价工作的重要原则。考核评价工作必须把城市群内部合作实效考核作为考核评价的核心内容，通过进一步创新实绩考核的手段，改进实绩分析的方法，全面了解考核对象在城市群府际合作中的情况及其他城市

---

① 刘伟、傅道忠：《官员政绩考核立新规：不唯 GDP 论英雄》，载《财政监督》，2014 年第 5 期，第 36—38 页。

的评价意见,全面系统地分析各个城市政府的合作规划与思路、决策与投入、成效与不足,客观真实地反映出城市群内部各个城市政府及官员促进区域科学发展和合作共赢的能力,并将实绩考核结果作为评价和官员晋升的一个重要依据,以引导城市群内部各个城市政府及官员按照整体性治理的要求,坚持把工作精力始终放在谋划和推动城市群合作性发展方面。而且,要正确研究分析合作性实绩,既要看指标数据,又要看多元主体评价;既要看速度,又要看质量;既要看客观条件,又要看主观努力。建立城市群府际合作实绩考评档案,为全面、客观、历史地评价奠定基础。同时,要建立组织部门与统计、审计等相关部门定期联系制度,形成畅通快捷的信息共享网络,为加强城市群合作实绩考核评价提供依据。[①]

三是改进评价方法,提高考核评价的权威性。首先,要加强对城市群整体考评的宏观管理和指导,着眼于整合各方面各类型考核评价资源,对城市群内部各个城市政府及官员的考核评价,原则上只构建一套全面、科学、综合的考核评价体系,在实际工作中不再重复进行其他各种类别、各种形式的考核和检查。关于城市群内部各个城市政府及官员的实绩考核评价,归口到城市群府际博弈治理联盟的专门机构来组织实施,逐渐形成一整套规范的考核评价制度,对考核评价人员组成及考评的程序、标准、内容方式等内容做出详尽明确的要求,以提高考评工作的权威性;其次,要切实规范考核行为,以干部任期为一个考核周期,逐步完善考核周期内的分考核,如年度考核、任期中考核、任期末考核和日常化考核等,建立起经常性考核评价机制,使得城市群内部各个城市政府及官员的不合作博弈行为无所遁形;再次,要切实改进传统考核评价方法,进一步拓宽参评主体范围,引进社会中介调查机构、新闻媒体和社会公众等社会评价系统,

---

① 赵晖:《我国地方政府绩效考核指标要素分析》,载《南京师大学报(社会科学版)》,2010年第6期,第17、23页。

对城市群内部各个政府及官员进行评价和监督。让城市群内部多元主体参与考核评价，使得评价方法更具有包容性和认同性；最后，要充分运用现代化手段，引入现代的信息技术和量化技术，开发和应用新式考核评价软件，以快捷处理考核评价信息。坚持运用科学检测手段及调查统计技术，尽量减少手工操作，切实降低工作成本，提升考核工作效率。[①]

四是加强队伍建设，提高考核评价的准确性。在评价考核过程中，考核人员的素质关系到评价考核工作的质量和效率。尤其是城市群绩效评估更是一项专业性强、技术含量程度较高的工作，更需要高素质的考核评价人员。具体来讲，城市群内部各个城市政府及官员考核涉及多个方面的因素，采用的方法和手段改进了，获得的信息增加了，对考察人员的思想素质、工作能力、工作作风等都提出了新的要求、新的挑战。因此，要更加注重考核评价队伍的能力和素质建设。一方面，要进一步强化教育和培训。要根据城市群内部政绩考核工作各个层面的特点和有关情况，进一步强化对考评主体价值理念和职业道德方面的教育，进一步强化政策理论、业务能力的培训，使考评主体能够自觉运用公平、公正、客观的立场、观点和方法去分析、判断、处理有关问题，掌握考核评价基本技巧，去粗求精，去伪求真，全面准确考核评价，防止考核评价工作上的主观随意性、片面化、绝对化，不断提高考评工作质量及水平。另一方面，要实行考评工作资格认证，优化考评人员配置。建立考核评价主体的资格认证准入制度，对考核评价主体的政治素质、工作能力、思想水平、职务经历等，做出明确统一的严格规定，对负责考核评价的人员，必须通过考试和考核，认证资格，以确保考核评价队伍的高水平和高素质，努力建设专业化的考评队

---

① 李维彬：《政府政绩评估体系建设问题研究》，东北师范大学博士学位论文，2009年，第42、46页。

伍,实现专业化考核评价。①

　　五是正确运用考评结果,提高考核评价的效用性。充分合理运用综合考核评价结果,直接关系到考核评价工作的生命力。所以,要建立健全考评结果的转化运用机制,把考评结果作为奖惩、培养使用、教育管理的一个重要依据,防止考核评价过程和结果运用脱节,避免政绩考评工作最终只流于形式,保证考核评价工作的激励与约束作用。首先,要高效运用考评结果,将其与官员晋升相结合。根据考评情况,具有较强城市群整体合作发展意识,并做出合作实绩的优秀官员,予以优先提拔重用,而对设置投资障碍、封锁市场、转嫁污染等非合作博弈意识严重的政府官员,不论其自身政绩如何突出,也不予以提拔任用;其次,把考评结果与城市群内部政府工作人员管理相结合。在城市群综合考评制度衔接上,直接将其结果作为年度考核结果,这样就能有效规避原来工作中存在的两者脱节的现象;再次,把考评结果与官员奖惩相结合。坚持精神鼓励与物质奖励相结合,对城市群整体贡献率和合作度考核结果排名靠前、积极促进城市群合作博弈的领导班子和其成员予以通报表彰、颁发奖金。对考核中城市群整体贡献率和合作度得分较低、排名靠后的领导班子和领导干部,采取通报批评、谈话、告诫、降职等措施,增强其紧迫感、危机感,激发其城市群府际间合作的意识。

第四节　完善城市群整体性府际利益协调机制

　　城市群府际博弈关系实际上是一种利益分配关系,这是城市群府际博弈关系的本质核心。所以,城市群府际博弈治理要有实质性的进展,必须

---

① 隗斌贤、范丽娟:《如何正确考评地方政府的政绩》,载《统计与决策》,2013年第7期,第39、41页。

有一套良好、科学、合理的整体性利益协调机制,来权衡和化解多元主体间的利益博弈冲突。所谓城市群整体性利益协调机制,是指城市群各个城市政府在平等、互利的基本前提下,通过制订规范、有效的利益分配与协调机制来实现彼此间的利益转移,从而实现各种利益在城市群内部各个城市间的合理分配。利益分配与协调恰当与否是城市群协调发展的关键问题,同时也是克服城市群内部政策执行偏差、市场保护、产业机构雷同、盲目投资、环境污染治理碎片化等府际间非合作博弈这一顽症的一剂良药。因此,我们可以得出一个悖论性质的结论,即利益调节机制可能成为城市群合作共赢发展的根本动力,也可能成为城市群府际博弈无序的制度性瓶颈,而其中的关键节点则是互惠互利的利益调节机制能否得以建立并得到良好落实。[①] 总之,城市群府际博弈治理中必须应该要建立一套行之有效的整体性利益协调机制,根据权责对等原则,合理设计好成本、风险分摊方式,公平公正、科学合理地划分城市群各个城市政府在合作治理中的义务与权利,通过彼此协调治理实现合作共赢。

一、以利益共享为目标的动力机制

纳什(Nash)指出:利益共享既是合作博弈的目标又是其基本动力。具体来讲,利益共享是指参与合作博弈的各个利益主体对合作博弈过程中所产生的合作收益进行公平、合理的分配和分享,其本质就是按照每个利益主体在合作博弈过程中的投入贡献比来进行利益的分配和协调,使得每个主体都能获得自身期望的收益,进而对下一步的合作产生期待。只有从各个主体的利益诉求出发,寻求利益的契合点才是合作博弈的前提,同时

---

① 刘畅:《地方政府间竞合的利益机制研究及对策》,电子科技大学博士学位论文2014年,第56—58页。

利益共享也是合作博弈的最终目标。① 利益共享要求利益主体之间彼此承认、彼此尊重、协商一致、互惠互利、合作共赢。从系统科学的观点看，城市群内部府际间合作博弈的顺利推进，必须有强大而持久的动力，而利益共享正是这个最为关键的动力。从利益共享的角度来看，城市群内部各个城市政府要想获得资源共享、市场共享、信息共享的优势与利益，快速提升自身经济能量与竞争力，主动寻求合作才是最佳途径。只有坚持利益共享的基本原则，才能调动城市群内部各个城市的积极性，城市群合作性博弈才能真正实现。城市群内部利益共享应该以让渡原则为前提，既要有"共赢"的新型城市群发展观念，又要有"融入"的行动，即参与合作博弈主体所在城市应该摒弃"内向型行政"，让生产要素在市场机制作用下在城市群内实现自由流动与组合，成为城市群治理体系中的组成要素，在充分、有效、公平竞争基础上形成一种利益让渡与利益共享的规则与机制。

利益共享机制是利益共享的制度化形式和运作规则，即在合作博弈主体之间达成利益分配和协调的契约，通过制度化手段明确界定各合作博弈主体的权利，规范合作收益的分配方式，合理分配合作成果，分摊合作风险，补偿合作损益，从而实现合作博弈主体的互利和共赢。② 利益共享机制从利益的公平享有这一关键节点入手，寻求化解多元利益主体博弈过程中矛盾和冲突的路径，主张建立科学有效的利益分配机制、公平公正的利益调节和补偿机制、激励与惩戒相容的利益约束机制来满足多元利益主体的要求，缓和彼此间的矛盾冲突进而形成均衡的利益格局。协商是利益共享重要的实现方式之一，多元利益主体通过平等对话协商而争取自身利益的最大化，对合作收益分配达成彼此满意的协议，进而形成合作共赢的均衡

---

① 刘先江：《论当前我国利益共享的机制障碍及其调适》，载《当代世界与社会主义》，2011年第6期，第151—154页。

② 何影：《利益共享实现机制中的利益整合及其运作方式》，载《前沿》，2009年第11期，第10—12页。

局面。利益共享机制是实现城市群内部府际间合作博弈的基础，是深化城市群府际间长期合作关系的原动力。利益分配和协调是城市群府际合作博弈的核心，在城市群府际合作博弈中最重要的是应建立一套利益共享机制，协调城市群内各个城市的优势和不足，在科学机制的催化作用下，使城市群内部合作博弈持续推进并发挥最大效用。只有建立和完善利益共享机制，才能消除城市群内部各个城市政府的种种顾虑，激发其合作博弈意识与动机，确立城市群内部府际间长期稳定合作关系。

完善的城市群利益共享机制应当包括利益博弈规则、利益诉求机制、利益补偿、利益约束机制等多方面的内容。一般来说，城市群内部多个利益主体相互间进行合作博弈有两个前提：一是合作博弈各方的合作收益有增大的预期；二是保证合作产生的收益在各个主体之间得到有效合理分配。在此基础上，完善的利益共享机制将会通过以下方面促进和加深城市群合作博弈。第一，统一制订的合作博弈规则或原则可以为城市群合作博弈提供制度保证。合作博弈规则的完善与否直接关系到城市群内部各个城市对合作利益的预期以及利益分配是否公平。从"囚徒困境"的博弈中我们知道只有在明确的博弈规则或者外力强行介入的情况下，囚徒才会选择合作博弈策略。因此，建立统一的激励相容的合作博弈规则，有助于将城市群内部各个城市政府追求本地利益最大化与城市群整体利益最大化的目标统一起来。第二，制度化的利益协商机制使得城市群府际合作博弈关系更加稳定。城市群内部各个主体可以通过平等对话、协商谈判而不是固步自封、闭门造车等来实现各自利益的最大化，通过公正合理的利益分配机制与利益补偿机制对合作利益进行分配，使得合作各参与主体合理利益诉求得到充分的满足，稳定、长期的合作关系得以形成和保持。

二、以利益诉求为前提的传导机制

所谓利益诉求，从字义层面上理解，"诉"是告诉，"求"是要求，利益诉求就是指利益要求的表达,向利益决策主体告诉自己的利益要求,请求做出有利于自己的决定。① 首先,利益诉求主体必须具有诉求表达的能力,能够将自己的要求清晰表达出来,并被人理解接受。其次,利益诉求的对象能够设身处地考虑利益诉求主体的请求,对其合理性的诉求给予回复和采纳。而利益诉求机制,就是包含利益诉求表达、利益诉求受理、利益诉求回复、利益诉求实现等多个环节的制度安排。具体来讲,利益诉求机制的构建要严格遵循民主法治的原则,以实现利益共同体的稳定为最终目标,通过科学、规范、有序的利益诉求程序,来保护利益诉求主体的权益,维护利益共同体内部的公平与正义。利益诉求机制的前提是承认个体的正当合法收益,鼓励各个利益主体通过合法渠道和方式维护自身权益,表达自身利益诉求,并为利益诉求提供充分的制度保障,对阻碍利益诉求的行为进行严惩。利益诉求机制的构建要保证诉求渠道的畅通,对利益诉求的受理、处理以及反馈也要具有时限性,确保"诉求有道,诉求有效",使得利益诉求有人处理,处理后能够得到及时回复。同时,利益诉求机制的运行离不开有效的监督,应该引入新闻媒体等多元主体的监督,以更好地保证利益主体的诉求得到重视,并严格制约利益诉求对象的不作为和乱作为。

利益诉求机制是城市群内部各个城市获得充分合作收益预期的保证。城市群内部府际间的合作博弈关系实质上也就是利益协调关系,制度化的利益诉求和表达机制是建立府际间利益共享合作关系的前提。② 在城市群内部各个城市开展合作之前,必须在府际之间进行多层次、多形式的协商与沟通,充分考虑各个城市的利益诉求,协调各城市政府的利益矛盾,为达成利益共享的合作协议奠定基础。建立制度化的利益诉求机制的另一个主要目的是保障弱势和较低层级城市政府的话语权及其利益表达的有效性。

---

① 蔡禾:《利益诉求与社会管理》,载《广东社会科学》,2012年第1期,第209、216页。
② 王俊杰、李社增:《我国社会利益诉求现状及其规范化》,载《理论探索》,2008年第3期,第72、75页。

城市群内部合作可能涉及多个城市政府,由于经济实力、行政级别和开发水平等方面存在差异,因而在谈判能力上容易形成强势和弱势的力量对比。在合作博弈中,弱势城市和弱势政府的利益能否充分表达,其话语权能否得到有效行使,将是城市群内部府际利益格局平衡与实现公平合作的第一步。建立制度化的利益表达和协商机制的意义在于,在无法改变强势地区和弱势地区力量对边的情况下,通过规范的制度安排来保障弱势地区的利益表达机会和正当的利益诉求,从而使合作博弈更加规范,在更为公平、公正的利益格局上建立稳定的府际间合作博弈关系。

当前城市群府际博弈过程中利益诉求机制还不完善,主要表现在三个方面:一是城市群内部整体性利益维权机构的缺失。利益诉求要有对象,但是城市群内部利益维权机构仍不健全,权威性不足,导致在发生利益纠纷时,弱势城市感到无能为力,进而使之在以后的城市群府际间博弈中选择消极、不合作的博弈策略来进行对抗。二是城市群内部整体性的利益诉求法规仍不健全,无法通过法律途径来表达自身意愿和维护自身权益。三是话语权的缺失。利益诉求渠道的不畅通、利益诉求保障的不完善以及不同的博弈处境,让利益诉求主体,特别是弱势主体,没有办法享有足够多的利益诉求空间,导致话语权的缺失。① 因此,要不断完善城市群内部利益诉求机制,更好地维护各个主体的利益诉求。具体来讲,通过完善与利益诉求相关的法律法规来保障各主体利益诉求的权力,并适时根据时代的发展和城市群的现实对利益诉求相关内容进行补充和完善,保证利益诉求的透明度和明晰度,使各种利益矛盾冲突得到妥善快捷的解决。另外,要完善城市群内部利益维权机构的建设,不断增强其协调的权威性,使其能够对利益诉求主体采取理性的方法,合理疏导,引导其向合理正当的方向发

---

① 熊宗华:《利益诉求机制存在的问题及对策》,载《江西社会科学》,2012年第6期,第27、31页。

展,使城市群整体稳定和利益诉求在实践中逐步达到平衡。

三、以利益补偿为核心的运行机制

城市群府际博弈过程中,各个城市经济实力上的差距,或者存在行政级别和政治话语权的不同,很容易导致博弈双方在地位上的不对等和享有权力上的不对称,进而影响博弈的最终收益。利益补偿机制就是为了减少或化解利益分配不公带来的利益分化和博弈矛盾,而在博弈过程中由利益获益主体弥补利益受损者损失的一种制度安排。利益补偿机制作为城市群府际博弈治理中利益协调的核心和关键环节,可以平衡城市群府际博弈中各个城市间的收益差额,对博弈中的利益受损主体给予合理利益补偿,以确保城市群府际合作博弈的顺利开展。因而,建立健全利益补偿机制是当前城市群府际博弈治理的关键环节和重要任务。

(一)利益补偿机制构建原则

城市群府际博弈利益补偿的机制构建及实施须遵循一定的基本原则,如公平平等、直接补偿与间接补偿相结合、层次性补偿原则等,利益补偿的原则设计为其制度构建提供了价值引导。

第一,公平平等原则。所谓公平即为公正、不偏不倚,是当前政府治理所追求的重要价值目标,可以凝聚多元主体的合作意识,减少主体间的猜忌,促进内部团结,成为城市群合作性博弈的前提保障。在城市群府际博弈治理中,利益补偿机制构建的首要和核心原则即公平平等,是利益补偿的重要着力点。城市群府际博弈利益补偿是建立在利益分配差异性基础上对合作博弈中的弱势方进行的相应补偿,其核心要义是减少弱势方相对收益的不平衡感和被剥夺感。合理的利益补偿可缩小城市群内部发展差距,化解各种利益冲突、矛盾和摩擦,实现城市群发展的公平合理状态。公平原则贯穿于城市群府际博弈横向利益补偿和纵向利益补偿过程的始终。在纵向转移支付过程中,根据"收益"及"能力"对等原则,并在充分考虑各个政府的支付能力的基础上,使其在城市群内部公共事务治理过程中的成本与收益基本对称,对收益外溢的城市给予补偿,对成本外溢给其他主体的城市则增收一定的外溢成本。横向利益补偿则是通过建立城市群公共基金实现受益、强势城市对弱势、受损城市的利益转移,进而实现城市群利益的公平均衡分配,这也是城市群利益补偿公平平等原则的重要体系。总而言之,在城市群府际利益补偿机制构建中,不论是纵向还是横向利益补偿,公平平等原则均是首要和核心价值标准。遵循公平平等原则,可以有效弥合利益差异,促进城市群合作博弈的顺利开展。所以在利益补偿机制的建构过程中,要以公平平等原则为基本价值甄选。[①]

第二,直接与间接相结合。城市群府际博弈利益补偿中遵循直接补偿和间接补偿相结合的原则,可以保障利益补偿的顺利开展。所谓直接补偿是指通过转移支付的形式对利益受损方或者劣势方进行利益的补偿,这是一种较为直接和确定性的补偿方式,但是会受到城市群内部各个城市财政支付能力和补偿金额的限制和约束。而间接补偿则是通过具体的技术、人才、政策等扶持手段,对博弈过程中的利益受损方进行援助,是一种较为灵活和较大弹性的补偿方式,不会受到城市群内部各个城市直接财政支付能力的限制,并且具有非零和博弈的效果。因而,在城市群府际博弈利益补偿过程中,要将直接补偿与间接补偿相结合,且在直接补偿的基础上,更大范围内采取间接补偿的方式,以充分发挥两种补偿方式各自的优势,更好地促进城市群府际间的利益补偿。[②] 直接补偿与间接补偿相结合的原则

[①] 周群:《跨区域地方治理利益补偿问题研究》,山东大学博士学位论文,2014 年,第 62、68 页。
[②] 李桢、刘名远:《区域经济合作利益补偿机制及其制度体系的构建》,载《南京社会科学》,2012 年第 8 期,第 114—116 页。

是保障城市群府际博弈利益补偿得以顺利实施的重要原则。

第三，层次性补偿原则。层次性补偿原则是城市群府际博弈利益补偿中应遵循的基本原则。城市群内部各个城市经济发展具有层次性和空间不平衡性的特征，使得城市群府际博弈利益补偿机制的建构也具有层次性原则，依据不同的区域范围大小，实施不同的利益分享与补偿。依据层次性原则，城市群府际博弈利益补偿分三个层次，国家宏观层面的补偿、城市群府际博弈治理联盟的补偿以及城市群内部各个城市的直接补偿。国家宏观层面利益补偿着力于缩小城市群内部发展差距及增强城市群整体资源配置能力。制订相应的城市群利益协调政策，成立国家层面上的城市群利益分享与补偿专项基金，用于提高城市群资源配置能力、调整升级区域产业结构、增加劳动力人力资本投资及建立全国统一市场；城市群府际博弈治理联盟层面的补偿是通过建立的共同发展基金而对博弈过程中利益受损方进行补偿；城市群内部各个城市的直接补偿是城市对城市的补偿，但是需要第三方的监督，因为如果缺少监督会使之不具有强制力。三个层次的利益补偿形成了纵横交错的网络化补偿体系，能够全方位的平衡城市群府际博弈中的利益差异。

（二）利益补偿机制构建内容

城市群府际博弈中的利益补偿是对博弈过程中可能造成过大利益差距的制度救济，同时也可以减少和避免博弈中的机会主义和保护主义倾向。利益补偿机制的构建及实施主要通过建立规范的转移支付制度来实现城市群内部利益转移和损益补偿，注重利益分配的公平与合理性。利益补偿的实施途径大致有三个：一是城市群内部各个城市间的横向利益补偿，主要是获利城市对受损城市的利益补偿；二是城市群府际博弈治理联盟中的利益补偿专项基金，用于城市群内部的基础投入和利益补偿；三是中央政府的纵向利益补偿，主要通过财政补贴、税收返还和专项补助等三种方式。

第一，城市群内部府际间横向利益补偿。城市群府际间横向利益补偿是指为城市群整体利益的实现而危及个别城市利益时，应当给予这些城市应有的机会或利益补偿，即补偿对象是为城市群整体利益做出牺牲的利益主体，而补偿主体则是城市群府际合作中受益的主体。具体来讲，城市群内部府际间横向利益补偿的方式主要有教育支援、人才培训、技术援助、资源共享、政策优惠和直接的财政转移支付等。城市群内部府际间利益补偿的主要目的是实现合作收益的合理分配，以促进下一步合作的深入，进而形成高效化、合理化、制度化的合作机制。在城市群府际间横向利益补偿过程中，最为重要的环节是设计合理的成本分摊和收益分配机制，以确保彼此间利益的顺利转移和分配。① 然而，我国现阶段的城市群府际间横向利益补偿机制仍不健全，存在着诸多亟待解决的问题，主要表现在以下几个方面：首先，缺乏与产业相关的补偿制度。产业利益是各个城市利益的核心内容，产业结构的淘汰升级往往成为府际利益冲突的根源，因而建立与产业相关的补偿制度，使得产业调整建立应有的制度保障，减少利益失衡，达成利益补偿；其次，城市群内部府际博弈中利益补偿额往往难以估算。因此在实际操作中，一方面要求相关技术部门对这些问题进行技术攻关，争取量化合作中的投入和成本，进而明确利益补偿额；另一方面也需要根据各城市的实际情况，参照上述基本补偿标准，通过彼此协商和博弈来确定最终的补偿标准。再次，横向利益补偿缺乏监督制度。城市群府际间横向利益补偿往往因缺乏监督而难以为继，所以要形成严格的监督制衡机制，确保横向利益补偿的有力执行；最后，利益补偿的程序性制度设计不完善，使得补偿程序不规范，进而会出现补偿投机行为。因而要完善利益补偿的程序性制度设计，为利益补偿的顺利实现提供制度保障。总之，

---

① 未江涛：《京津冀都市圈利益补偿机制研究》，载《产权导刊》，2015年第6期，第59—62页。

建立一个明确、合理的横向利益补偿机制可实现城市群内横向利益的公平分配及合理补偿。

第二,中央政府的纵向利益补偿。中央政府的利益补偿作为利益补偿的重要环节,主要有一般性转移支付、专项转移支付和税收返还三种方式。自我国分税制改革以来,中央层面初步建立了转移支付制度,用以缩小区域发展差距,促进区域公共服务的均等化。[①] 一般性转移支付主要指资金使用范围没有限制;专项转移支付是中央按照特定的应用领域向城市群政府拨付一定的款项,如教育、科技、文化等领域;税收返还是分税制改革确定的一种转移支付形式,是以一定的基数将地方缴纳的税收返还给地方。从我国中央对城市群转移支付的发展轨迹和结构变迁来看,一般性转移支付比例不断上调,专项转移支付总额有所下降,税收返还结构有所优化。

然而,当前中央对城市群转移支付制度仍存在诸多问题,例如转移支付结构不甚合理、税收返还缺乏标准规范、专项转移支付种类繁多等问题,使城市群府际间为了争取转移支付而产生博弈无序的现象。因而完善转移支付制度、弥补利益失衡、促进城市群合作则势在必行。[②] 首先,优化转移支付结构。逐步形成以一般性转移支付为主、专项转移支付和税收返回为辅的转移支付结构。在转移支付额确定时应用因素法,在因素选择上要体现全面、动态性,根据经济发展变化调整因素选择,建立相应的数据库系统,用于转移支付相关数据的收集、计算及归类。逐步扩大一般性转移支付比重,以更好地实现城市群公共服务均等化。同时规范专项转移支付制度,逐步压缩专项转移支付的比例,规范专项转移支付的分配标准,并提高转移支付的使用效率;其次,改进转移支付资金分配办法,用因素法代

---

① 谷松:《建构与融合:区域一体化进程中地方府际间的利益关系协调》,载《行政论坛》,2014年第2期,第16—18页。
② 袁莉:《城市群协同发展机理、实现途径及对策研究》,中南大学博士学位论文2014年,第76—78页。

替基数法。应设计一套科学的计算公式,从而可对各地的标准收入能力和标准支出需求进行测算,作为确定转移支付数额的标准。此外,还可设立应付突发事件的转移支付资金,用于突发事件的资金分配,使转移支付资金分配保持稳定状态,提高资金分配效率;再次,重视中央与城市群各个城市财权和事权的法制化。明确中央与城市群政府间的事权划分,是规范我国转移支付制度的前提。因此,为克服事权不清、中央与城市群政府责任范围不明晰的困境,对涉及中央对城市群政府责任范围的事项应由法律加以规范。

除此之外,当前我国有关转移支付的行政规章为《过渡时期转移支付办法》,缺乏一定的权威性和规范性。转移支付相关法规的缺乏,不利于形成良好的政府间财政关系。转移支付的规模、分配方式及拨付时间不确定,影响了城市群各个城市年度预算支出的合理安排,不利于预算规模的测算和监督,也使规范、稳定、健康的政府间财政关系难以形成。因此,加快立法进程,以法律形式规范转移支付的宗旨、目标、模式,成为题中之义。第一,要确立合理的立法目标。合理的立法目标可作为转移支付的立法保障。第二,确定转移支付的目标和基本模式。转移支付的目标是在兼顾公平和效率的同时,保证地区的基本公共服务水平,缩小地区差距、保证转移支付资金的使用效率。

第三,城市群府际博弈治理联盟的利益补偿。城市群府际博弈中的利益补偿除包含横向利益补偿和纵向利益补偿两种途径之外,通过城市群府际博弈治理联盟中的合作发展基金也可作为对利益受损城市实施利益补偿、缩小区域发展差距的重要方式。城市群合作发展基金可用于区域合作的基础投入和利益补偿,基金来源按城市群内各个城市国内生产总值的比例筹集,也可针对城市群内部合作产生的合作剩余征收特别税。设立城市群合作专项基金,可缩小合作伙伴之间的发展差距,强化合作根基、层次与力度，有利于城市群内各个城市的协调发展。① 运用城市群合作发展基金进行利益补偿要注意以下几个方面：首先，应对利益补偿的具体实施进行详细规定，其中包括补偿原因、补偿标准、补偿方式、补偿程序等内容。同时还应该逐步完善利益补偿的磋商机制，以解决利益补偿纠纷，促使利益补偿的有序、高效进行；其次，利益补偿规章制度对城市群内各个城市必须具有法制约束力。为了防止城市群府际利益补偿中的机会主义行为，保证利益补偿机制的正常实施，必须建立严格的行为约束机制，具体内容包括利益补偿应遵守的规章制度、违反规定应承担的责任、对受损方应提供的利益补偿、对利益补偿中违反规章制度的惩处措施等。这些具体内容要上升到法律层面，以法律的强制力来保障利益补偿的顺利实施；再次，利益补偿相关的规章制度必须要得到严格落实，只有具备执行力，才能从行为上真正保证利益补偿机制的顺利实施，如果执行力软弱，就会造成机会主义盛行，不利于利益补偿的顺利推进，进而影响城市群整体的合作博弈进程。

四、以利益约束为重点的保障机制

利益约束是指运用多种手段对利益主体的求利行为予以必要的规范、约束与惩戒，使利益主体的各种行为与利益团体发展的总目标相符合，以实现有序的利益秩序。城市群府际博弈中的各个城市政府在利益面前的理性是有限度的，自律也是有前提的，倘若没有明确、有效的利益约束机制，不会自觉地完全遵守道德的承诺和各种规范，只会片面地追求自身利益最大化，导致城市群内部利益冲突凸显。因此，要建立完善的城市群内部利

---

① 卞佳颖：《欧盟基金工具对长三角泛化后经济合作的启示》，载《科学发展》，2012年第9期，第60、67页。

益约束机制,将其作为利益的"调整器"和"压力阀",把各个城市利益最大化的行动约定在合理与合法的限度内,减少利益冲突,引导城市群各个城市政府形成良好的竞合博弈秩序。① 城市群内部利益约束机制可以通过法律、制度、文化等多种方式来形成。

法律约束。法律规范的特征决定了法律是制约利益主体求利行为的最重要手段。从法的创制而言,法是由国家制订和认可的,体现国家的意志,国家制订法律的目的之一就是要在全社会范围内调控私人利益与公共利益的关系,将人们追求利益的行为规范在国家许可的范围之内;从法的适用范围而言,法的效力具有普适性,全体社会成员的求利行为都在法的规范之下;从法的内容来看,法所规定的权利和义务规范人们实现利益的资格、行为及其相互关系;从法的效能发挥上来看,由于有国家强制力的保障,法能够有效地制裁破坏社会利益关系和利益秩序的行为;从法的修订过程来看,法实际上反映了不同利益主体博弈的结果,是对相对合理的利益格局的肯定。从城市群的利益关系现状来看,法律体系被当作最公正的制度体现,在城市群内部利益关系的约束中被赋予更高的要求,迫切需要细化和完善。目前,我国现有的法律中专门规范有关城市群府际利益关系的法规和条例还比较鲜见,更没有具体针对彼此承担相应权利与责任方面的法律法规。因此,要不断完善相关的法律法规来约束政府求利行为,对不规范行为进行约束和惩治。具体来讲,要形成包括权利、责任、义务、行为等一系列关于利益群体和利益分配的法律化规则,防止利益冲突的发生。同时,应在现有的法律框架内做到公正执法,在出现利益冲突时,城市群的执法部门应该秉承公平公正的执法原则,对待相关的利益主体一视同仁,

---

① 熊慎教:《强化利益约束机制与规范转型期求利行为》,载《江西社会科学》,2006年第11期,第157、160页。

积极保护合法利益,铁腕打击非法利益,使法律规范落到实处。[①]

制度约束。利益协调追求的是一种井然有序的平衡状态,其前提是各个主体的行为符合相关的制度要求。城市群府际利益协调所要遵循的制度包含能够影响合作行为的既定规则和合作参与各方达成的合作契约。规则一般是指在日常活动中逐步形成的,为大家所共同遵守的制度或章程。城市群为规范政府间合作行为需要制订一系列制度规范,如绩效考评制度、财政转移支付制度、监督审查制度等。这些制度规范在主体间的合作过程中,起到约束合作行为、协调利益关系、预防合作风险的功能。契约又称协议,在城市群府际合作的语境下,我们借用"府际契约"的称呼,是合作主体经过协商、谈判、博弈甚至妥协基础上签订的各种形式的府际间口头或书面协议,如"合作框架协议""合作规划纲要""合作备忘录"等。在合作中,契约起到约束主体行为、保证主体履行责任、降低监督成本和失败风险的功能。从深层次理解,契约是城市群合作典型的协调机制,甚至治理模式,其追求的目标是城市群合作事务的协同治理,在属性上是一种政策文件而非法律条例。需要重点强调的是契约中很重要的一个环节是监督制度的规定,这是制度约束的关键节点。从内部监督来讲,要建立专门的城市群合作监察机构,对合作事宜进行监督和监察,让府际合作运行处于刚性的约束之下;同时,充分发挥公众、民间团体、新闻媒体等社会舆论的监督作用,通过这些组织固有的广泛性的特点实现软性约束的功能。只有权威部门的强制性约束和刚性协调与社会舆论的软性约束和引导相互配合、各取所长,才能够充分发挥监督的整体功能,更有效地对城市群府际间利益关系进行引导和监督,减少利益矛盾和冲突,形成竞合有序的城市群府际利益关系。

---

① 刘晓方:《我国地方政府间利益竞合关系研究》,南昌大学博士学位论文,2007年,第29、33页。

文化约束。文化约束作为一种历史积淀，是一种深层次的精神约束，其核心内涵和意蕴深刻影响着每个主体的价值取向和行为选择，进而导致不同的行为模式。[①] 从合作整体的角度来讲就是城市群内各个城市政府间在相互尊重和信任的基础上建设良好的合作文化，使开放式的合作观念内化为城市群内部各个城市政府的稳定思维模式和价值体系，构建城市群内合作的软环境。合作文化是特定区域政治文化的一部分，与区域特殊的地理环境、历史人文等客观外在因素有着密不可分的联系，是在特定时期该区域政府间合作水平的一个综合反映，包括对合作的价值理解、合作的内容、合作的方式、合作的制度等，会对区域间的合作行为及合作结果起着重要的导向和决定作用。可以说，制度可以对主体的行为进行约束，但是在此之前，各个主体的行为首先受到文化潜移默化的影响和约束。在城市群府际利益关系的协调过程中，文化的约束往往比制度的约束更为重要、更为深刻，特别是文化观念中的公共精神、秩序公正和承担责任等，对规范城市群府际合作行为有着极为重要的约束作用。[②] 首先，城市群内各个主体在市场经济条件下要求考虑他者的需要，并通过满足市场的需求来实现自身利益的最大化，以遵守自由、平等竞争的市场机制为基本活动原则。其次，以合作作为主体间关系和公共行动机制时，责任是最重要的价值精神。按照卡蓝默的观点，这种责任不仅指通过既定的组织结构和规章制度所规定的用以防止权力滥用和责任缺失的消极责任，更强调内化为合作主体基本伦理观点的积极责任。第三，在城市群内部公共利益等同于共同利益，它是合作的前提和基础，是主体间达成利益共识的必要条件。引导共同利益向公共利益的过渡，这是合作政府的重要任务。在主体间互动和关联的过

[①] 姜莉：《文化约束与经济主体空间经济行为选择模式研究》，载《商业经济》，2011年第4期，第87、87页。

[②] 龙献忠、董树军、周晶：《治理现代化背景下政府执行力文化的培育》，载《中国行政管理》，2015年第8期，第13、17页。

程中,处理好局部利益与整体利益的关系,明确个体利益、共同利益与公共利益关系的伦理准则就是公共精神,只有公共精神才能使合作的行为和结果真正服务于社会,服务于长远。

第五节　打造城市群整体性府际信息共享平台

张维迎指出:信息是一种资源,对信息的占有就意味着对资源的控制。占有更多的信息就可能享有更多的利益,少占或不占有信息则意味着利益可能受到损失。城市群内部府际博弈冲突往往是由于信息沟通发生了断裂和扭曲,导致彼此间占有信息不对称,进而造成府际博弈过程中利益分配和占有的不均,引起冲突和矛盾。[①] 所以说,信息交流与共享是实现城市群内部府际合作博弈的基础。借助先进的现代化信息技术,建构有效的城市群府际博弈信息沟通和共享机制,使信息充分、及时地传播、交流,有利于保障各个主体在博弈中的知情权、监督权和决策权,减少府际间博弈的交易费用和机会主义行为,促使府际博弈时兼顾各方利益,形成良好的城市群府际合作博弈关系。整体性治理倡导运用现代化的网络技术作为治理手段,建立系统内部高度畅通的信息网络平台,实现内部成员之间信息网络互联互通,形成一个开放和整体的电子化系统,这与城市群府际博弈中信息不对称治理具有高度的契合性。因此,在大数据时代背景下,我们要借鉴整体性治理相关的理论来打造城市群内部府际信息沟通与共享平台,减少彼此间信息不对称现象,实现信息的高效传递与共享。考虑到城市群府际信息共享机制建设是一项涉及面广、需持续推进的系统工程,从我国城市群内部信息化发展的现状、特征和优势出发,可从信息共享法规政策

[①] 关键:《论我国政府信息共享机制的构建》,载《行政论坛》,2011年第3期,第28、32页。

制订、技术标准统一、激励监督机制优化和组织、资金、人才技术保障等方面入手，有重点、分步骤予以推进。

一、健全城市群信息共享相关政策法规

法律和政策规定了城市群府际间信息共享的范围、内容、形式、公共安全和绩效评价。法律和政策对于城市群府际间的信息共享具有非常重要的影响。研究者指出，法律政策能促使共享部门间形成合作关系，缩小产生风险的可能性，有利于府际间建立起信任关系。① 例如，在法律政策规定不明确的时候，各个相关职能部门就会出于对自身的利益考虑，不共享可以并且应该共享给其他成员的信息；在法律政策保障不彻底的时候，信息拥有主体也不会冒着权益丧失并且得不到有效补偿的风险来进行信息共享；在法律政策对信息隐私及安全缺乏有效保护的基础上，就会使得信息共享存在巨大风险，许多成员出于安全考虑也不会进行共享行为；在法律政策规定的共享标准规范不清晰的时候，城市群内部各个城市就会在信息采集、组织、分类、保存、发布与使用上采用自身的标准，从而人为设置共享的障碍。目前我国出台的信息共享有关规定，大多数是规范性和政策性文件，关键领域和关键环节的立法还是比较匮乏。城市群内部信息共享涉及信息采集、存储、加工、交换等关键环节，缺乏详细的信息共享制度，会导致制订的法律政策难以满足实际共享的需要。② 因此，城市群必须加快制订一系列有关府际间信息共享的法律、政策、制度、规定和条例，明确信息共享的范围、内容和标准以及各相关主体的责任、权利和义务，从而为城市

---

① 刘晨、屠航：《长三角区域政府信息化共享机制构建研究》，载《情报资料工作》，2010年第4期，第90、94页。
② 樊博、孟庆国：《顶层设计视角下的政府信息资源共享研究》，载《现代管理科学》，2009年第1期，第3、5页。

群府际信息共享建立完善的法律政策保障机制。具体来讲，首先要制订城市群信息共享基本法，它既是制订下位法律法规的依据，又是理顺城市群信息共享法律体系内部层次关系的前提。许多国家都通过制订城市群信息共享基本法来统领、指导及协调各单行信息共享法律法规。因此，为了消除分散立法模式弊端，我国应借鉴其他国家经验，在今后的城市群信息共享立法上选择统一立法与单行法相结合的模式，尽快制订《城市群信息共享法》，以保障我国城市群信息共享的顺利进行。其次，健全城市群信息共享法律体系。该体系是一个独立的、具有内在规律的体系，除包括基本法外，还包括信息共享技术、信息标准化、信息共享监督、信息公开以及信息安全等方面的法律法规。

二、统一城市群府际信息共享技术标准

建立健全统一的信息共享技术标准是保障主体间信息共享行为的关键，只有在采集、处理、标准、分类以及发布使用等方面统一标准和规范，才能保证信息共享的一致性和技术平台间的互联互通性。简·芳汀教授指出："组织结构变化的一个先兆似乎是数据跨机构的标准化。没有数据的标准化，就没有共享的数据库，共享数据库一旦发展，就为进一步整合准备了平台。"[1] 因此，城市群内部相关职能部门应当加强共享信息技术的规范化或者标准化建设，从而使得各个成员能够通过更加便捷有效的方式获取关乎自身利益的相关信息。这样既可以实现城市群府际间的业务虚拟结合，提高信息传递效率，又节省了大量人力物力。然而，当前我国城市群内部在信息共享技术标准化建设中存在多方面的问题和障碍。一方面，自主进

---

[1] 高复先：《我国区域信息化建设的基本问题与实施要点》，载《中国信息界》，2012年第3期，第42、45页。

行信息标准化建设的意识不足。政府主管领导往往对能够看得见的硬件设施建设比较热衷,因为可以将其当作政绩加以宣扬,所以不惜花费巨资投入信息基础设施建设,而对信息共享标准等软件建设视而不见,进而导致城市群内部出现"信息孤岛"问题;另一方面,信息标准化的统一意识不强。标准的本质特征就是统一,不同级别的标准和不同类型的标准都应从不同的方面进行统一。然而,城市群内部各个城市若都按照自身的标准进行信息传递,彼此间的信息共享标准难以统一的话,难免会出现"一边是标准林立,一边是孤岛丛生"的两难局面,给城市群府际信息共享建设带来极大的阻碍。[①]

进行城市群府际信息共享技术标准化建设应注意以下几个方面:第一,城市群府际信息共享平台建设是一项复杂的系统网络工程,作为其重要节点之一的信息标准化工作也是异常庞大。历时长、耗资大及涉及领域的广泛性、需要协调主体的多元性等,这些外在约束决定了城市群信息标准化工作不可能一蹴而就,而是需要系统地规划和统筹,通过制订科学的发展规划,逐步分段推进;[②] 第二,建立城市群信息标准化合作工作机制,联合开展相关技术标准的调研、立项、制订和技术标准宣传实施,强化信息系统开发标准化、网络与接口标准化、信息流程标准化、软件工程标准化,促进城市群府际信息共享数据存储和交换标准的制订,逐步统一城市群内部信息化统计的指标和核算体系,联合开展城市群内部信息化水平的测试工作;第三,城市群信息共享不能只侧重于标准规范,还有赖于在信息管理的应用上下功夫。信息标准和信息管理同等重要,技术标准是基础,信息管理是关键,两者的相互配合,才能发挥应有的作用;第四,城市群信

[①] 周伟、石湘飞:《网络环境下政府公共信息资源的整合与共享》,载《电子政务》,2011年第9期,第11、18页。

[②] 何振、周伟:《电子政务信息资源共建共享的基石——信息标准化问题分析》,载《情报理论与实践》,2013年第6期,第59—61页。

息共享技术标准化的最终目的是实现高效的府际信息共享,减少府际博弈中的信息失真,以更好地促进府际合作,获得最佳的城市群整体效益。当然,城市群府际信息共享标准化建设并非放弃原有的基础,脱离具体实际情况而重新开始,而是要在原有基础上制订一套适应当前治理环境的现代化标准,通过整合各种技术和管理标准,促使城市群府际信息共享走上标准化、规范化道路,以不断提升城市群内部府际间信息共享的运作效率和共享度。[①]

三、提升城市群府际信息共享评估监督

第一,城市群信息共享评估机制。为了使城市群府际间的信息资源共享能够达到一定的成熟度,而不是盲目地进行信息数据交换,必须建立一套科学、全面、综合的信息共享评价指标体系,对信息共享实行定期的绩效评估,以及时地发现信息共享中存在的问题,采取措施予以解决,进而达到改善信息共享绩效的目的。城市群府际间的信息资源共享工作需要从两个角度出发分别对其进行评估。一是对单个城市群政府也就是单个共享参与方的共享能力评估;另一个是从共享全局出发,对整个城市群府际间信息资源共享系统的建设情况和建设效果进行总体评估。单个城市的信息资源共享能力评估主要是针对信息共享保障机制中的一些要素来进行详细的分析评估,看其是否具备与其城市进行信息资源共享所需的标准和条件。例如城市内部信息机构是否健全,是否有能够保证信息共享的资金投入,是否有高素质的专业型人才队伍,是否有良好的软硬件环境支持等。而对城市群府际间信息资源共享系统的总体评估则相对于单个城市的信息资源

---

① 董晓华、金毅:《推进长三角区域信息一体化研究》,载《浙江统计》,2009年第6期,第5—7页。

共享能力评估更为全面和完整,分别从内部和外部两方面给予客观、综合的评价。内部评估,其评价指标与单个城市的信息共享能力评估指标类似,可以包含对共享系统建设的保障性机制的评估,即对组织机构、财力、人才、技术等的评估,以及政策法规、部门规章制度等内部动力机制的评估。但其评估对象是城市群府际间信息资源共享的整体。外部评估,则可以包含公众满意度评价、社会效益评价以及法治性评价、公平性评价等内容。这可以使整个评估更为客观,也更加注重信息共享实际效果的评价,能为今后信息共享系统的进一步完善提供依据和指导。

第二,城市群府际信息共享激励机制。从行为学角度出发,适时适当的激励措施能够强化人们的某种行为。城市群内部各个城市政府具备"政治经济人"的特征,所以对他们的信息共享行为进行激励可以调动城市群内各个城市对信息共享的积极性。应在科学评估的基础上,对评价好、在府际间信息资源共享工作发挥重要作用的城市进行适当的嘉奖和奖励,肯定其成绩,激励其前行。这不仅能够强化单个城市的信息共享行为,而且还能够调动其他城市对于信息资源共享工作的积极性,使信息共享的整体水平有所提高。[①] 具体而言,激励的形式可以采取精神激励和物质激励并举,一方面对信息共享评定优异的城市给予表彰奖励,充分肯定其工作业绩;另一方面对信息共享中表现突出的城市给予补助资金等额外奖励,不仅可以填补信息共享的资金缺口,解决共享中的实际问题,也能够更好地激发所有共享参与方的积极性。此外,将府际间信息资源共享纳入城市群整体绩效考评和对各个城市主要领导干部年度考核的范畴,将府际间信息资源共享评估结果作为重要依据,并在城市群整体绩效考评和领导干部考核中予以体现,也是一种强力推进城市群府际信息共享工作较为实际的激

---

① 高锡荣:《电子政府跨部门信息共享的激励机制设计》,载《中国管理科学》,2011年第5期,第130、137页。

励手段。

第三,城市群府际信息共享监督机制。科学有效的监督可以使城市群信息共享更趋于完整和完善。现在城市群府际间信息共享过程中之所以产生很大的随意性,甚至最终偏离预定目标,很重要的一个原因就是对府际信息共享缺乏监督。无论是府际间每一次信息共享参与,还是因信息共享而产生的府际间冲突;无论是信息传递的每一个环节,还是长期的信息更新和维护;无论是信息共享的预期收益,还是信息共享的实际效果,都应该有专门主体按照严格的程序进行监督考核。通过严格有效的监督减小信息分享过程中的对抗制度惯性,规范各个城市的信息共享行为,落实信息分享的规则和程序,从而保证每个主体知情权,提高城市群府际协作的效能。① 具体来讲,要在城市群内部设置专门负责信息监督管理的机构,制订规范的监督程序,配备专业化的监督管理人员,对城市群信息共享的每一个环节都进行严格的监督检查,发现有损信息共享或者信息共享不作为的情况,进行公开批评,情况严重的,要依法追究相关城市负责人的责任。同时,在城市群信息共享监督过程中需要引入第三部门的监督,这样能够保障监督的客观性和公正性。

四、整合城市群府际信息共享保障机制

第一,组织保障。城市群信息共享所需要的信息涉及城市群内部每个城市,所以信息共享工作是一个系统工程,具有全局性和战略性。只有建立统一的领导机制和管理体制,才能做到信息的"统一规划、统一采集、共同使用"。从信息资源共享纳入统一规划管理的角度,设立专门的城市群

---

① 蒋定福、岳焱:《大数据视角下政府信息资源共享的问题和对策》,载《兰台世界》,2015年第8期,第40—41页。

信息资源管理的机构，具体负责实施城市群内部信息资源的管理与共建共享工作是十分必要的。因此，应该从全局出发，统筹兼顾，统一规划，重点设计和把关城市群各个城市之间信息协同工作的内容及流程，统一沟通协调各城市府际间的共享合作事宜，解决信息资源为某些城市独占、垄断的问题，分析汇总和整合各城市数据，真正打破"条块分割""信息割据"的局面，推进城市群府际间的信息充分共享。

第二，财力保障。城市群府际之间实现信息资源的共享通常是需要花费较大成本的，因此需要大量的资金投入。一方面，在构建类似信息共享平台、信息共享数据库等软硬件环境时需要耗费大量财力；另一方面，城市群内每个城市将自己拥有的信息资源供其他城市分享的过程中，也会付出很多代价，包括人力和财力的耗费。当支持信息共享的工作转变成一项稳定的长期性业务工作的时候，如果没有一种很好的成本补偿机制，那么一些城市将背负很沉重的经济负担。① 为调节城市群信息资源共享参与方的利益关系，从财力上进一步促进共享的圆满实现，可从几方面入手：一是通过财政补偿机制，对提供共享信息的城市给予一定的经济补偿。二是通过参与信息资源共享的各方协商，按照各自的分工和统一的标准，共同平均分担共建共享中的人力、财力等耗费。三是可以实现投资主体的多元化，通过充分调动行业协会、企业、高校、科研院所等多元主体的积极性，引导和鼓励社会资金参与到城市群府际信息资源共建共享中来，有选择性地承担共享项目的建设、运营和管理，并根据实际情况选择有偿或无偿方式的信息资源开发利用。

第三，人才保障。城市群府际间的信息共享不仅需要精通信息技术的技能型人才，更需要熟悉相关政策法规、熟悉政府事务、能够在政府管理、

---

① 李昕：《电子政务信息资源共享的保障研究》，载《江西图书馆学刊》，2013年第2期，第3—5页。

政府资源协调中发挥重要作用的综合型管理人才。在城市群府际信息资源管理部门中，需要有一批政治素质高、技术过硬，并且具有科学的信息管理能力、全面的公共管理能力、果断的判断力、敏捷的思维能力等的知识型、创新型人才担纲重任。而信息共享是基于广泛的信息采集和加工处理的。这些基本任务往往预先在各个城市内部由政府公务员完成。政府公务员的信息素质将在很大程度上影响信息共享利用的效果。因此培养政府公务员良好的信息素质也是政府信息共享的重要保障。人才保障可以在育人、选人、用人这几方面下工夫。也就是要注重信息管理人才和高素质政府公务员的培养，加强人才储备；要充分发挥竞争机制作用，从竞争中选拔优秀人才；要制订人才引进策略，不断补充新鲜"血液"，可以探索实行政府雇员制，适时地将信息资源管理方面的优秀人才吸纳进政府机关队伍，这有可能在原先沉闷的政府机关内部形成"鲶鱼效应"，进而激发工作人员的积极性，使更多优秀人才脱颖而出；同时要更加合理地运用人才，可以适时发挥高新技术型企业、高校、科研院所等的作用，使其专业人才融入城市群府际信息共享的设计、建设、评估等工作。[①]

四、技术保障。技术保障是城市群府际间信息共享必不可少的。信息共享系统的网络基础环境、信息处理环境、系统运营环境等，都需要现代信息技术的支撑。当前我国快速发展的计算机网络技术和信息处理技术为城市群府际信息共享提供了关键性的技术保障。计算机网络技术通过现代化的通信设备和网络化的线路，把城市群内部不同地理位置、功能独立的计算机设备联成一体，形成一体化的大数据体，实现信息资源逻辑上的联通和集中，能够轻易破解信息孤岛难题。具体来讲，计算机网络具有共享硬件、软件以及数据资源的功能，不仅可以加强各用户间的互动交流，而

---

① 刘玉红：《我国政府信息资源共享发展现状及对策》，载《情报科学》，2011年第5期，第190、195页。

且可以显著提高信息交互效率，为实现城市群府际信息资源共建共享提供物质保证。信息处理技术主要包含了数据库技术、数据挖掘技术、决策支持系统、管理信息系统等内容。数据库技术能够更有效整合信息，减少信息冗余度，更好地为各类用户所共享；数据挖掘技术从大量实际应用数据中挖掘出潜在的有用信息；决策支持系统有助于决策者系统地分析决策问题，提供可能的解决方案，帮助决策者做出科学的决策；管理信息系统通过对信息处理过程的系统化综合化管理，为用户提供有价值的信息服务。这些技术综合应用，便形成了城市群府际信息资源共建共享所必须的信息处理环境。

第六节　优化城市群府际博弈信用体系

鲍德恩（Baldwin）指出：信任是一种非常重要的社会资本，是解决博弈中囚徒困境问题的关键因素。因为囚徒困境的形成就是因为博弈主体之间缺少交流和相互信任，这一点是由经济人假设所决定的。① 但是，如果囚徒困境中的博弈主体相互之间具有足够的信任度，都相信对方会选择合作博弈的帕累托最优策略，则囚徒困境问题就得到突破。在城市群府际博弈中，往往是通过长期和多重交往使得相互之间产生信任关系，这种信任关系不仅能够抑制契约执行中的失信行为，而且能够促进相互之间的合作关系。因为那些基于信任而从府际交往中受益的人不愿意和所知道的曾经背叛过他的人打交道，从而形成了一种制约机制。自我国改革开放以来，基于社会深刻变革和转型而导致的整体信用下降和缺失成为困扰发展的重要问题，政府作为特殊的社会主体，其信用缺失现状和后果更为严重，重塑

---

① 梁莹：《合作型政府信任：现实层面的解读》，载《公共行政》，2008 年第 8 期，第 86—87 页。

政府信任成为当前面临的重大课题。从利益维度而言，府际互信是合作共赢、实现帕累托最优的前提，府际失信则会导致府际间的博弈无序，最终陷入囚徒困境；从价值维度而言，政府作为社会主体行为的引导者，府际互信能够引领社会信用建设，对于信任的公共价值维护具有重要意义，府际失信则会导致对信任公共价值的拆解和公共信仰的颠覆。基于当前我国城市群府际间博弈信任的现状和府际信任的作用角度，优化城市群府际博弈信用体系具有较强的现实价值和典型示范意义。[①] 具体来讲，结合整体性治理关于信任建设的有关论述，城市群府际博弈信用体系的建立应重点注意以下几个方面。

一、加强城市群府际信用法律建设

现代信用秩序是一种建立在制度结构和法律规范基础之上的秩序。信用从内容上来看是对各个主体行为上的品性要求和道德自觉，但这种道德自觉客观上并不排斥法律制度的作用，甚至无法离开法律强制力的维护和保障，对于政府信用而言尤其如此。政府信用必须建立在法律规范的基础上，这是因为政府是公共权力的具体承载者和实施者，如法国启蒙思想家孟德斯鸠（Montesquieu）所言："拥有权力的人容易滥用权力，这是亘古不变的真理"，很少有公共权力掌控者成为这个"铁律"的例外。权力意味着势力和能力，权力自身即有恣意而为的倾向，这不是单纯的道德力量所能约束的。不受限制的权力即使做出毁约违诺不守信用的行为也难以得到有效的惩罚和救济。[②] 相对于政府来讲，法律最为主要的作用在于为公共权力

[①] 邹继业、李金龙：《地方政府间信任关系的博弈分析》，载《经济与社会发展》，2010年第12期，第72—74页。

[②] 胡石清、乌家培：《关于信任的博弈分析——基于个体的自利理性和社会理性》，载《当代财经》，2009年第3期，第13、18页。

的使用设置规范,能够更好地调节政府的信用行为,防止府际间因信任缺失而导致博弈无序现象的产生。因此,必须将政府信用建立在法律的框架中而非政府人员自身软弱的道德力量的约束下,用法律的权威进行权力的制约。目前我国城市群政府信用的经营和管理仅靠社会舆论和道德去约束,缺少对府际信用强制性的外在硬性约束,府际间违信成本较低,结果导致城市群府际博弈中政府违信现象屡见不鲜。为更好地规范城市群府际间的信用行为,改变信用约束软化的局面,运用强制性的法律手段来管理府际信用成为城市群治理现代化的客观要求。

首先,要加强我国政府信用立法。法律通过对符合信用行为做出肯定,对各种违反制度和规范的不道德行为进行必要的约束和限制,在使得各项彰显信用的具体制度具有可行性和有效性的同时,为政府行为提供规范的方法和尺度。信用立法应包含两方面的内容:一是对现有的信用法律法规的修改和完善;二是建立相关信用的新立法。在制订与修改信用法律法规方面,应该吸收借鉴国外的先进经验,并坚持"守信获益,失信受损"的基本原则。由于政府自身的特殊性,在政府信用监督方面存在着诸多困难,为此要以法律明文的形式确定监督机构的法律地位、职能、工作范围和作用;法律应对政府守信与失信行为进行明确界定,对政府信用监督的范围、方式、程序以及政府信用公开的范围、内容、渠道等进行明确规定。总之,信用立法的目的就是要为政府信用活动提供完整、公开和相对稳定的标准,引导和规范政府信用活动和行为健康、有序的发展。其次要通过正当程序,体现法律权威。[①] 事实上,我国已经出台了一些有关政府信用的法规。当前之所以存在政府失信行为,一是由于现有法规普遍存在着操作性不强、适用范围有限、法规之间相冲突的问题;二是现有法规的权威性和威慑力未

---

① 赵宏燕:《浅析中国政府信任制度构建的途径》,载《行政与法》,2008年第9期,第8—10页。

得到确信和承认。我国传统上具有重实体而轻程序的法律习惯,对程序法和法律程序的忽视往往容易导致恣意和专断的发生,而政府信用就在专断与怀疑中逐渐消弭。从某种意义上看,由于程序是合理选择的适当方式,因此它本身具有一定的理性权威。以明确、可靠的认知为基础,以公开、透明的规则为依据建立起来的法律制度,足以排除恣意、混乱和专断。程序推动政府行为的透明度。美国学者弗里德曼指出:"感到程序上的合法性最终导致实质上赞同规则或我们所谓的信任。"程序公正有助于在城市群府际之间建立起信任关系。城市群内部各个政府的行为应当依照正当程序进行并受到法律的约束,而非受到武断的意志的支配,如此才能树立法律的威严和威信,对城市群博弈中府际违约失信行为产生震慑力,建立起府际间的信任和信赖。①

二、构建城市群府际信用评估体系

所谓城市群府际信用评估,是专业信用评估机构对城市群内部各个城市政府在相互交往过程中,履行内部合作协议的现实情况以及相关能力的综合评定。②信用评估始于19世纪中叶的美国,从20世纪70年代以来,信用评估在全世界有了较大的发展,信用评估的种类也越来越丰富,评估机构所涉及的范围也越来越大。不仅对银行、工商企业以及个人等进行信用评估,而且还开始对政府进行信用评估。当前信用评估在我国经过多年的发展取得了一些成就,但是关于城市群内部府际间的信用评估还不完善,需要加强城市群府际信用评估体系的建设,以促进城市群内部各个城市政

---

① 王玉良:《缺失与建构:公共冲突治理视域下的政府信任探析》,载《中国行政管理》,2015年第1期,第7—8页。

② 柳玉芬、宋桂祝:《论政府信用的契约理论逻辑》,载《中共伊犁州委党校学报》,2007年第4期,第90—92页。

府在博弈过程中始终坚持讲信用、守信用、履行契约、保持良好信用。

第一，加强信用信息征集。信用信息的征集是信用评估的前提和基础。只有将城市群内部各个城市政府的信用信息进行收集，然后通过专业的评估分析方法，才能够得出较为客观和公正的信用评估报告。收集城市群府际信用信息情况直接关系每个政府的声誉，所以会产生较大阻力。这时应采取综合收集法，从合作对象收集其信用信息，并与其本身确认，这样才能够收集到较为客观、公正的信息，为后续科学的信用评估结论提供依据。第二，完善城市群府际信用评估体系的"软件"要求。建立信用评估体系要具备合理性与可操作性，要有相应的方法和配套的技术手段。具体来讲，要在传统评估方法的基础上进行创新，充分运用现代化的评估技术，特别是大数据时代下的数据分析技术，做到定性与定量分析的结合。建立科学、严谨的评估指标体系，通过建立针对政府的信用评级模型，运用科学有效的评估方法，在建立城市群整体信用档案系统的基础上对每一个城市政府进行科学准确的信用评估。城市群府际信用评估标准要统一统计口径、统一评价指标，尽快研究出台测算政府信用度的定量分析方法。第三，完善城市群府际信用评估体系的"硬件"要求。独立、公平的评估机构是信用评估体系不可缺少的硬件设施。城市群府际信用评估机构应由多元主体组成，包括专家学者、利益相关公民、第三部门等，依靠专业技术、明确规范以及其他配套制度来确保信用评估的客观性，它不应该受到政府等被评估对象的干预。在其评估运作过程中，要以全面、广泛的调查评估网络为载体，以严密、科学的研究方法，对城市群各个政府信用进行等级评定，对有不良信用记录的政府"另册"处理，记入"黑名单"，为后续的府际违信惩戒提供依据。[①] 总之，城市群际府信用作为可以量化的社会资源，是城市群内部各个政府以自身信用获取信任的能力，是其他主体对政府持信任

---

① 范新安：《我国地方政府信用评估研究》，载《价值工程》，2015年第4期，第92—94页。

态度的程度和综合能力的评价。通过对城市群内部各个政府信用的客观公正的评价，可以及时发现并有效解决政府信用中存在的问题，推动城市府际信用健康发展。

三、严格城市群府际博弈信用奖惩

信用奖惩机制作为一种激励主体信用行为、遏制失信行为的一种管理机制，是信用体系建设实现的有力保证机制。在实践中，信用奖惩机制的重要职能在于失信惩罚和风险防范，主要功能是对所有失信行为的主体实施实质性打击，使其不敢轻易违背信用契约，成效在于使组织内部形成一种自觉守信的良好信用环境和氛围。① 具体来讲，城市群府际博弈信任奖惩机制主要包含以下几点：

第一，失信惩戒机制。从理论上说，博弈主体间平等交易并从交易中获益是理想的交易状态，但由于不同博弈主体之间存在着利益差别，而失信的利益诱惑又如此巨大，往往导致以牺牲他方利益来满足自己利益的机会主义行为。因而设定对城市群府际博弈失信的惩罚方法与程度，改变城市群府际博弈失信成本与守信收益的比率，扩大长期利益与短期利益的利差，使失信不再有利可图，是遏制城市群府际失信行为的一种有效方法。城市群府际失信惩戒机制发挥作用需要三个前提条件：首先必须保证信息传递畅通，一旦失信就能马上被发现。其次，对城市群府际失信主体的责任预期、责任认定要有严格而明确的操作程序。最后，处罚必须公正、可信且足够严厉。在此基础上才能构建可操作性强的失信惩戒机制。对失信行为的惩罚不仅要建立经济上的惩罚制度，以增大失信者的经济成本，使

---

① 陈潭：《政府信用失范与政府信用建设》，载《社会主义研究》，2004年第2期，第61、64页。

其丧失失信的经济利益,同时还应注重进行道德惩罚和政治惩罚,增大失信主体的道德成本和政治成本,使其丧失经济利益、社会利益,甚至政治前途。①

第二,守信激励机制。建立守信激励机制,强化信用维护意识。信用的维系不能仅仅靠单一的惩戒手段,因为惩戒属于被动、消极的方式,不能主动激发守信的积极性。这就需要对守信主体进行激励,从某种程度上讲,对守信主体激励的实质也就是对失信的变相惩罚。建立与城市群府际博弈失信惩戒机制相配套的守信激励机制,有利于增加守信收益,使得政府守信成为一种内在的伦理要求,从而有利地惩罚失信行为,塑造政府形象和声誉。城市群府际博弈守信激励主要有三种方式:政治激励、经济激励、精神激励。政治激励主要是通过提供政治晋升、职位升迁机会和政策优惠倾向等形式给予守信主体的奖励;经济激励主要是通过设立财政专项经费和奖励基金等物质方式给予守信主体的奖励,这种物质奖励经费主要由城市群联盟公共发展基金提供;精神激励主要是通过广播、电视、报纸、网络等公众媒体予以宣扬,给守信主体以精神奖励,提升其在城市群内部的声誉。只有通过这种正向的激励、配合反向的惩罚才能够更好地促使城市群内部各个城市政府保持守信行为,构建良好的信任秩序。②

第三,申诉复核机制。建立申诉复核机制,确保惩戒公正性。构建城市群府际失信惩戒机制,必须健全和完善申诉复核机制,以拓宽每个主体维护自身权益的渠道,确保失信惩戒的公平性和权威性。具体而言,信用申述和复核是征信系统不可或缺的关键环节,也是其不断成熟和完善的重要标志。因为这种申述复核机制本身就表明了各个主体法律和信用意识的

---

① 蔡雪珍、郭世玉:《破解中国转型期政府信任缺失的原因》,载《理论观察》,2012年第6期,第37—39页。
② 范柏乃、龙海波:《我国地方政府失信形成机理与惩罚机制研究》,载《浙江大学学报(人文社会科学版)》,2009年第6期,第55、58页。

提升，体现出信用惩戒机制的功效。信用申诉复核机制确保了城市群整体信用系统的畅通，对城市群府际博弈失信危害指数的合理设置、失信信息的披露起到了良性的约束和规范作用。① 当城市群内部出现对失信评判标准不统一、失信危害级别划分不一致、失信惩罚力度不适当以及其他一些对声誉信用产生严重影响等情形时，被惩罚主体可以申请启动失信申诉复核机制。申诉的城市必须在规定的有效时段内向城市群府际联盟相关机构提出申诉请求。该机构通过组织多元主体（包括相关专家学者、利益相关公民和其他城市群政府）形成失信测评小组，对被惩罚城市的申诉意见进行审核，对其是否失信以及应当承担的失信责任进行复核做出最终裁定，并将复核裁定结果通过城市群信息共享平台进行发布。

四、培育城市群府际博弈信用文化

我国作为文明古国，在历史上有着丰富的信用思想和传统。孔子在《论语·为政》篇中强调"言必信，行必果"。孟子在《孟子·离娄上》中指出"诚者，天之道也；思诚者，人之道也"。荀子则将信用的重要性扩展到国家治理中，他在《荀子·议兵》中指出"政令信者强，政令不信者弱"。可见，儒家学派非常重视信用，把它当作为人处世和治国理政的重要标准。墨家学派也强调诚信的重要性，《墨子·修身》篇中认为"志不强者智不达，言不信者行不果"。道家学派代表人老子认为"轻诺必寡信"，并进一步提出"信者，吾信之；不信者，吾亦信之，德信"，以促进社会守信。法家学派代表人物韩非子认为"巧诈不如拙诚"。由上可见，我国古代的先贤都把信用作为非常重要的品德加以强调，所以我国有着非常丰富的

---

① 周伟贤：《中国区域信用体系建设问题研究》，载《福建行政学院学报》，2011年第2期，第28、32页。

信用文化基础。① 所谓信用文化是指与信用相关的道德风尚、意识形态以及价值观念等非正式约束。信用文化不同于法律、法规等有着明确的条文约束，而是大多数通过舆论引导、价值评判以及道德维系来规范信用行为。信用需要诚信理念和道德规范的维系，讲信用应当成为各个主体交往的一种基本公德。② 在城市群府际博弈过程中，各个城市政府都应当树立诚实守信的政府形象，在城市群内部形成重诚信、讲信用的共识和理念，共同培育良好的信用文化，这是城市群信用体系建设的思想道德基础和条件。在城市群信用体系建设过程中，要非常重视这个方面的问题，通过构建信用文化传导机制来实现城市群内部各个城市信用文化的相互影响和提高，扩大信用文化影响力，营造良好的城市群信用软环境。

第一，借鉴信用知识普及和信用观念宣传的有效方式，在信用知识普及和信用观念宣传活动中，要充分发挥广播、电视、报刊等媒体的作用和优势，弘扬诚信文化，倡导诚信道德，鼓励诚信典范，针砭失信行为，抨击和谴责城市群府际博弈中由市场保护、产业同构、环境污染等失信产生的非合作博弈行为，并将失信政府典型进行公开展示，造成强大的社会舆论氛围，使城市群内部每个城市政府都能经常从中受到压力和启发，增强其信用观念和诚实守信意识。除此之外，还要善于利用新兴网络技术和平台，通过互联网和手机短信平台等进行普及和宣传。第二，从道德层面加强信用行为的引导。城市群信用文化不仅是提升核心竞争力的战略手段，而且也是信用体系建设的重要组成部分。城市群信用文化的本质是以诚实守信为核心的理念和信条，是在一定历史条件下，城市群内部成员在博弈过程中逐步形成的共同价值观、行为准则和道德规范，是关于信用的意识、

---

① 付云根：《完善信用体系，加强政府信用建设》，载《行政与法》，2013年第12期，第16—17页。

② 陈东冬：《政府信用文化的伦理视角分析》，载《云南行政学院学报》，2014年第3期，第65、69页。

理念、精神、体系、机制等方面的文化积累。基于信用文化的本质,要通过道德自律的角度来建设信用文化,树立道德意识,使诚实守信成为政府及其工作人员的基本道德规范和行为准则,从而为培育和营造信用文化奠定良好的道德基础。对于城市群各个政府而言,在干部培训过程中要加大信用道德教育,并在干部考核、招聘等工作中融入守信的因素。第三,注意信用文化的研究。信用体系是一套综合性的系统,不仅涉及制度因素,也包含道德伦理等文化概念,涉及的内容广泛。城市群府际信用体系的建设对整个城市群的发展影响深远。虽然我国具有源远流长的传统信用文化,但是,目前我国的信用体系建设还不完善,在理论研究方面还处于不断地探索中,没有形成系统的理论体系。在创造性的建立信用体系的过程中,应该注重信用文化的研究,培养一批专业人才,支撑信用体系建设。

结 语

　　城市群从字面上理解就是城市的集合体,它是社会工业化、城市化发展到一定阶段的产物。众所周知,从古至今城市就是各种资源汇集的中心,而城市群又是由多个相邻城市组成的整体区域,所以城市群往往是一个国家或者区域资源最为密集的地方,也是经济、政治、社会活动的中心。尤其是在国际竞争和区域竞争愈加激烈的今天,城市群更是扮演着"发展引擎"的重要角色,其强大的规模效应和集聚效应使城市群成为当前最具潜力的增长极,在各个方面的引领作用无可取代。基于城市群的重要地位和作用,城市群发展成为我国现代化建设的重点战略规划。2014年,习近平在京津冀协同发展工作会议中指出:要将城市群发展上升到国家战略层面,坚持优势互补、互利共赢、扎实推进,加快走出一条科学持续的协同发展道路;2015年,国家发改委制定了新时期我国城市群发展规划,确定打造20个城市群,包括5个国家级城市群、9个区域性城市群和6个地区性城市群,其中还包括最新提出的"一带一路""长江中游城市群"发展规划;2016年,国家最新制订的《十三五规划纲要》中将城市群发展作为区域发展的主要抓手,指出要通过加强顶层设计、推进产业对接、优化空间布局和理顺协同关系等措施来推动城市群发展。由上可知,城市群将在我国未来发展战略中占据越来越重要的地位。在此背景下,针对城市群的研究具有了极为重要的理论和实践价值。

　　在城市群发展过程中,由于城市群在结构状况、区位条件、基础设施、要素空间聚集等方面联系更为紧密，城市群内府际之间更容易相互影响，产生广泛和激烈的竞合博弈。目前，城市群府际博弈的具体领域主要围绕政治市场、产品市场及要素市场展开。政治市场上的博弈主要是政策层面上争夺优势和倾斜，体现在经济规划、财政分配和人事任免等方面；产品市场上的博弈主要是城市群内各个政府对辖区内产品市场的保护和支持，同时也包括在产业结构的选择方面的博弈；要素市场上的博弈主要是城市群内部各个政府之间为争夺人才、资金、技术、自然因素等生产要素而展开的博弈行为，其突出表现为公共资源的利用和保护方面的博弈。基于博弈理论，从城市群府际博弈的三大领域中选取比较具有代表性的政治晋升博弈、市场策略博弈、产业选择博弈和环境治理博弈来进行具体分析，能够更好地揭示城市群府际博弈的机理。明晰事务运行的机理是对其进行治理的前提，能够提出更加有针对性和实效性的治理对策。城市群内部各城市政府在博弈过程中为了获取本区域利益最大化，利用已掌握的信息，在充分比较各种可能情况下的自身付出后，会采取相应行动以获得效用最大化。由于城市群内部环境资源的有限性和稀缺性，加上政府"政治经济人"倾向和参与人有限理性的前提限制，城市群内部府际博弈会呈现出复杂态势，产生诸多博弈无序问题。

当前，城市群府际博弈无序主要表现在重复建设、对原材料和其他资源的争夺、市场割据和地方保护等方面，最终造成了资源浪费、公共政策偏差、环境污染、统一市场破坏的负和博弈结果。从博弈无序产生的外部环境和内部因素来深入剖析博弈无序产生的原因，主要包括以下几个方面：城市群内府际间博弈意识落后，各个政府以邻为壑，画地为牢，跳不出狭隘封闭的思维怪圈，合作博弈意识不足；城市群内行政区划的刚性切割导致每个行政区划单元追求单一行政区的独立利益，割裂了城市群的整体利益；压力型考核机制加剧了城市群内部各个城市的竞争博弈，忽视城市群内部府际间共同合作与协调发展；城市群内府际博弈协调机构建设滞后和职能缺位，造成在协调府际博弈关系时权力有限，没有实权制约各个城市政府的行为，使得城市群内部府际博弈协调缺乏稳定性、有效性和权威性；城市群内府际博弈中信息沟通不畅产生信息不对称，结果造成博弈中"逆向选择"和"道德风险"问题频发。除此之外，城市群府际博弈中成本分摊不均和信任缺失也是造成府际博弈行为异化、出现"搭便车"等博弈无序行为的重要原因。城市群府际博弈无序严重影响了资源、要素在城市群整体范围的配置，导致一系列不良后果。基于我国城市群府际博弈发展的历史轨迹和现实表现可知博弈无序行为仍占据主导地位，严重制约了城市群的整体发展，成为城市群治理现代化改革的主要针对目标。

　　整体性治理倡导共赢性的合作博弈理念，主张以信息技术为治理手段，以协调、整合、责任为治理机制，对多元主体的博弈关系进行有效协调与整合，促使其不断从分散走向集中、从部分走向整体、从破碎走向整合，这正是消解城市群府际博弈无序、促进合作协调发展的重要模式。具体来讲：在价值取向方面，整体性治理将整体利益视为组织的最高价值，强调多个主体间的合作与共赢，以实现正和博弈目标为价值导向，这些契合了城市群内府际博弈治理所追求的价值特性；在治理结构方面，整体性治理所倡导的复合化、网络化治理结构能将各个博弈主体所具有的核心优势经过主动优化、选择搭配，相互之间以最合理的结构形式相结合而形成一个相互优势互补、匹配的有机体，呈现出核心优势爆炸的格局并必将带来核聚变式的巨大能量，突破以往城市群内部府际间各自为政的能力缺陷，提升城市群整体治理系统处理问题的能力；在运行机制方面，整体性治理主张各参与主体以相互认同和信任为基础，建立统一性的协调、整合机构，通过互惠的利益共享、健全的利益补偿机制和严格的利益约束机制来更好地协调各参与主体间的利益博弈关系。在治理工具方面，整体性治理非常推崇现代化网络技术作为治理手段，主张利用网络技术简化治理程序，加强信息系统的整合和互动信息的搜寻，在各个主体之间建立现代、高效、共享信息服务系统，可以有效应对城市群府际博弈信息失真以及整合失效问题。

研究城市群府际博弈的治理，还需要有开阔的思维和广阔的视野。当前，世界范围内发展比较好的城市群主要集中在欧美日等发达国家和地区，这些国家的城市群发展历史相对比较长，在城市群不断发育、发展、壮大的过程中摸索出了一套系统的、可行的、成熟的城市群府际博弈的治理方法。于是选取国外城市群府际博弈治理比较成功的典范——美国、日本两个国家作为参照系。对于中国这样的发展中国家而言，美国城市群府际博弈关系的调整上具有典型的示范作用。日本作为中国的邻邦，在城市群治理改革上与中国有着许多类似的改革背景与实践，也具有比较价值。通过分析借鉴其经验，从中得到一些有益启示：成立权威性的城市群府际博弈协调机构，以更加有效地协调城市群府际间的博弈冲突；构建整体性府际协作法律体系，将城市群内府际竞合博弈纳入法治轨道，以规范府际间的博弈行为；完善城市群内部信用制度建设，以提高城市群内部各个主体博弈中的信用意识和改善城市群整体信用环境；建立府际内部共享性信息平台，使信息充分、及时地传播、交流，以减少城市群内部府际间博弈的交易费用，缓解参与主体的有限理性并减少机会主义行为。通过借鉴先进的国外治理经验，结合我国城市群发展的具体实践，积极探索我国城市群府际博弈高效治理的新模式，实现"后发城市群"跨越式发展。

在我国治理现代化改革背景下，如何运用整体性治理的实践模式和国际经验来对我国城市群府际博弈进行整合治理具有现实迫切性。本书以整体性治理的视角，从治理理念重塑、博弈治理机构组建、内部考核机制创新、利益协调机制完善、信息共享平台搭建和博弈信任体系优化等方面探讨城市群府际博弈整体性治理的路径构建，以更好地规范城市群府际间的博弈，促进城市群府际间的合作共赢。第一，重塑城市群府际博弈治理理念。城市群府际间要改变传统思维模式，树立整体性、协同性和法治性博弈理念，才能适应时代发展的要求。第二，组建城市群府际博弈治理机构。建立从中央政府到城市群各个政府的系统性、完整性、整体性的博弈治理组织机构体系，并重视非政府组织的积极参与，实现多层次、灵活性的博弈冲突协调。第三，创新城市群内部政绩考核机制。通过完善指标体系、改进评价方法、加强队伍建设和正确运用考评结果来建立一套符合城市群整体发展要求的评价指标体系和考核评价办法。第四，完善城市群整体性府际利益协调机制。要建立以利益共享为目标的动力机制、以利益诉求为前提的传导机制、以利益补偿为核心的运行机制和以利益约束为重点的保障机制来权衡和化解府际间的利益博弈冲突。第五，打造城市群整体性府际信息共享平台。打造城市群内部府际信息沟通与共享平台，要从信息共享法规政策制订、技术标准统一、激励监督机制优化和组织、资金、人才技术保障等方面予以推进。第六，优化城市群整体性府际博弈信用体系。要从完善城市群府际信任法律体系、信用评估体系、信任奖惩机制和信用文化传导机制等方面促进城市群内部各个城市政府在博弈过程中始终坚持讲信用、守信用、履行契约，保持良好信用。

当前我国正处于治理现代化改革和全面建设小康社会的关键时期，急剧的社会变革使得城市群府际博弈失序问题较为突出，进而影响城市群的可持续发展。在这种背景下，重视并加强城市群内部府际博弈治理的研究，将是未来较长时期内学术界和各级政府共同关注的热点问题。本书试图从整体性治理的视角对城市群府际博弈治理进行切入性研究，提出了一些针对性的治理策略，以期对当前城市群府际博弈治理改革有所贡献。但囿于作者的知识结构和研究水平，在研究过程中尚存不少不足之处：第一，本书的研究偏重于理论方面的构建和阐述，针对具体实践调查不足。今后将结合具体的城市群开展实证研究，使得城市群府际博弈的整体性治理更具说服力和现实感；第二，对城市群府际博弈机理的阐释较为简单，缺乏比较完善的博弈分析框架，因理论建模能力的有限更多地采用了描述性的说明，如何在静态府际博弈模型基础上进一步构建动态府际博弈模型将是另一有待进一步研究的重要问题；第三，对整体性治理的基本理论论述及实践应用需进一步完善。理论是实践的先导和指南，城市群府际博弈治理必须在科学理论的指导下有序进行。本书对整体性治理的内涵、特征、基本内容和实践应用做了总结，但是深度和广度都仍存在许多不足，需要进一步挖掘其内涵，并赋予时代特征，以为城市群府际博弈治理提供更坚实的理论支撑。针对以上不足，在今后的学习研究中，还需进一步拓宽自己的知识领域，争取将该项研究内容进一步深化。

后 记

　　时光荏苒，岁月如梭，转眼间我已经毕业快三年了。三年前我离开了湖南大学来到了湖南文理学院，身份也从学生变成了老师。这三年的时间，我过得很努力，过得很充实，也过得很快乐。在各位师长的谆谆教诲和指导下，自己成长的很快，在教学方面自己能够给学生很多启迪并且为他们所喜爱，在科研方面自己能够开始独立的从事研究，在行政方面自己也开始有所担当、有所作为。在磨砺中成长，在成长中磨砺，抬头仰望天空才能展翅翱翔，希望自己以后能够继续保持奋进的脚步，不为生活中的各种繁琐，忘记了自己的初衷。

　　一辈子有很多个阶段，每个阶段都有自己的使命。在完成使命的航线上，我们都需要灯塔。很庆幸，在积累知识、学习做人的八年，我遇到了一位好导师——龙献忠教授：他为人和蔼谦逊、治学严谨认真；他关心学生、授人以渔。他用渊博深厚的知识开拓了我的视野，用谦虚温和的态度教会我如何处世。他在我迷茫时给我鼓励，在我困惑时为我指明方向。从老师身上我不仅收获了学术科研的方法，更是懂得了为人处世的方式。尽管学生无法得恩师之儒雅风范，但这辈子会始终将恩师作为学习奋进的榜样。

　　家，生命开始的地方。我的一切都离不开家人的帮助，要感谢我的家人，家人给予我的无私之爱，是我最大的财富。感谢我的父母给我生命，并抚育我成人，我会把父母对我的殷切希望和谆谆教诲始终铭记在心中，不断努力，追求上进；感谢姐姐、姐夫们一路对我的关爱和支持；感谢岳父、岳母一家对我的支持和理解。最要感谢是我的妻子对我持久不懈的理解和关怀，她总是十分支持我的选择，你的无条件赞赏和无私付出让我由衷的感谢。家人是我奋斗的源泉，是我前进的动力，我希望能够通过自己的努力，来报答你们对我的理解与支持，希望能够让你们生活的更好。

有人说，感恩是一种养分。人安身立命于世，必须学会感恩、懂得感恩，以感恩之心对待学习、对待生活、对待工作、对待他人，唯有如此，人方为人。一路走来，我是幸运的，因为生命之中有如此多关心和帮助自己的人们。感谢有你们。我将牢记师友和亲人的谆谆教导和拳拳之言，以我的最大努力走好未来的每一步。衷心希望大家在以后的征程中，万事皆顺。

最后，将此书作为我们即将出世宝宝的礼物，你是爱，是暖，是希望，你是人间的四月天。

董树军
2019 年 4 月 6 日